中国企业的国际化网络演进

邓勇兵　著

南开大学出版社

天　津

图书在版编目(CIP)数据

中国企业的国际化网络演进 / 邓勇兵著. —天津：
南开大学出版社，2017.2
ISBN 978-7-310-05336-0

Ⅰ. ①中… Ⅱ. ①邓… Ⅲ. ①企业经济－国际化－研
究－中国 Ⅳ. ①F279.2

中国版本图书馆 CIP 数据核字(2017)第 017549 号

南开大学出版社出版发行
出版人：刘立松
地址：天津市南开区卫津路 94 号　　邮政编码：300071
营销部电话：(022)23508339　23500755
营销部传真：(022)23508542　　邮购部电话：(022)23502200
*
北京楠海印刷厂印刷
全国各地新华书店经销
*
2017 年 2 月第 1 版　　2017 年 2 月第 1 次印刷
230×170 毫米　16 开本　14.25 印张　259 千字
定价：40.00 元

如遇图书印装质量问题,请与本社营销部联系调换,电话:(022)23507125

前　言

　　随着全球化的不断深入，以及日渐发达的通信技术与运输技术的推动，面向全球范围的企业网络体系得以建立，企业间的交往变得更为重要与紧密。随着交往的加深，企业网络体系会不断分化、重构、演进，并进一步推动经济的发展和全球化的深入。时至今日，不管是出于寻求机会、获取资源的目的，还是为了规避风险、应对威胁，任何一个想有所作为的企业，都不能无视国际化网络体系的存在，不管是主动还是被动，都不可避免要融入这些网络体系中去，企业会在国际市场体系或商业网络中找准自身的位置，以便从企业网络中获益。对此，中国企业尤其需要加以重视。

　　本研究以中国企业国际化进程中的网络演进与构建机制为研究主题，通过对深入开展国际化的中国企业进行研究，进而剖析这些中国企业在国际化进程中网络演进所呈现的阶段性特点和规律、网络演进的关键驱动因素，以及中国企业国际化网络的构建机制。对于过程研究，案例研究是比较理想的研究方法。因此，为了达到更好的研究效果，在研究方法和研究设计上，本研究主要采用的是多案例研究方法，通过理论抽样选择 6 家开展国际化经营 10～30 年的中国企业进行深入研究。

　　本研究的主要意义在于：第一，聚焦于中国企业的国际化实践，结合传统国际化理论与网络理论的研究视角，深入分析中国企业国际化及网络演进过程的特点和规律；第二，基于网络战略意图与经验知识理论视角，提出国际化进程中，企业网络演进的两种路径及其驱动机制，丰富并完善了网络演进的相关理论；第三，基于企业适应性选择视角，探讨国际化进程中企业网络的构建机制，完善了企业主动构建网络的相关研究。此外，研究国际化网络演化与构建问题，对中国企业开展国际化经营，具有重要的实践意义。

　　本研究在国际化过程理论、网络发展阶段理论、网络构建理论、网络能力理论、知识基础观及其他相关理论研究成果的基础上，以科学的研究方法对中国企业的国际化进程、网络发展阶段划分、网络特征及其演进过程、网络演进路径及其驱动因素、网络构建机制等相关问题展开了深入的研究，创新之处在于：第一，构建了契合中国企业实际的国际化及网络发展阶段模型，详细展示了各阶段企业国际化行为和网络演进的特征；第二，整合多种研究视角，提出了"网络发展—国际化知识获取—国际化成长"的演进机制；第三，整合结构维度与关系维度的双重研究视角，提出了国际化进程中企业网络演进路径的新分类，并探讨了两种网络演进路径的驱动因素；第四，基于适应性选择及协同演进理论，提出了国际化进程中企业网络的构建机制。

　　本研究对于中国企业开展国际化经营具有重要的借鉴意义与参考价值：首先，由于网络已成为企业实现国际化的必要途径和形式，中国企业应该不断融入并构建国际市场的产业网络、商业网络、社会网络以及全球战略网络；其次，在构建和发展国际网络的过程中，要关注国际化知识的获取和积累；再次，由于网络演进具有路径依赖性，企业要根据国际化战略定位及国际化经验基础，选择适当的网络演进路径；最后，企业在推进国际化的过程中，需要注重企业网络的构建，在不同的国际化阶段，要选择适配的网络构建策略。

目　录

第一章 绪 论

随着网络信息技术和交通运输技术的不断发展与进步，全球化浪潮获得了持续发展，全球市场正在变成一个联系更加紧密的网络世界。全球范围的网络体系正在构建中，并不断扩展，而企业可以通过这种全球网络体系，开展跨国经营，参与全球竞争，以便获取全球市场中的重要资源。同时，各种自由贸易协定的签署、区域自由贸易体系的建立，以及 WTO 的推动，贸易壁垒已大大减少或变异，资金、商品、数据和人员能够更为频繁地跨越国界流动，跨国间的信息交流也迅速增多。尽管依然有各种不确定性和风险的存在，但企业早已嵌入到许多结构各异的网络体系中。随着交往的加深，这些网络体系还在不断分化、重构、演进，进一步推动经济的发展和全球化的深入。

无论是为了寻求机会、获取资源，还是为了规避风险、应对威胁，时至今日，任何一个想有所作为的企业，都不能无视国际化网络体系的存在，不管是主动还是被动，都不可避免要融入这些网络体系中去，通过规划、测试、实施和评估国际化战略，找到在国际市场体系或商业网络中的位置，以便从网络中获益。由于新兴市场国际化企业是跨国经营的新兴力量，是构建全球网络体系的关键组成部分，故研究者开发出不同的工具或理论来描述新兴国际化企业开展跨国经营的全过程，并着手研究新兴国际化企业的网络体系演进与构建机制，以便促进新兴国际化企业的发展和全球网络体系的构建。

基于此，本研究以中国企业国际化进程中的网络演进和构建机制作为主要研究问题，深入剖析中国企业在国际化进程中，它所处的网络是如何构建并不断演进的。同时，本研究还将进一步揭示企业网络的关键驱动要素和构建机制。本章将首先介绍本研究所选课题的现实背景和理论背景，并进一步明确所要研究的问题和本书的内容框架。本章还将简要介绍研究所用到的方法以及开展研究的技术路线。另外，在本章的最后一节，还将简要介绍研究意义和主要的创新点。

第一节　研究背景

正如一个国家的经济发展到一定程度，就必然要融入全球经济体系一样，企业发展到一定的阶段，也必然要逐渐全球化，参与全球分工，融入全球经济体系中去。只有到更大的舞台上去经受全球竞争的考验，才有可能在全球竞争中赢得一席之地。回顾中国改革开放30多年的历史，其实就是中国企业不断参与国际分工，不断融入全球经济网络体系的过程。20世纪80年代成立的那些中国企业，经过30多年的发展，有相当一部分如今已具备一定的全球竞争能力，成为世界经济格局中举足轻重的力量。根据2016年《财富》杂志公布的世界500强企业榜单，中国已有110家企业进入世界500强，而在1995年时只有3家中国企业进入世界500强。

从国家宏观政策的层面来看，从改革开放"引进来"，到扩大开放"走出去"，再到"十二五"规划国家明确提出"要按照市场导向和企业自主决策原则，引导各类所有制企业有序开展境外投资合作，支持在境外开展技术研发投资合作，鼓励制造业优势企业有效对外投资，创建国际化营销网络和知名品牌"。政府层面正在不断推动中国经济和中国企业融入世界经济体系中去，并在不同的阶段给予了相应的政策支持。可见，政策制定者已明确将全球市场作为未来中国经济发展的重要考量。因此，中国企业也必须对国际化与全球化新趋势有全新的认识和理解，并在这个框架之下制定企业战略。接下来，本研究将讨论更为具体的现实背景和理论背景。

一、现实背景

经济全球化为世界市场带来的一个重要改变，就是新兴市场跨国公司的崛起。如今，来自新兴市场的跨国公司（Emerging Market Multinationals，简称EMMs），正成为多极化世界经济格局中极具分量的一极。在中国，联想、华为、海尔这样的新兴跨国公司在国际市场上发挥着越来越重要的作用，它们的兴起得益于全球化，反过来又成为全球化的重要推动力量。然而，EMMs面临着诸多问题与挑战，值得研究者进行深入的探讨和分析。

（一）经济全球化背景下，经济体之间以及企业之间的关联性越来越强

国家与国家的经济交往，本质上是企业与企业的交往，中国经济融入世界体系也是如此。来自中国商务部的统计数据显示，2015年，我国实际使用的外

资金额达 7813.5 亿元人民币（约 1262.7 亿美元），同比增长 6.4%。与此同时，商务部的数据还显示，越来越多的中国公司正在拓展海外市场，2015 年来自中国境内的投资者共对 6532 家境外企业进行了直接投资，这些境外企业分布在全球的 155 个国家和地区。从投资结构看，非金融类对外直接投资达 7350.8 亿元人民币（约 1180.2 亿美元），同比增长 14.7%。可见，尽管经历了 2008 年以来全球金融危机的冲击，但是中国经济与国际市场的联系更加紧密了。

在这种大背景下，商业世界中不同企业之间的关系变得越来越紧密，彼此形成了相互交错的商业网络关系。通过对新闻媒体的报道和咨询公司的研究报告进行综合分析不难发现：与以往相比，越来越多的中国企业开始打造研发创新与技术合作体系、全球供应链体系和营销网络体系等，与国际企业的交往比以往任何时候都更加密切。与此同时，越来越多的中国企业不断参与国际分工，成为跨国公司的供应商或合作伙伴，嵌入到国际化企业网络中去。无论是主动建立，还是被动参与，融入全球网络已成为不可阻挡的趋势。

然而，在当今时代，来自发达国家的跨国公司在全球化商业网络体系中依然掌握着主导权，它们的全球资源整合能力，以及全球网络体系的操控能力，依然在很大程度上影响着商业网络体系的总体格局。这些来自发达国家的跨国公司所具备的市场话语权，依然是中国企业以及来自其他新兴市场的企业所无法企及的。相比之下，中国企业的国际化与全球化之路才刚刚起步，在全球价值链的网络体系中，努力从低端向高端升级，可能还需要很长一段时间，有很长的路要走。国际化与全球化是一个持续的演进过程，不同阶段对企业能力的要求也大不相同。因此，中国企业融入全球化，不能只考虑海外业务的运营问题，还必须考虑国际市场的战略问题。

（二）未来的市场竞争是基于企业网络的竞争，而非单个企业间的相互竞争

正如国际商务学会主席阿兰·格鲁曼所说，全球化就是"跨国公司跨越国界，从事对外直接投资和建立商业网络，来创造价值的活动"。新兴经济体中的中国企业国际化与全球化行为，明显呈现出"从事对外直接投资和建立商业网络，以创造价值"的特征。无论是国内市场还是国际市场，商业竞争的焦点，已经由过去单个企业间的竞争，转变为基于企业网络体系的竞争。越来越多的企业开始培育自身的网络体系，在本研究中所选择的 6 家已经开展国际化经营的案例企业中，无不呈现出这样明显的网络竞争特性。以中联重科为例，该公司在国内培育了以自身作为核心企业的产业集群，在湖南汉寿、陕西渭南，以及集团总部所在地长沙，都已经形成了初具规模的卫星企业群，这些企业成为中联重科的供应商，按照中联重科的需求和标准提供产品和服务。在国际市场，中联重科通过收购意大利 CIFA，一举获得了全球最顶尖的混凝土泵送技术。同时，

通过这次收购，原 CIFA 的供应商网络系统和经销商网络系统也纳入到中联重科的网络体系中，成为中联重科开展国际化经营最有价值的网络资源。

在我们研究的其他几家案例企业中，包括中集集团、海尔集团、TCL 集团、吉利汽车以及长城汽车，同样呈现出这种特征。事实上，在发达市场，跨国公司的竞争很早就呈现出基于网络发展的特征。以全球领先的芯片厂商英特尔（Intel）为例，英特尔很早就重视企业网络建设，不仅建立了与微软、甲骨文等软件企业的密切联系，还建立了与硬件厂商包括戴尔和联想等企业的紧密联系，为了提升网络竞争力，英特尔直接派项目小组，进驻下游个人计算机（PC）厂商，协同开发新型 PC 产品，"上网本"和"超极本"等就是这种与企业合作模式下的产物。另外，英特尔为了维护企业网络的稳定性与动态优化，甚至专门成立投资基金，投资任何可能与芯片使用有关的领域，比如汽车软硬件系统、网络视频系统等。而在此之前，由于对移动计算领域相关产业的忽视，导致了相当一部分市场被 ARM 公司蚕食，至今未能恢复竞争优势。

基于企业网络的竞争对核心企业的能力也提出了更高的要求。一方面是对网络构建与管理能力的要求。对网络构建与管理的能力体现在网络布局与网络稳定性的维护上：布局网络结构、维护稳定的供应来源、稳定的品质、稳定的销售渠道和可控的交易成本等。另一方面是对网络优化的要求。在一个提倡开放式创新的时代，产品要提升，技术要进步，这不能完全依赖内部的研发创新，还需要上游的技术推动，以及下游来自一线消费者技术需求信息的拉动（Chesbrough，2003）。因此，在一个良性循环的企业网络系统中，这种信息能得以有效传递，并迅速转化为技术或产品，成为企业创新之源。由此可见，网络已成为企业参与市场竞争的基础，如果管理不善，很可能导致一损俱损的局面。

（三）众多中国企业对国际化网络的认知能力与管理能力存在明显不足

有别于企业的内部管理，置身于企业网络尤其是全球网络体系中的单个企业，必须具备网络管理的能力，能够跨越企业边界，整合并综合协调各种内部和外部资源，国内和国外资源，用以提升企业竞争力，以便提升企业经营绩效（Koka et al.，2006）。因此，在全球化战略的基础上，充分认识网络经济时代的特点，构建一套合适的全球运营模式为战略的实施提供支撑，成为当下中国企业拓展国际市场最为关键的课题。目前，越来越多的中国企业开始将全球发展战略的重点放在构建和发展国际化网络上，希望通过全球网络来拓展、吸收和整合全球资源。然而，缺乏跨国商业网络管理经验，以及网络构建和管理能力，已成为阻碍中国企业的一个主要瓶颈。

20 世纪 80 年代，中国掀起了第一波以建筑、金属、石油和天然气的国际贸易为主的"走出去"浪潮。90 年代中期，电信设备、家电制造商开始对海外出口产品，或者接受来料加工，从事 OEM 业务。直到 21 世纪初，一些相对起步较早的行业的中国企业才逐渐开始在海外建厂、设立研发中心。近年来，越来越多的企业开始探索海外扩张，寻找新的增长机会，寻求更先进的技术或者成熟的品牌和销售网络。但依然只有极少数的企业具备跨国管理的经验和能力。《经济学人》2010 年的调研发现，在 110 家接受调研的中国企业中，有 82%的企业认为它们面临最大的问题是缺乏对外投资项目的管理经验。在一个陌生商业环境进行跨国、跨文化运营管理，已被证实是中国企业全球化的主要障碍。

以跨国并购为例，随着中国企业的全球影响力迅速提高，中国企业在全球并购领域也表现得更为活跃，并购内容也发生了很大变化，由以往原材料资源、能源寻求，转向寻求能够提升海外市场份额、市场竞争力的资源，而这种机会的背后，其实就是对销售网络和研发技术网络等网络资源获取的需要。欧美企业无疑是这些中国企业竞相追逐的重点目标，因为欧美企业拥有进入发达地区市场的销售网络、先进的技术体系以及成熟的品牌，能够弥补中国企业在这些领域的短板。但是，来自罗兰贝格的调查数据显示，2008 年至 2013 年期间，进行海外并购规模超过 1 亿美金的中国制造型企业中，80%的企业此前没有海外并购经验，1/3 的企业之前没有任何真正对外并购与整合的经验，这些企业中有不少在并购过程中遇到了麻烦。

总的来说，全球化为中国企业提供了更为广阔的市场机会与发展空间，也带来更多市场挑战和经营风险。然而，融入全球经济是大势所趋，只有越来越多的中国企业顺应国际化的潮流，融入国际化的全球企业网络体系中，寻找机会，获取资源，创造价值，才可能在未来的全球市场竞争中获得一席之地。因此，在这种大背景下，中国企业对当今全球化的内涵和发展趋势要有清醒的认识和深刻的理解，并在制定全球化战略时加以综合考量和权衡，不断提升全球化网络布局能力，提升资源配置和运营管理的能力，成为真正具备全球竞争实力的国际化企业。对研究者而言，全球经济的趋势与中国企业国际化发展的特殊性，也为从事相关方面的学术研究提供了可研究的视角和情境。

二、理论背景

企业国际化是国际商务研究的重要领域。总的来说，企业国际化理论取得了长足的发展，产生了许多重要的理论流派，与此同时，基于经济全球化的背景和管理实践的发展，企业网络理论也逐渐拓展到企业管理的很多研究领域，其中国际化网络理论的出现，丰富和拓展了企业国际化过程理论及其后续的发展，逐渐成为契合当今全球化经济背景的理论视角，并逐渐成为国际化研究的主流理论之一，为研究企业国际化提供了系统和科学的逻辑解释。

（一）国际化理论由过程理论向网络理论演进

随着网络研究在国际营销和国际贸易领域的拓展，研究者开始从商业网络的视角来看待跨国企业所面临的环境。主流的国际化理论源自产业组织理论和经济学理论，在国际化理论近 50 年的发展历程中，研究者从多个理论视角对企业国际化进行了研究，广义的企业国际化理论以海默（Hymer）的垄断理论为出发点，包括产业组织理论、交易成本理论、企业成长理论、社会网络理论等。对外直接理论是解释企业国际化的重要理论基础之一，其中垄断优势理论、内部化理论和国际生产折衷理论是对外直接投资的主导理论，国际直接投资理论于 20 世纪 60 年代初期由海默（Hymer）提出，其后经过维农（Venon，1966）、巴克利（Buckley，1976）、小岛清（1977）等人的发展，到 70 年代后期最终由邓宁完成了国际直接投资的一般理论。

20 世纪 80 年代以前，国际直接投资理论主要以发达国家特别是美国的跨国公司为研究对象，认为跨国公司的竞争优势主要来自企业对市场的垄断、产品差异、高科技和大规模投资以及高超的企业管理技术，较好地解释了企业的国际化问题，但这些理论在分析视角和分析结论方面还存在一些不足，限制了其在企业国际化理论体系中的解释力度和生存空间。随着国际经济形势的变化和科技的发展，国际市场环境的复杂性和动荡性不断加剧，企业的组织结构、战略、过程和管理模式随之不断改变，企业国际化的战略行为已经具备与传统理论不同的新特征，对国际化的研究也逐渐由传统的经济学基础转向心理学基础，出现了以知识、学习、网络和创新精神为基本内容的国际化理论，国际化过程理论即为其中之一。

企业国际化的过程理论建立在西尔特和马奇（Cyert & March，1963）的企业行为理论和彭罗斯（Penrose，1959）的企业成长理论的基础上，以企业的有限理性和信息不完全作为模型的主要假设，通过知识、投入、发展链（Establishment Chain）、松散结合体（Loosely Coupled System）和心理距离（Physic Distance）等概念描绘和分析企业国际化成长的过程。国际化过程理论认为企业的国际化经营是一个连续、渐进的发展过程，在这个过程中，基于不确定性的风险规避，通过经验学习，对外国市场知识和企业运作知识的增加，与企业对该国的决策行为和资源投入相互影响、相互作用，这个因果链就是企业国际化成长的机理所在。根据彭罗斯（Penrose，1966）、西尔特和马奇（Cyert & March，1963）、阿罗尼（Aharoni，1966）的研究，约翰逊和瓦尔尼（Johanson & Vahlne，1977）还进一步发展了原始模型，形成了早期的乌普萨拉（Uppsala）模型。

约翰逊和瓦尔尼在 20 世纪 70 年代构建乌普萨拉（Uppsala）模型时，对用于解释国际化障碍的市场复杂性的理解还相对比较基础，随着国际营销和国际贸易领域对网络研究的发展，研究者开始从商业网络的视角来看待跨国企业所面临的环境。他们在后续的研究中进一步发展了这一视角，并深入探讨网络演进及其对企业国际化过程的影响（Johanson & Vahlne，2009；Almodóvar et al.，2015）。基于商业网络方面的研究认为，市场是一个关系网络，在这个关系网络里，各个企业以各种各样复杂的、一定范围内无形的模式相互联结。约翰逊和马特森于 1988 年发表的论文《产业国际化：一种网络观点》标志着企业国际化网络理论的初步形成，他们把整个国际市场看成企业间相互联系的商业关系网络，企业国际化过程应从企业间网络的角度，而不是从传统理论认为的单个原子式企业的角度来研究。由此，对企业国际化的研究也开始逐渐转向网络的视角。

（二）企业网络理论的发展为研究国际化提供了新的视角

随着社会嵌入、市场网络化、社会资本以及创业等相关理论的快速发展与广泛应用，使得企业网络理论成为众多学者关注的焦点。企业网络介于市场交易与层级制之间的组织形式（Thorelli，1986）。企业网络是将市场交易与层级制相结合，以此实现资源配置。在相互补充、增强知识的基础上，企业间的合作关系网络能够降低成本，降低风险，降低不确定性。网络的不同定义与研究者所采用的理论视角密切相关。

根据以往研究回顾，研究者发现企业网络具有三方面的重要特征，即结构特性、关系特性和认知特性（Liao & Welsch，2005）。结构特性是指网络成员间间接及直接关系的描述（Hoang & Antoncic，2003；Reysen et al.，2016），如网络规模、关系强度、结构洞等。关系特性是指各方通过交流与沟通所形成的信任、友谊等构筑的联系（Liao & Welsch，2005；Carboni & Ehrlich，2013；Evanschitzky et al.，2016）。认知特性则关注关系各方之间的共同语言、准则等。现有研究大多关注企业网络的某种特性，未来研究应当多视角分析网络关系，以便更加深刻地认识关系特性及其影响（Honig et al.，2006；Katsaros et al.，2015）。

另外，很多研究者通过企业网络的特征和企业的网络位置，分析这些因素对企业绩效的影响作用。网络特征主要是从网络整体分析，而网络位置则是从企业视角探讨其在网络中的位置，分析嵌入网络的企业在网络环境下运营的效率及效果。也有研究者从导向性、联结层及网络层等多个方面分析企业网络特征：网路导向性是指分析结构洞、网络中心性等网络特性；网络联结则是分析网络联结的强度、关系多重性等；整体网络则是分析企业间网络特征的分析描述,包括网络平衡、网络集中度等方面的描述(Kilduff & Tsai,2003;Windsperger,2004;Daultani et al.,2015)。

有关企业网络演化阶段的研究,多是借鉴企业间关系演化的相关研究,如企业网络的生命周期模型、企业网络的成长阶段模型。生命周期模型将企业网络视为类似于生物的有机体,认为网络与生物一样,也存在着不可避免的出生、成长、成熟、消亡的过程。而成长阶段模型主要从二元关系和三元关系的视角考察企业网络关系的演化,通过将关系的发展过程划分为若干阶段,分别考察不同阶段关系发展的特点(Dwyer et al.,1987)。

随着理论的不断推演,对于企业网络为什么会存在、怎样存在的问题已经得到了深刻的探讨。管理学者认为企业网络是现实存在的一种组织形态,包括战略联盟、企业集团、集群、外包、特许经营等,网络化组织形态可以帮助企业获取资源、提升能力,从而提高企业的竞争力和绩效。该路径涉及的主要理论有资源观理论,以及基于资源观理论的核心能力理论、组织学习理论和知识管理理论等。随着社会嵌入理论、市场网络化理论、社会资本以及创业理论的快速发展,企业网络理论逐渐成为学者们关注的重点。尤其在国际商务领域,国际化网络成为解释企业国际化进程以及竞争优势来源的主流理论之一(郑准、王国顺,2009;曾德明等,2014;杜群阳、郑小碧,2015)。

(三)国际化网络研究向更加动态的、更加情景依赖性的方向发展

20世纪80年代中期以后,从关系网络利用和构建的角度研究企业国际化行为,逐渐进入到了企业国际化理论研究的主流当中,受到了理论家们越来越多的重视,例如新兴的国际新创企业(international new ventures)理论和国际创业(international entrepreneurship)理论的很多研究都用到了关系网络的理论和思想。鉴于网络关系在企业国际化中的重要地位,约翰逊和瓦尔尼(Johanson & Vahlne,2009)认为还需要进一步发展原始的乌普萨拉(Uppsala)模型,认为此前的研究基本上都集中于网络影响国际化的途径,并没有讨论网络的创建过程以及企业所进入的国家和地区的网络结构,当今的商业环境被人们看作一个网络,而非由许许多多的独立的供应商和消费者构成的新古典主义市场。

商业关系提供了一个扩展的和独特的资源基础,对其只能部分控制。此外,利用这种潜在的扩展的资源基础,需要企业自身的资源与它的一个或者多个合作伙伴的资源相配合。商业网络协调的目的在于结合这些关系交错的合作者的生产力,由于涉及协调合作伙伴的行为,因此实施起来非常困难(Hohenthal,2006)。如果这些合作者在不同的国家,跨国的商业网络协调就非常有必要,但也更加困难。参与者之间的心理距离不同,实现协调的难易程度也不同,包括协调的方式、委派组织单元之间可能的协调职责的分配(Galbraith,1973;

Mintzberg, 1979)。他们希望这些单元都分布在其战略合作伙伴所在的国家。国际化商业网络协调将会成为日益重要的现象，并且对企业特有优势及国际化产生重要的影响。

此外，一些学者对企业如何在国际化战略要求下，通过国际社会网络创造国际社会资本的问题进行了研究。研究者发现，企业主要通过以下几个途径创造国际社会资本：有效地调整企业自身拥有国际管理经验的员工构成；充分利用各种外部社会关系包括政府、顾客、供应商甚至是竞争者；不断提高社会网络尤其是国际网络管理能力。调整员工构成不仅能够改变企业可继承的国际社会资本，还能改善企业的学习氛围，让组织学习和知识转移更为有效。企业也可以积极与具有国际经验的利益相关者发展社会网络关系，从而有效地创造企业的国际社会资本；新员工的信息网络特点，如网络的结构包括密度、范围和位置等特征有助于改变员工对组织知识、工作目标和角色化的理解；而亲友网络则会影响员工认同组织和同化的过程（Coviello & Munro, 1997）。

有关企业国际化进程中关系网络的开发和构建的研究，大致可以分为三类：首先，研究企业国际化经营经验与环境匹配程度对企业国际关系网络中社会资本的影响，研究者特别关注行业因素、制度因素以及区域社会网络性质的影响。其次，研究企业国际社会资本的马太效应。研究者关注拥有关键信息通道的企业，特别是那些占据网络中结构洞（structural hole）位置的企业，往往能够创建高质量的社会资本（Crick & Jones, 2000; Zaheer & Soda, 2009），获取外部知识资源（Tortoriello, 2015）。最后，也有学者研究企业家社会网络周期与企业绩效。研究者主要从国际关系网络形成的角度进行研究，而对企业国际关系网络的主动创造却很少涉及，创业精神是企业创造国际社会资本的重要因素。

目前，一些研究也开始关注中国后发企业的网络演化。彭新敏等（2011）以中国后发企业为研究对象，探讨了企业网络与组织学习平衡演化模式。企业网络是企业与供应商、客户、竞争者以及其他组织之间的长期合作关系，使得他们能够控制自己的资源并共同决定资源的用途（Brass et al., 2004）。迈耶和杰布达（Meyer & Gelbuda, 2006）认为企业国际化理论应该向一种更加动态的、网络的和情境依赖性的方向发展，而国际化企业网络演进正是具有这种动态性的特点。正是基于这样的理论背景，笔者尝试对企业国际化网络的动态演进过程进行研究，并且将这种研究置于中国企业国际化的特定情境下，从新兴市场跨国公司的国际化视角来开展研究。

第二节 研究问题及内容框架

一、研究问题与研究目标

（一）研究问题

本研究拟综合运用多种研究方法，包括文献研究法、内容分析法、案例研究法和理论演绎法等，对中国企业国际化的网络演进与构建问题进行研究。在文献研究的基础上，本研究将深入探讨中国企业国际化过程中的网络演进规律及构建机制。与此相关的研究问题具有一定的复杂性和动态性，正如在前面的研究背景里所讨论的：一方面，企业在国际化与网络发展方面的管理实践，已经往前推进了很多，甚至某种程度上已经走在了理论发展的前面，并为理论探索提供了可供研究的素材和实例，因此要求相关研究要紧扣企业实践和现实情境；另一方面，企业的国际化和网络发展具有阶段性特征，并非借助简单的理论推导和实证检验就可以理解清楚，因为国际化进程与网络发展涉及多个关键要素的动态性变化。因此，本研究基于纵向案例设计，聚焦于中国企业国际化实践，整合国际化过程理论和企业网络理论，针对企业国际化进程中的企业网络演进与构建机制这两个主要问题展开研究。为了对本研究的主题开展更好的研究，在文献研究和对企业实际观察的基础上，研究者对所要研究的主要问题进行分解，将其细分为以下 3 个子研究：

1. 中国企业国际化网络发展的演进阶段及其规律。本研究通过系统的文献研究，梳理了国际化与网络理论的脉络，发现企业国际化过程中的网络演进，以及呈现出的阶段性演进特点。然而，以往研究大多是基于发达国家的样本和案例，而中国特定情境下的企业是否也遵循同样的规律，有待进一步深入研究和归纳总结。本研究使用理论抽样的方式，选择 6 家开展国际化经营活动的中国企业，紧扣研究主题，对这些企业进行资料收集，并对所收集的资料数据进行归纳总结。采用案例研究方法的时间序列分析技术，探讨不同阶段国际化网络的特性和规律。

2. 国际化进程中企业网络演进模式的分类及网络演进驱动要素的探讨。不同企业网络的演进过程具有不同特征，网络演进速度有渐进式网络演进和跨越式网络演进两种路径，而企业嵌入的网络类型也会存在差异。基于理论梳理与数据编码，本研究将深入探讨企业网络演进的不同类别。另外，本研究还将探寻国际化网络演进的关键驱动因素，并通过对关键因素相关研究的探讨，进行概念模型的理论推导。网络演进的关键驱动因素是网络演进的动因，也是企业网络构建的基本出发点，对其进行深入探讨能进一步丰富网络演进和构建的相关理论。

3. 企业国际化网络演进的构建机制。对网络构建机制的研究具有其特定的复杂性，一方面，需要对相关理论进行详细梳理，理清脉络；另一方面，需要深入企业，熟悉企业管理的实践，了解理论与实践的差距，并找到理论研究可能的价值点和突破点。由于机制的作用条件通常与环境有关系，而经济环境又处于不确定与动荡变化之中，这进一步增加了研究的难度。然而，对构建机制的深入研究探讨，无论是理论探索，还是实践指导，都具有重要的意义。因此，深入探讨国际化网络演进的构建机制，是本研究的一个重要的子研究。

（二）研究目标

本研究的研究目标包括：在已有国际化及网络理论相关研究的基础上，吸收社会学中的网络理论思想，从国际化网络这一创新视角，来构建中国企业国际化网络演进的理论框架。更重要的是，运用中国企业的案例对该模型进行质性研究，从新兴市场企业开展国际化经营的角度，来揭示企业国际化的一般规律，为中国企业提出特定的国际化模式和思路，并提出具有较强可操作性的管理建议，为中国国际化企业提供新的理论视野。

1. 揭示中国企业国际化网络演进过程中的变化规律。关于国际化网络演进的过程，国外有许多相关的研究，有基于样本的量化研究，也有基于单案例或多案例的质性研究，在本研究的相关文献回顾中，会对此进行详细回顾和梳理。与发达市场国家企业国际化与网络发展的实践相比，中国企业在国际化发展过程中遇到的问题有诸多独特性，也存在很大差异。因此，有必要深入分析中国情境下，企业国际化网络演进的特殊性，并从中构建具有普适性的理论或规律。

2. 明确中国企业国际化与网络发展的关键驱动因素及其作用机制。中国企业开展国际化的起步时间较晚，但起点却不高。面对来自全球市场的竞争，中国企业与发达国家的跨国公司不在一个竞争层面，有其情境性和特殊性。然而，任何一个企业的发展，都植根于特定的市场环境和时代环境。因此，兼顾时代性、情境性和一般性的特点，探究特定情境下中国企业国际化网络发展的关键驱动因素，就成为本研究的一个重要目标。

3. 探究中国企业国际化网络的构建机制。根据理论抽样原则，本研究从大量已开展国际化经营的中国企业样本中，选择了 6 家开展国际化经营较早并且具有典型性的企业作为案例样本，进行深入的跨案例研究。在经过文献总结和梳理、企业实践的观察和分析、概念模型构建，以及关键因素提炼的基础上，研究者按照规范的案例研究程序，在基于时间序列的原则下，经由多渠道充分获取企业数据，以进行跨案例研究和理论构建，探究中国企业国际化网络的构建机制。

二、研究内容和结构安排

为了更好地进行研究并解决其中的关键问题，达到预期的研究目标，形成完整的研究体系，本研究的内容包括：

1. 提出研究问题。本研究的第一章绪论，主要通过阐述和分析研究的现实背景和理论背景，找到研究的价值点和空白点，并由此明确主要研究问题。同时，这一部分还将明确本研究的研究思路、研究方法、研究意义以及可能的创新点。

2. 文献回顾与理论综述。本部分主要是对国际化理论、网络理论的回顾与梳理，并对国际化网络相关理论进行了简要评述，作为本研究的理论来源和研究基础。这部分内容是文献综述与理论梳理，构成了本研究的第二章。

3. 初始模型构建与研究设计。本部分主要在文献回顾和评述的基础上，推导并构建了本研究的概念模型与分析框架。另外，在本部分，还将介绍本研究主要采用的研究方法，即案例研究方法，并简要介绍使用案例研究方法进行研究的过程，即本研究设计部分。

4. 案例分析。本部分包含两章内容：第四章通过案例研究分析，梳理企业国际化行为和网络发展节点，揭示国际化网络的演进规律；第五章通过深入的案例研究分析，总结网络演进的不同路径，并在此基础上进行模式分类，进一步进行复制和差异的逻辑比较，以揭示国际化网络的构建机制。

5. 结论与讨论部分，即本研究的第六章，在案例分析的基础上，构建本研究的理论模型，通过与文献对比，建立内部效度、提升理论层次，并精炼概念定义，进一步修正本研究的理论模型。进而，根据模型构建结果得出主要研究结论，并在此基础上提出管理启示，以及对论文设计、写作的过程中发现的研究局限和值得进一步探讨的方向进行梳理，给未来研究提供借鉴和参考。

由此，本研究的逻辑框架如图 1.1 所示。

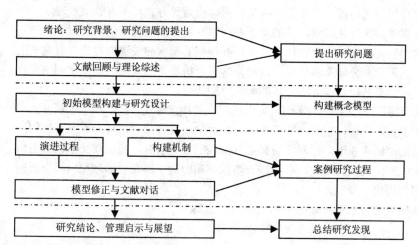

图 1.1 逻辑框架图

资料来源：本研究设计。

三、研究方法

研究方法的使用是否符合研究的需要，是研究质量的重要保证，采用科学合理的研究方法，选择科学合理的研究技术路线，能够保证研究的规范性和研究结论的科学性。本研究主要采用了文献研究法、理论演绎法、内容分析法和案例研究法等，多种研究方法和技术的综合运用，是为了提升研究的严谨性和规范性。

1. 文献研究法：文献研究法主要指搜集、鉴别、整理文献，并通过对文献的研究形成对事实的科学认识的方法。本研究利用笔者所在学校的中国期刊全文数据库，以及 JSTOR、EBSCO、PQDD、Elsevier、Emerald 等中外文期刊数据库，重点从 CSSCI 来源期刊和 ASQ、SMJ、AMJ、AMR、JIBS、JOM、JIM 等顶级期刊中使用国际化、全球化、企业网络、关系网络、商业网络等关键词搜索相关文献，在相关文献梳理的过程中，通过进行脉络梳理和比较研究，寻找相关理论的结合点和研究的空白点，进一步明确研究问题和可能的创新机会。

2. 理论演绎法：本研究的研究主题与企业国际化理论及网络理论等密切相关，同时涉及国际化环境不确定性、知识管理以及组织学习理论等领域的研究，因而在研究中注重采用理论演绎方法，来剖析国际化理论与网络理论的理论脉络和演进路径。

3. 内容分析法：国际化网络这一重要概念是从现实出发得到的研究问题，本研究通过深入访谈、历史资料收集、网络检索等方式，多方收集整理了关于中国 6 家开展国际化经营活动的企业在网络发展方面的相关新闻、报道、期刊资料等内容，将这些信息转化为数据，并根据其反映的关键内容建立有意义的类目，以简化和分解资料信息，以此来客观分析资料中体现的国际化网络发展实践活动的某些特征，并进一步明确研究的价值点。

4. 案例研究法：经由案例研究发展概念和构建理论，是管理学领域开展研究的重要方法之一，也是本研究所主要采用的研究方法。通过对 6 家开展国际化经营的中国企业国际化网络资料进行深入的案例研究，验证在文献研究与内容分析中归纳的概念维度，并为进一步挖掘和明确中国企业国际化网络发展的演进机制提供了依据。

本研究的技术路线如图 1.2 所示。

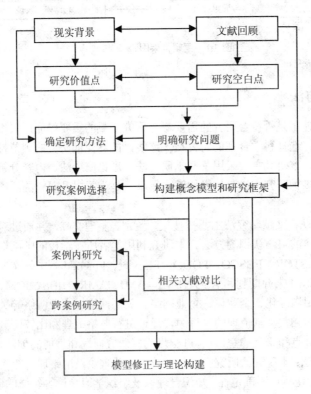

图 1.2　技术路线图

资料来源：本研究设计。

第三节 研究意义和创新点

一、理论意义

网络对企业国际化经营的成败至关重要，企业不仅能够从国际化网络中获得互补性资源，以促进企业技术的商业化，还可以获得合法性和声望，从而能加强企业与联盟伙伴的联系（Stuart et al.，1999）。一些研究指出，企业国际化的过程是一个逐渐增加的网络扩张过程（Hilmersson & Jansson，2011；Johanson & Vahlne，2009；Antropov & Mezentsev，2015），学者们对外来者劣势的研究也逐渐演变为对网络劣势的关注（liability of network outsidership）（Johanson & Vahlne，2009），同时，也有学者认为网络关系是未来国际化理论研究的主导方向（Gulati，2007）。然而，尽管已有的研究描述了国际化企业高绩效企业网络的特征，但对于公司高绩效企业网络的演进机制目前尚不明确，更为重要的是，现有研究缺乏从企业主动适应性视角探讨企业的网络构建过程（Hallen，2008；Santo & Eisenhardt，2009）。本研究基于中国企业的研究视角，通过详细、深入的案例分析，剖析企业国际化进程中的网络演进及构建机制，以进一步完善国际化网络的相关理论。

第一，通过聚焦于中国企业国际化实践，结合传统国际化理论和网络理论的研究视角，深入分析了中国企业国际化及网络演进过程的特点和规律。中国企业具有不同于传统跨国公司的制度环境和发展模式（Peng et al.,2008），并且网络理论及动态观点已成为企业国际化研究的重要理论视角，因此需要结合国际化的进程和网络发展的理论（Baraldi et al.，2011；Beltran et al.，2015），进行对中国企业国际化实践的纵向研究（Welch & Paavilainen-Mäntymäki，2014）。本研究深入案例企业实际，系统梳理了其网络发展的节点变化和各个维度的特征，并针对中国企业国际化的实践总结演进规律，构建演进的过程模型。本研究还深入分析了演进过程中知识获取与网络发展的关系和作用机制，不仅丰富了国际化情境下企业网络演进的研究视角和思路，也进一步拓展了国际化过程理论在中国特定情境下的研究。

第二，基于网络战略意图与经验知识理论视角，提出国际化进程中企业网络演进的两种路径及其驱动机制，丰富并完善了网络演进的相关理论。企业网络位置对企业绩效的影响，已成为战略和组织研究中的核心主题之一（Balaji &

John，2008；Dagnino et al.，2016），尤其在当前变化的国际环境下，更要求企业快速调整网络结构以适应环境的变化。然而，现有研究对于高绩效企业网络的演进机制及其驱动要素尚不明确。本研究基于案例素材编码及数据分析，提出主导型和创业型网络演进路径，并从网络战略意图和经验知识理论的双重视角，提出企业网络演进背后的关键驱动因素。本研究认为企业网络演进过程，不仅具有路径依赖的特征（经验知识），还与企业的主动适应性战略密切相关（网络战略意图）。本研究较为合理地解释了在不同的情境下应该如何选择企业网络演进路径，以及不同的网络战略意图对企业网络演进的作用机制的差异，这对丰富并完善企业网络演进理论具有一定的研究贡献。

　　第三，基于企业适应性选择视角探讨国际化进程中企业网络的构建机制，完善了企业主动性网络构建的相关研究。对于网络演进及构建的探讨，以往的研究更多的是基于资源依赖理论和社会嵌入理论，这类研究假设企业间的相互依赖性是网络形成的动因（Gulati，1995；Gulati & Gargiulo，1999），除非一家企业拥有优质资源和社会嵌入性，否则将无法形成高绩效的企业网络（Gulati，1995；Gulati & Gargiulo，1999）。本研究借鉴哈伦（Hallen，2008）、桑托和艾森哈特（Santo & Eisenhardt，2009）、弗思等（Firth et al.，2014）、基斯和巴尔（Kiss & Barr，2015）的研究，从企业适应性选择的视角出发，探讨企业如何通过主动性的战略选择，以及通过网络构建行为，实现企业与网络的协同演进。本研究对现有的网络演进与构建理论进行了重要补充。通过对中国案例企业的研究，深刻剖析了后发企业构建企业网络的过程，有效揭示缺乏前期社会嵌入的企业如何通过有效的网络战略行为实现网络的快速构建。更为重要的是，本研究对丰富演进理论及主动性网络构建理论也做出了一定的贡献。

二、实践意义

　　随着经济全球化程度的不断加深，世界经济格局也越来越呈现多样化与多极化的特征：一方面，世界经济的中心经由发达国家向全球扩散，呈现出多中心趋势，新兴市场正逐渐成为新的经济中心。2008 年金融危机过后，新兴市场在经济复苏中的卓越表现，彰显出巨大发展潜力。早在 2009 年，发展中国家的经济产出就已超出全球产出的一半。和发达国家相比，它们不仅更好地抵御了经济危机，还为全球经济复苏注入了新的活力。其中，新兴市场跨国公司（EMMs）发挥了极其重要的作用，成为重塑市场的新兴力量。另一方面，来自发达国家市场的跨国公司由于在全球市场深耕多年，进入新兴市场也有数十年的历史，这些跨国公司近年来也呈现出许多新的特点，比如更加强调在当地市场的本土化策略，在资金、技术、人才和创新方式等方面，无不体现出与当地企业网络资源深度融合的趋势。

新问题、新情境的出现，能够带动理论研究的深入，而理论水平的提升，对中国企业国际化网络的演进与构建机制研究水平的提升，具有重要的实践意义，主要体现在以下三个方面：

首先，通过深入剖析中国企业国际化网络演进进程，对其进行阶段性划分，并分析和阐释不同阶段的特点。对于后发国际化的企业而言，可以加以参照和对比，并根据自身所处的阶段，有针对性地借鉴其他企业的经验与教训；同时，规避这些企业在不同阶段可能遇到的问题和风险，并对企业今后的发展有所规划和预测，有针对性地制定解决方案。

其次，本研究对驱动中国企业国际化与网络发展的关键因素进行提炼与归纳，对其他拟开展国际化经营活动的企业来说，具有重要的指导意义。关键因素的提炼与归纳，将会剔除推动企业国际化经营的因素中那些不具普遍意义的因素，因此具有高度的普适性特点。而且，这些因素还兼具了中国市场与中国企业的特定情境性与特殊性，因此，这对其他开展国际化经营的中国企业而言更具实践指导意义。

最后，通过对中国企业国际化网络构建机制的剖析，深入阐释国际化网络发展背后各要素的作用机制与逻辑关系，以理论模型的方式展现国际化网络的构建机制，能帮助后发企业更好地从理论高度和系统整体的角度，清楚地认识和理解国际化网络的发展，对企业的管理实践起指导作用。

总之，无论是对于新兴市场跨国公司，还是对于老牌的发达市场跨国公司，在新的经济背景下，由供应商、合作伙伴和客户等利益相关者组成的企业网络体系日趋复杂。为了更好地迎接挑战，企业需要加强管理关系网络，采取有效方法推动全球协作，加强内外合作，这样才能有效地应对来自新市场参与者的竞争。理论研究源于实践，同时理论研究的推进与提升，能更好地为实践提供指导作用，管理学领域的研究也是如此。国际化网络理论的研究，对于企业开展国际化经营的实践，具有非常重要的现实指导意义。理论和实践需要相互促进，相得益彰。

三、研究创新点

基于理论抽样，本研究选择 6 家具有多年国际化经验的中国企业作为研究对象，采用纵向多案例的研究设计，收集这些企业开展国际化经营的多种数据，采用规范的内容分析方法进行数据编码。通过数据与理论的不断迭代，本研究形成初步分析框架。在得到初步的网络演进及构建理论框架后，采用原样复制和差异复制的对比研究方法，剖析不同网络演进过程中网络构建的异同，进一步提出并完善网络构建的内在理论逻辑。

本研究在国际化过程理论、网络发展阶段理论、网络构建理论、网络能力理论、知识基础观及其他相关理论研究成果的基础上，以科学的研究方法对中国企业的国际化进程、网络发展阶段划分、网络特征及其演进、网络演进路径和驱动因素与网络构建机制等一系列问题展开了深入的研究，达到了预期的研究目标。

总体而言，本书在以下四个方面取得了理论突破：

第一，本研究构建了契合中国企业实际的国际化及网络发展阶段模型，详细展示了各阶段企业国际化行为和网络演进的特征。现有研究基于不同研究情境和理论视角，对于国际化进程及其阶段划分提出了各不相同的阶段模型（Johanson & Vahlne，2009；Oviatt & McDougall，2005），而我国大型制造企业与传统跨国公司或快速发展的中小国际化企业不同，具有特定的发展背景和成长路径，原有的阶段理论并不能完全准确解释新兴市场国家企业国际化进程的阶段变化（Peng et al.，2008；Welch & Paavilainen-Mäntymäki，2014）。因此，不同于国际化进程模型的6阶段模型或天生全球化理论的阶段划分，本研究根据案例事实，延续"心理距离"和"发展链"研究思路，将企业的国际化战略意图和网络导向引入阶段模型，通过案例资料和理论推演的比对和模式匹配，将企业国际化发展和网络演进分为3个阶段，并进一步归纳出网络演进过程中的变化规律，其中包括企业的网络导向、嵌入网络类型、网络特征等具体维度的比较分析，提出了契合我国企业实际情况的国际化网络发展阶段模型。

第二，整合研究视角，提出了"网络发展—国际化知识获取—国际化成长"的演进机制。虽然对于网络发展的机制和阶段已有较多的研究成果，如对创业网络、集群网络、社会网络等具体研究问题的深入探讨（董保宝等，2013），但基于企业国际化情境下的网络演进研究还有待深入，本研究整合国际化理论和网络理论的研究视角，重点考虑国际化知识的关键作用，并进一步分析国际化进程中的几个关键要素之间相互作用和协同演进的过程。知识在国际化进程中的关键作用也有相当的研究成果（Eriksson et al.，1997；Fletcher et al.，2013），但只是针对国际化知识的分类和获取方式的研究，而根据国际化研究的网络视角，有必要深入分析国际化网络演进与知识获取的协同关系，本研究将国际化知识、网络演进和国际化发展同时纳入网络发展模型，更有利于深入理解企业国际化及其网络的演进过程和内在机理。此外，企业的国际化进程也是企业不断获取国际化知识，建立、拓展和整合优化国际化网络的过程。

第三，整合结构维度与关系维度的双重研究视角，提出国际化进程中企业网络演进路径的新分类，并探讨了这两种网络演进路径的驱动因素。现有研究描述了国际化企业高绩效网络的特征，但对于高绩效企业网络的演进机制目前尚不明确（Gulati & Gargiulo，1999；Grebel，2012；Hermans et al.，2013），一些研究分别从结构维度和关系维度探讨了上述问题。例如，借助网络嵌入理论，探讨了企业网络结构的变化，或者通过分析网络关系的变化，探讨了网络的演进，但很少有研究能够整合上述两个视角，从更为系统和全面的角度审视企业网络演进过程。本研究借鉴了企业适应性选择理论，在全面分析案例企业国际化各阶段的网络特征的基础上，提出了企业网络演进的两种路径：主导型网络演进与创业型网络演进，并探讨了两种网络演进路径的驱动机制。另外，本研究对网络演进的路径进行了重新分类，为未来研究网络演进提供了一种新的思路，进一步丰富了企业网络演进及构建的相关研究。

第四，基于适应性选择及协同演进理论，提出了国际化进程中企业网络构建的一种新的机制解释。以往的研究，着重强调网络的形成动因，主要来源于相互依赖性，而由于关系的逐步积累形成了网络的演进，因此，网络演进是一个渐变的过程（Gulati，1995；Gulati & Gargiulo，1999）。然而，上述理论忽视了企业的主动性战略对企业网络构建的作用。实践表明，通过网络战略的应用，企业网络关系也可以经历跨越式的发展（Yang et al.，2013），桑托和艾森哈特（Santo & Eisenhardt，2009）战略行为理论对企业如何构建高绩效企业网络提供了思路，但是已有研究并没有清晰指出这些战略是什么。本研究聚焦于嵌入方式、资源承诺、关系策略、信任方式4个战略层面，深入剖析企业如何通过适应性选择战略构建企业网络，并探讨企业网络能力在此过程中的重要作用。在探析企业战略如何作用于网络构建过程的同时，本研究深化了适应性选择及协同演进理论在网络研究中的应用。

第二章　理论基础与文献综述

在明确研究背景与研究问题的基础上，本章将对相关理论和文献进行系统梳理和回顾，为构建总体研究模型奠定基础。本章首先简述了企业国际化过程理论的发展，在此基础上综述了企业网络理论的渊源与发展，回顾了企业网络构建与演进的相关研究，而后对企业网络理论应用于国际化研究的最新进展进行了系统梳理，进而确定了本研究的理论视角和切入点。

第一节　企业国际化过程理论综述

巴克利（Buckley，2002）认为解释和预测企业国际化发展，是国际商务的重要领域。自 20 世纪 60 年代以来，企业国际化理论取得了长足的发展，诸多重要的理论流派日渐形成。其中，企业国际化过程理论作为国际化研究的主流理论，为企业国际化研究提供了系统和科学的逻辑解释。国际经济环境的变化，促使不同理论视角的企业国际化研究的解释力也随之改变，对企业国际化理论产生的背景与观点进行梳理与比较分析，能够更好地理解不同理论的适用条件和内在联系。

一、国际化理论的研究背景

（一）企业国际化的内涵

企业国际化理论的研究兴起于 20 世纪 60 年代，经过多年的不断发展，至今仍是国际商务研究领域的重要组成部分。对企业国际化概念和内涵的界定有以下几种观点：（1）1989 年英国学者斯蒂芬·杨（Stephen Young），在《国际市场进入和发展》一书中将企业国际化定义为：企业跨国的所有活动和方式，归纳为出口、绿地投资、特许经营、技术许可、管理合同、分包生产等多种企业国际化形态。（2）从经济学角度界定企业国际化，如巴克利和卡森（Buckley & Casson，1976）认为，知识市场的不完全促使企业选择以内部治理代替外部市场，企业从而跨越国界成为跨国企业。折衷理论通过理性的经济分析发现内部化优势、所有权优势和区位优势能够回答企业国际化的原因，并将国际化归结为企业在国外市场的投资模式（Dunning，1988）。[1]（3）从资源依赖理论出发，卡勒夫和比米什（Calof & Beamish，1995）认为，国际化就是企业不断改变自身运作方式，从而与国际市场相匹配的过程。[2]在此过程中，企业逐步认知和了解国际市场交易对企业未来发展的直接和间接影响，进而在国外市场开展交易活动（Beamish，1990）。[3]（4）安德森（Andersen，1997）整合以往研究观点提出企业国际化成长在两个方面不同于其他成长战略，分别是：国际化成长必然伴随着产品、服务、信息和资金的跨国界转移，因此必然涉及企业对国际市场的选择；国际化成长过程中必然存在进入模式的选择。[4]因此，安德森（Andersen，1997）认为企业国际化就是企业以恰当的进入模式进入到恰当的国际市场的过程。

目前，研究者对企业国际化的概念和内涵已经进行了深入探讨。尽管研究者对这一概念提出了各种解释，阐述了其内涵，但综合以上几种观点，我们发现，企业国际化的实质是企业从本国市场向国际市场发展的过程。这个过程可以是急速激进的，也可以是缓慢渐进的（Teixeira & Coimbra，2014；Chetty et al.，2014），而在这个过程中伴随着产品、服务、信息和资金的跨国转移。

（二）传统的国际化理论及演进

国际化理论根源于产业组织理论和经济学理论，在国际化理论近60年的发展历程中，研究者从多个理论视角对企业国际化进行了研究，广义的企业国际化理论以海默（Hymer）的垄断理论为基础，涵盖交易成本理论、产业组织理论、企业成长理论、社会网络理论等理论视角。20世纪60年代初期，海默（Hymer）提出国际直接投资理论，作为解释企业国际化的重要理论基础，该理论先后经过维农、巴克利、小岛清、邓宁等人的发展，到70年代后期最终形成以垄断优势理论、内部化理论和国际生产折衷理论等为主导的国际直接投资的一般理论，形成于这一时期的投资理论，大多从投资动机、投资流向以及投资策略角度对跨国公司的行为和活动进行了理论解释和实践指导。20世纪80年代以前，国际直接投资理论主要针对以美国跨国企业为代表的发达国家展开研究，认为企业产品差异、对市场的垄断和决定性影响力、创新性技术、大规模

---

[1] J. Dunning. The Eclectic Paradigm of International Production: A Restatement and Some Possible Extensions[J]. Journal of international business studies, 1988.

[2] J.L. Calof, P.W. Beamish. Adapting to Foreign Markets: Explaining Internationalization[J]. International Business Review, 1995.

[3] P.W. Beamish . The Internationalization Process for Smaller Ontario Firms: A Research Agenda[J]. Research in Global Business Management, 1990.

[4] Andersen.Internationalization and Market Entry Mode: A Review of Theories and Conceptual Frameworks[J]. Management International Review, 1997.

投资以及先进的管理经验是跨国公司竞争优势的主要来源。虽然这些理论较好地解释了企业的国际化问题，但在分析视角和分析结论方面还存在一些不足，限制了其在企业国际化理论体系中的解释力度和生存空间。企业国际化传统理论的主要文献和观点如表 2.1 所示。

表 2.1　企业国际化传统理论的主要文献和观点

主要理论	市场力量理论	内部化理论	产品生命周期理论	国际生产折衷理论
主要作者	Hymer	Buckley 和 Casson Rugman（1976）	Vernon（1974）	Dunning（1977）
分析层面	产业层面（中观）	企业层面（微观）	产业层面（中观）	微观、中观和宏观
重点	在最终产品市场上排除竞争对手以获取利润最大化	通过交换中间产品实现利润最大化	企业间的互动和产业发展的进步	其他理论的综合
国际生产的主要原因	通过对外投资减少竞争，并提高产业进入壁垒	生产活动单位之间的交易效率是有组织的（交易成本），具有决定性的；在众多市场上的交易成本相对于直接协调交易的成本	在产品生命周期的最初创新阶段之后，企业通过规模经济保持其地位以实现风险最小化；安全成为比盈利更为重要的因素	所有权优势：由于独特的无形资产、或共同拥有互补性资产区位优势内部化优势：获取独特性资产的全额回报，与交易成本有关

资料来源：本研究整理。

1. 垄断优势理论

垄断优势理论形成于 20 世纪 60 年代，美国学者斯蒂芬·海默（Stephen Hymer）在其博士论文《国内企业的国际化经营：对外直接投资的研究》中首次提出了垄断优势理论，由此产生了最早研究对外直接投资的独立理论。麻省理工学院金德尔伯格（Charles P. Kindleberger）教授于 20 世纪 70 年代先后在《对外直接投资的垄断理论》等文章中，对海默提出的垄断优势进行了补充和发展，形成了最终的垄断优势理论。垄断优势理论以不完全竞争为理论基础和支撑，将产业组织理论的垄断原理用于分析跨国企业行为，突破了传统国际资本流动的理论局限，更好地解释了跨国公司直接投资行为活动。该理论认为市场不完全是理论的前提和基础。所谓市场不完全是指产品市场和要素市场的不完全，在产品和要素市场上存在着大量的买者和卖者，然而他们交易的产品和要素具有差异性，产品市场上体现为产品在质量、性能、规格、档次、品牌和商标等多方面的差异，要素市场上体现为人力资本的差异、资本流动的便利性差异，以及专利保护技术的差异等。此外，由于规模经济和政府干预的存在，也会形成市场的不完全性。

垄断优势理论认为，企业在产品、资金、技术、规模等方面的垄断优势是企业跨越国界开展生产和投资的动因，从而获得比本国市场和东道国市场更高的利润。垄断优势理论突破了以完全竞争为前提的传统理论框架，以市场不完全为基础，提出市场不完全是企业获得垄断优势进而进行对外直接投资的动因和根源。

垄断优势理论的局限性，源于以美国制造型跨国企业为研究对象，难以有效解释不具备垄断优势的中国等新兴市场国家企业的对外直接投资行为，这些来自新兴市场的企业开始逐步实现国际化经营，相比之下，这些发展中国家跨国公司在投资规模、产品技术含量等方面并不具备垄断优势。

2. 内部化理论

内部化理论作为解释企业海外直接投资动因的重要理论，认为国际化企业是通过建立内部市场的方式获得内部化带来的优势和潜在收益。英国巴克利（P. J. Buckley）、卡森（M. Casson）和加拿大拉格曼（A. M. Rugman）等学者借助《跨国公司内幕》（Rugman，1952）、《跨国公司的未来》（Buckley & Casson，1976）和《跨国公司的选择》（Casson，1979）等著作提出并日益完善内部化理论，该理论较为系统地总结并融合了早期传统的跨国公司理论，基于市场内部化视角解释跨国公司的对外直接投资，有助于揭示跨国企业经营与外部市场之间的一些重要关系，但该理论由于缺乏对世界宏观经济环境及其影响作用的分析，存在无法解释对外直接投资区位、时机及其与跨国经营战略关联的局限性。内部化理论从交易成本的角度寻找企业国际化的动机，忽视了企业对外直接投资的其他因素，如东道国宏观环境因素、自然环境因素等，而且现代商品经济社会中市场内部化优势是始终存在的，而企业国际化和对外直接投资是经济发展到一定阶段出现的现象，因此该理论难以解释企业对外直接投资的初始动机。

3. 国际生产折衷理论

英国学者邓宁（John Dunning）于 1976 年发表的《贸易、经济活动的区位与多国企业：折衷理论的探索》一文中，运用折衷主义的方法对跨国公司理论展开系统性和综合性的分析，最早提出了跨国公司国际生产折衷理论，并于1981年出版论文集《国际生产与跨国企业》，将折衷理论进一步理论化和系统化。该理论借鉴了传统的国际生产理论，遵循以海默为代表的垄断优势的观点，吸收了巴克利（P. J. Buckley）、卡森（M. Casson）的内部化优势概念，在继承并融合已有国际化理论研究的基础上，提出了区位优势理论，认为企业对外直接投资是由本身所拥有的所有权优势、内部化优势和区位优势这三项基本因素共同决定的，并将其命名为"三优势模式"。

国际生产折衷理论所创建的将国际贸易、对外直接投资和国际合同安排三者有机统一的理论体系，具有较强的普适性和解释力，是对以往理论的补充和完善，但该理论未能说明三种优势的相互作用及其关系的动态演进，未能跳出厂商理论的原有框架，也没有考虑国际政治环境和社会经济活动的重大变化，因而无法有效揭示跨国公司对外直接投资的本质。

4. 动态比较优势理论

20世纪90年代，日本学者小泽辉智（Tiresome Ozawa）提出动态比较优势理论，认为比较优势并非一成不变，而是会随着时间推移发生变化甚至消失。该理论将经济发展理论与跨国企业驱动经济增长作用的观点相结合，采用一体化的理论视角，试图解释发展中国家在经济发展到特定阶段时，如何推动本国跨国企业的发展，进而实现经济转型和优化升级的路径与实现机制。小泽辉智认为，跨国企业对外直接投资模式的选择，应当能够充分发挥国家现有的和潜在的比较优势。因此，发展中国家的跨国投资模式必须与工业化战略相结合，将国家经济发展、比较优势和跨国直接投资三种因素相衔接，并对其相互作用进行一体化和整合分析。

通过回顾传统国际化理论的演进，我们发现国际化理论从原来的垄断优势理论、内部化理论逐步演变出国际生产折衷理论和动态比较优势理论，理论的发展从静态资源视角逐步演化为动态优势视角。这表明传统的国际化理论不断完善，获得了一定的发展。然而，随着国际情境的复杂变化，以及全球市场的不断形成，传统的国际化理论逐渐难以有效指导跨国企业的发展，而且企业的国际化经营是一个动态、复杂的过程，故研究者开始关注国际化过程理论，以便有效地解构并指导企业的国际化经营活动。

（三）国际化过程理论

由于竞争环境的剧烈变化以及产品和技术生命周期的缩短，国际市场的不确定性和复杂性日益加剧，国际化企业必须不断调整自身的组织结构、管理模式以及战略决策，以适应经济形势的剧烈波动，故企业的国际化行为呈现出不同于以往传统理论探讨的新特征，对企业国际化的研究也开始由传统经济学视角向心理学等新兴视角转变，涌现出以知识、组织学习、社会网络、创新精神等为研究内容的国际化理论，国际化过程理论即为新兴国际化理论之一。国际化过程最早由维农（Vernon，1966）提出，1977 年瑞典学者约翰逊和瓦尔尼在《企业国际化过程：知识增长与增加国外市场承诺的模型》一文中正式提出企业国际化过程模型，即乌普萨拉模型（Johanson & Vahlne，1977），该模型描述了企业在国际化发展过程中表现出的特征，并开辟了国际化过程理论研究的先河。在约翰逊和瓦尔尼提出乌普萨拉模型的近 40 年时间里，布瑞恩斯坦姆·林德等学者（Burenstam Linder，1961；Aharoni 1966；Bilkey & Tesar，1977；Cavusgil，1980；Czinkota，1982；Reid，1981）先后对模型加以修正和完善，使其发展为企业国际化成长研究的主流理论之一。

国际化过程理论基于西尔特和马奇的企业行为理论，以及彭罗斯的企业成长理论，假定企业有限理性和信息不完全，采用知识、投入、松散耦合系统和物理距离等概念来描述企业国际化的过程。国际化过程理论认为国际化经营是连续的、渐进的发展过程，参与国际市场的程度由浅及深。在此过程中，企业为规避不确定性而借助经验学习，获取国际市场知识和企业运营知识，这些知识与企业的国际市场决策和资源投入相互作用，从而形成了企业国际化成长路径和机制，国际化经营的渐进性特征表现在以下两个方面：（1）企业国际市场范围扩张一般遵循本地市场、地区—全国市场、海外相邻国家市场，最终到全球市场的地理顺序；（2）国际化经营方式的演进是从最初的国内经营发展为间接出口、直接出口，再到设立海外办事处或销售分公司，最后开展海外生产。然而，佩德森等（Pedersen & Shaver，2011）的研究认为，国际化不仅是一个持续渐进的过程，也包含"大踏步"的非连续的过程，国际化扩张表现为首次扩张的长期准备与后续扩张的无差异性。

通过对比传统的国际化理论和新兴视角下的国际化过程等理论可以发现，企业国际化理论的发展和演化呈现出日益丰富的特征，从行为和心理学视角出发研究国际化的理论观点得以涌现，而且更加关注从组织学习、企业家精神、团队和个人知识，以及关系等微观的视角探讨企业国际化成长。同时，研究者开始关注新兴市场的跨国企业的国际化过程，以弥补并补充现有的国际化理论（Meyer & Thaijongrak，2013；Suh et al.，2014；Bandeira de Mello et al.，2016）。基于传统经济学观点和新兴视角的国际化理论对比如表 2.2 所示。

表 2.2　企业国际化理论间的内在逻辑及其比较

理论视角	人性假设	国际化理论	理论时期	关注对象	内容与特点
传统经济学	完全理性人	垄断优势理论	20 世纪60 年代至70 年代末	欧美发达国家的成熟跨国公司	将企业看作整体,从经济收益和成本出发,运用比较静态分析法,探索企业国际化的动因
		国际产品生命周期理论			
	有限理性人	内部化理论			
		国际生产折衷理论			
心理学	行为人	国际化过程理论	20 世纪70 年代末至90 年代末及至今	中等发达国家或发展中国家的中小型跨国企业	将企业看作个人构成的团队,基于学习、网络、知识和创新精神等,运用时间动态分析方法,探索企业国际化发展过程和阶段特征
		国际化创新模型			
		国际新创企业理论			
		国际化网络理论			

资料来源:王国顺,郑准,杨昆. 企业国际化理论的演进[M]. 北京:人民出版社,2009.

二、企业国际化过程理论综述

（一）主要的国际化过程理论及其观点

自 20 世纪 70 年代中期以来,学者基于企业行为理论构建并提出了多个企业国际化阶段理论,由此形成的国际化过程观,逐步发展为企业国际化理论中最为重要的学派。安索夫特（Ansoft）根据企业国际化经营的渐进和深化程度,将企业国际化分为出口阶段、国际阶段和跨国经营阶段三个发展阶段。出口阶段是指企业参与国际分工,将产品跨越国境提供给国外消费者,在国际市场上销售自己的产品。国际阶段是指企业为规避贸易壁垒等而以对外直接投资的方式在东道国建设工厂和生产基地,在当地组织生产和销售。跨国经营阶段是指企业开展国际化生产,在不同子公司之间合理配置资源,从而寻求整体效益最大化。

美国学者泊尔穆特（H.Perlmuter）通过对跨国企业对外直接投资、母子公司经营权限划分和东道国社会文化适应过程等展开深入研究,提出国际化发展四阶段论:（1）国内导向阶段,作为企业国际化经营的初始阶段主要是指在国外建立子公司。（2）当地化阶段,此阶段跨国企业需要应对与东道国社会文化差异带来的挑战,海外子公司为解决经营过程中遇到的困难而积极任用本地人员进行管理,子公司的经营自主权增强。（3）区域导向阶段,随着企业设立越来越多的海外子公司，跨国企业的母公司为加强管理而成立区域性管理机构以减少子公司的经营权限。（4）全球导向阶段，伴随着企业国际化的深入发展以及国际分工的不断深化，跨国企业推行全球一体化战略，海外子公司的相互依存度日渐加深。

美国学者理查德·罗宾逊（Richard Robinson）提出六阶段论：（1）国内阶段：企业的重点放在国内市场，即使涉足国际业务的目的已不是为了国际化经营。（2）出口阶段：当国内市场加剧并有饱和迹象时，企业开始逐步开发国际市场。企业会建立一个国际业务部门，统一管理产品出口。（3）国际经营阶段：此阶段不再满足于单纯出口，开始进行对外直接投资，企业的结构也会调整，增设海外事业部，但企业对国内市场的依赖程度仍然很高。（4）多国阶段：企业在多个国家建立子公司和分支机构，国内市场的地位逐步下降，企业开始在全球范围内调配资源，组织结构为全球性产品结构或地区结构。但由于各子公司间衔接不紧密，尚未形成统一的经营整体。（5）跨国经营阶段：企业开始从全球战略的视角开展经营活动，进入真正的跨国经营。（6）超国家阶段：这是企业国际化的最高形态，企业在国际机构注册登记，在法律上没有国籍，经营范围遍及全球。罗宾逊认为目前还没有出现这种企业。

此外，小林规威选取来自美国、欧洲和日本的 89 家企业，对其经营情况进行量化研究，这些企业均拥有 5 家以上国外经营机构且投资额在 10 亿日元以上，研究提出企业国际化五阶段论：（1）以母公司为中心的经营阶段，海外子公司经营缺乏自主权，企业的海外行销只是出口的简单延伸。（2）当地经营阶段，子公司的经营自主权得到强化，企业以海外生产取代初始阶段的海外行销，母子公司之间变为"双向联系"，但子公司之间互相封闭。（3）区域经营阶段，母公司对子公司的控制方式进行调整，由原来的"双向联系"变为"母公司—区域总部—子公司"。（4）全球经营阶段，企业将经营视角和范围扩展到全球市场，各区域总部之间形成越发紧密的协作关系，企业资源配置趋于国际化。（5）全球调配模式经营阶段，企业形成全球性的统一调配模式，母公司能有效地协调全体子公司、分公司的业务。

各国学者对企业国际化阶段论都有自己的理解，但是共同之处在于把企业的国际化看作一个渐进连续发展的过程，或者是一个动态的学习和反馈过程，也有研究者将这些过程理论综合起来称之为渐进式国际化理论（张家成、叶剑华，2009）。上述理论观点都是基于约翰逊和瓦尔尼（Johanson & Vahlne，2009）构建的国际化阶段模型而得到的研究成果，这些后续理论是对乌普萨拉模型的完善和有益补充，有助于解释企业国际化特别是中小企业国际化的发展。

（二）乌普萨拉国际化过程模型

20 世纪 70 年代中期，瑞典乌普萨拉（Uppsala）大学商学院的研究者们通过研究得出的实证结果，与当时已有的经济学理论和规范的国际化企业文献相冲突。依据原有文献的观点，企业能够根据市场的特点分析自身的成本和风险，考虑自身所有的资源（Hood & Young，1979），然后选择自身进入市场的最佳模式。然而，从一个瑞典企业的国外子公司的数据库中获得的经验数据却表明，瑞典企业的国际化过程通常是从临时出口开始的，其他许多对国际市场上的瑞典企业的行业研究也得出了相同的结论（Carlson，1975；Forsgren & Kinch，1970；Hörnell，Vahlne & Wiedersheim-Paul，1973）。借由临时的出口，这些企业一般会紧接着通过与中介企业达成交易，实现自身的国际市场进入过程正式化，这些中介企业通常都是国外市场上代表总部的代理企业。而且随着销售额的增长，它们会用自己的销售部门替代这些代理。随着增长的持续，为了克服贸易壁垒，它们开始在国外市场进行生产。约翰逊和瓦尔尼（Johanson & Vahlne，1977）将国际化模式的这个特征称作"发展链"（establishment chain）。这个模式的另一特征是"心理距离"，指的是使得国外市场环境难以理解的各种因素。由于心理距离的存在，企业在国际化过程中通常会首先进入与国内市场心理距离较近的国外市场，然后才逐渐进入其他心理距离较远的市场（Johanson & Wiedersheim-Paul，1975）。上述过程出现的原因在于"外来者劣势"（liability of foreignness）的存在——这一概念阐释了外国投资者之所以必须拥有特有的企业优势来抵消这种劣势的原因(Hymer，1976；Zaheer，1995)。通常心理距离越大，外来者劣势就会越大。

根据众多学者（Penrose，1966；Cyert & March，1963；Aharoni，1966）的研究，约翰逊和瓦尔尼（Johanson & Vahlne，1977）进一步发展了原始模型。模型的内在假设是不确定性以及有限理性，包括两个变化机制：一是通过学习国外市场运作及活动的经验，企业会发生变化；二是为了增强在国外市场中的实力，企业所做的承诺性决策也会使得企业发生变化。约翰逊和瓦尔尼将承诺定义为投资规模及其刚性程度的乘积。对易售设备的大型投资不一定代表坚定的承诺，但是为了满足顾客需求而不懈努力却是坚定的。经验为企业带来对于市场的认识，而这种认识会影响承诺的水平以及由此产生的后续活动。这些后续活动则会进一步影响企业的承诺水平，促进企业的学习。如图 2.1 所示。

状态 变化

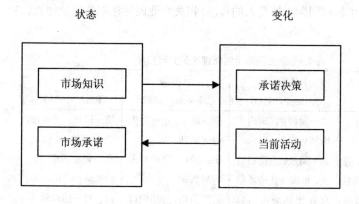

图 2.1 国际化基本机制：状态及变化

资料来源: Johanson, J., & Vahlne, J.E. The Internationalization Process of the Firm: A Model of Knowledge Development and Increasing Foreign Market Commitments[J]. Journal of International Business Studies, 1977, 8(1): 23-32.

乌普萨拉模型是动态的，模型没有说明承诺增加的形式，如果企业绩效与前景都不够可观的话，承诺还可能减少，甚至消失。与部分学者的观点相反，乌普萨拉模型认为这个过程是不确定的。不过，约翰逊和瓦尔尼假设只要企业绩效与前景良好，国际化的过程就会继续推进。

（三）国际化过程的创新模型

一些北美学者于 20 世纪七八十年代基于罗杰斯（Rogers，1962）提出的创新扩散理论，提出了国际化创新过程模型，他们把企业国际化过程看作企业内部一系列管理和技术创新过程（Bilkey & Tesar，1977；Reid，1981），这些模型认为国际化可以看作企业采用创新的学习过程（Bilkey & Tesar，1977；Czinkota，1982）。

国际化过程的创新模型认为，企业国际化过程即通过组织学习而采用创新或开展创新的过程，在国际化进程中每进入新一阶段都需要创新性的资源和能力。创新模型提出，出口并非一定是企业自主开展的，也有可能是在国内市场和竞争形势下做出的无奈选择，即企业国际化是外部推动机制与内部拉动机制共同相互作用的结果，这一观点是不同于以往的国际化过程模型理论的。其中外部"推动机制"由环境变化等要素构成，如国内目标市场受到威胁、出口市场竞争加剧等，波多尔（Bodur，1986）通过观察证实本国经济环境和市场规模是影响企业选择出口的关键因素；而内部"拉动机制"是指制度创新、组织变革等因素，钦科陶（Czinkota，1982）认为拉动机制决定了企业在国际化经营

初始阶段后进一步加深国际市场卷入的程度。相关企业国际化创新理论如表 2.3
所示。

表 2.3　企业国际化创新理论的文献归纳

比尔基（Bilkey & Tesar，1977）	卡佛斯格尔（Cavusgil，1980）	钦科陶（Czinkota，1982）	里德（Reid，1981）
第一阶段：对出口不感兴趣	第一阶段：在国内市场销售产品	第一阶段：企业对出口无兴趣	第一阶段：关注出口，认知出口机会，刺激需求
第二阶段：企业努力接受订单，但不努力开拓国际市场	第二阶段：前出口阶段，积极寻找市场信息并评估潜在出口市场	第二阶段：开始对出口感兴趣	第二阶段：出口导向，对于出口的动机、态度、信念和期望改变
第三阶段：积极寻求出口市场	第三阶段：获得出口经验，开始向临近国家出口	第三阶段：开拓出口市场	第三阶段：出口尝试，通过有限的出口积累经验
第四阶段：开始向临近国家出口	第四阶段：积极从事出口活动，以直接出口方式向其他国家出售更多商品	第四阶段：获得出口经验	第四阶段：出口评估，对于出口结果做出评价
第五阶段：成为有经验的出口商	第五阶段：开始从事各类直接投资活动	第五阶段：成为有经验的小出口商	第五阶段：接受出口，进行出口（进口）
第六阶段：努力开拓其他出口市场		第六阶段：成为有经验的大出口商	

资料来源：Andersen, O. On the Internationalization Process of Firms: A Critical Analysis [J]. Journal of International Business Studies, 1993, 24(2): 209-232.

　　通过比较乌普萨拉模型（简称 U 模型）（Johanson & Vahlne，1977）和创新
模型（简称 I 模型）（Bilkey & Teaser，1977；Cavusgil，1980，1984；Czinkota，
1982）可以发现，两个模型都以行为导向理论为基础，强调企业国际化遵循学习
曲线渐进发展，是在动荡和复杂的国际市场环境下逐步发展演进的持续而缓慢
的进程。根据 U 模型和 I 模型，企业在初始国际化阶段缺乏相应的国际市场"经
验知识"，因此通过组织学习借以获得市场知识的重要性日益凸显。伴随着企业
国际化发展进程的深化，企业所获取和累积的市场知识和经营经验日益丰富，
企业由此进一步扩展其国际业务。随着企业国际经营投入的增加，国际市场经
验知识在企业国际化过程中既是投入也是国际化产出的一部分，并伴随经营的
深入和时间的推移而不断累加。此外，两类模型都聚焦于借助不确定性规避、

风险控制、信息获取、市场承诺等要素分析企业国际化过程（Tykesson & Alserud，2011）。

安德森（Andersen，1993）发表于《国际商业研究》的《企业国际化的过程：批判性分析》一文，对比了国际化过程模型（U 模型）和国际化创新模型（I 模型），并认为两者皆属于动态性模型，都具有路径依赖和历史性特征，企业国际化某一阶段的发展都是以前一阶段的实际情况为基础的。二者的差异在于 U 模型强调组织学习对企业国际化成长的重要作用，而 I 模型以阶梯化形式来描绘国际化发展过程。安德森（Andersen，1993）认为，U 模型仅仅强调了市场知识会促使企业增加海外市场承诺，但并未阐明企业国际化渐进过程的初始状态以及它是如何开始的，也并未阐明国际化发展阶段的次序以及渐进演化的条件；I 模型同样认同伴随着企业进入深化的国际化发展阶段，企业的国际市场卷入程度和国际市场经验知识随之增加，但由于 I 模型缺乏可准确测量的概念和变量，从而导致对不同阶段的边界划分不清。U 模型与 I 模型的比较如表 2.4 所示。

表 2.4　乌普萨拉模型与创新模型的比较

比较的角度	U 模型	I 模型
科学解释的类型	起源性（历史性的）	起源性（历史性的）
解释边界： 空间（分析单元） 时间	没有特定限制 无限制	中小企业 有限制
因果性： 模型类别 解释变量	因果链 一个变量：企业知识	解释链 许多不同的组织特征
有用性——科学性： 对企业行为的假定	基于行为理论，渐进的决策过程， 几乎没有市场或竞争因素的影响	
准确的变量定义	若干可能的指标范例 没有操作化定义	分类过程的非清晰归纳 解释变量具有一定操作性
阶段间关系的精确阐述	具有一定的模糊性	基本上是直觉判断
有用性——直觉判断	逻辑清晰：对于企业管理的有用性有限	

资料来源：Johanson, J., Vahlne, J.E. The Uppsala Internationalization Process Model Revisited: From Liability of Foreignness to Liability of Outsidership[J]. Journal of International Business, 2009, 40(9):1411-1431.

由此可见，国际化过程模型（Cavusgil，1980；Johanson & Vahlne，1977）

认为，企业是在渐进的演化成长过程中逐步走向国际化的。在企业国际化初期阶段，企业的国际经营往往只涉及很小的规模和海外市场卷入程度，而随着时间推移以及企业国际市场经营经验的积累，企业逐渐增加对国际市场和业务的资源投入与战略关注，并开始进入与本国市场的地理距离（geographic distance）和心理距离（psychological distance）都更大的海外市场，随之而来的是更高程度的国际化经营风险。随着研究的深入，研究者开始关注新兴国际化企业的国际化过程研究，以推进国际化过程理论的发展（Meyer & Thaijongrak，2013；Suh et al.，2014；Bandeira de Mello et al.，2016）。

（四）国际化过程的商业网络模型

约翰逊和瓦尔尼在 20 世纪 70 年代构建乌普萨拉模型时，对用于解释国际化障碍的市场复杂性的理解还相对比较基础，随着国际营销和国际贸易领域对网络研究的发展，研究者开始从商业网络的视角来看待跨国企业所面临的环境，并在后续的研究中发展了这一视角，探讨了网络演进及其对企业国际化过程的影响。

1988 年，约翰逊和马特森发表于《战略》期刊的论文《产业国际化：一种网络观点》成为企业国际化网络理论初步形成的重要标志，两位学者将国际市场看作由企业间联系构成的商业关系网络，并提出应从企业间网络的视角，而非传统理论所提倡的从单个企业主体的角度研究企业国际化过程。他们认为一个产业是由包括从事生产、销售、服务等活动在内的众多企业所构成的，企业国际化程度的不断提升导致进入国际商业网络的企业逐渐增多，企业间关系随之变得越来越密切。企业借由国际化实现与国外合作伙伴关系的构建和保持，反过来，企业能否借助这种关系以较低的成本获得社会资本也在一定程度上决定着企业国际化发展能否成功。企业与顾客、供应商、竞争者、利益相关者的信任、承诺和互动等国际关系网络的内容会对企业国际化行为发挥重要的影响作用。伴随着越来越多量化研究对企业国际化网络理论的支持和佐证，企业国际化研究的重心随之实现了从营销承诺向企业间关系承诺的转变。迈耶和杰布达（Meyer & Gelbuda，2006）认为，企业国际化理论必将向着更为注重企业间关系承诺、知识积累和社会资本架构下动态网络的方向发展。因此，基于网络视角研究企业国际化的行为和演进，探讨国际化过程模型的动态变化，将成为国际化研究领域的发展趋势（Meyer & Thaijongrak，2013）。

基于商业网络方面的研究，其核心论点主要包括两方面的内容：一是市场是一个关系网络，在这个关系网络里，各个企业以各种各样复杂的、一定范围内无形的模式相互联结。因此，对于成功的国际化企业来说，相关网络中的内部关系是必不可少的因素，鉴于这个原因，出现了"外部障碍"（liability of outersidership）。二是关系的存在使得学习和构建信任与承诺成为可能，这两个因素都是企业国际化的前提条件。约翰逊和瓦尔尼（Johanson & Vahlne，2009）进一步提出，企业在国际化过程中被嵌入一个能动的、同时受限的商业网络，网络中包含了参与各种相互依存的关系中的角色。国际化被视为企业加强网络地位行为的结果，或者传统上说是企业提升或保护自身市场地位的结果。由于网络是没有边界的，给定的网络环境下的国外市场进入和扩张之间的区分就不太重要了。传统的进入观念，即克服各种劣势也变得不如强化企业的网络地位这一国际化使命重要。因此，约翰逊和瓦尔尼（Johanson & Vahlne，2009）认为，能为企业带来识别、利用机会的已有商业关系会大大影响企业决定要进入的具体的地理市场以及所选择采用的模式。这一论断与商业网络的观点是一致的，后者认为大多数决策都取决于已有的关系（Hakansson & Snehota，1995）。

　　约翰逊和瓦尔尼假设减少不确定性与本国和外国文化制度的不同是相关的，并认为学习和承诺与识别、开发机会之间有极强的相关性（Johanson & Vahlne，2006）。由于某些类型的知识并不是所有人都能获得的，而是局限于网络内部人员，所以对合作对方的较高承诺水平能使企业构建知识主体，并且使得企业有可能发现、创造机会。约翰逊和瓦尔尼认为，相对于克服不确定性（比如关注国外市场的制度环境）而言，国际化更加取决于发展机会（Eriksson et al.，1997）。与传统的乌普萨拉模型一样，商业网络模型包括两类变量：状态变量、变化变量，或称存量与流量，在关系中包括了这两种变量。如图 2.2 所示，这些变量相互影响，同时当前的状态又会影响变化，反之亦然。因此，国际化网络模型描述了一个动态的、积累的学习过程（Mathews et al.，2012），也是一个构建信任和承诺的过程。知识水平的增加会对构建信任和承诺产生积极或消极的影响。在一些极端的情况下，企业本身或作为关系，另一方的企业可能实际上会减少承诺甚至终结关系。这些过程可能出现在这种交互性关系的任何一方，或企业所处网络的任何一个节点。

　　虽然网络模型的基本框架与 1977 年模型一致，约翰逊和瓦尔尼还是进行了一些细微的改变，将"机会识别"加入了到"知识"这一概念中，机会是知识的构成子集。知识环节的其他组成部分还包括需求、能力、战略，以及企业制度环境下与之直接或间接相关的企业所组成的网络（Mathews et al.，2012）。第二个状态变量是"网络位置"，与原始模型中的"市场承诺"相一致，假设企业追求国际化过程是在网络之内进行的（Ketelaar et al.，2016）。关系的特征主要包括具体知识水平、信任和承诺，这些特征在不同参与者之间的分布也不尽相同，所以，它们可能在促进国际化过程的方式上会有所不同。国际化网络过程模型进一步明确了变化变量，将乌普萨拉模型中的"当前活动"改为"学习、创造和信任构建"，乌普萨拉模型中当前活动（营运）的概念主要用来说明，日常活动有着非常重要的作用，它为企业带来知识、信任和承诺的增长。模型中所使用的"学习"这一术语抽象程度更高：它包括经验性学习及更多类型的学习。

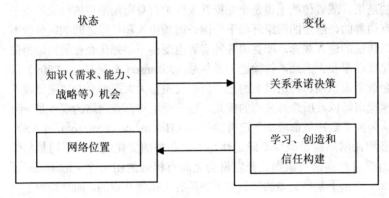

图 2.2　国际化过程的商业网络模型

资料来源：Johanson, J., Vahlne J.E. The Uppsala Internationalization Process Model Revisited: From Liability of Foreignness to Liability of Outsidership[J]. Journal of International Business, 2009, 40(9):1411-1431.

网络模型对原来乌普萨拉模型的"承诺决策"变量进行了修订，增加了"关系"这一概念，明确阐述承诺是相对于关系或者关系网络而言的。这个变化变量是指企业决定对其所在网络中的单个或多个关系，是提高还是降低承诺水平。这种决策不仅仅体现在心理层面上，而是从进入模式的改变、投资的规模、组织的变化以及依赖水平上都可以观察到关系承诺决策。承诺水平的变化能增强或削弱双方关系。从网络视角来看，对于关系的承诺，通常有两种决策。在多数的商业网络中，关系承诺决策主要包括：（1）发展新关系，决策可能就是构建与新网络的联结、填补结构空缺（Burt, 1992）。（2）企业决定保护、支持现已存在的战略关系网络。

比较乌普萨拉模型和网络模型可以发现企业国际化理论中一些内在含义的变化：首先，国际化取决于企业的关系和网络。企业向国外扩展的过程立足于与其重要合作伙伴的关系，这些合作伙伴必须是致力于国际化业务发展的。如果合作伙伴在单个或多个国外市场中都占据了有利的网络地位，总企业也可能追随其合作伙伴向国外发展。这种向国外扩张的可能有两个原因：一是找到感兴趣的业务的机会。正如前文所述，合作伙伴的知识基础是相互关联的，因此也间接地与这个网络中的其他成员相关。凭借相关的知识基础，总企业可以进入国外网络，并发现和利用国外的机会。我们想重申一点：相互的信任和承诺并非建立在正式的契约之上，而是建立在二者的共同商业经历之上，这段经历如果是不成功的，那么它至少是必须使双方都满意的。二是合作伙伴正在向国外扩展或已经扩展至国外，希望总企业可以跟随。企业追随合作伙伴向国外发展，表明了它对彼此关系的承诺。

国际化企业要走向哪里？一般我们回答说：走向总企业及其合作伙伴看到的机会之所在，或者也可能走向其合作伙伴具有较强地位的国外市场。这不只是走向国外的第一步的问题。从一个市场转向另一个市场时，也可能继续采用同样的过程，这个取决于总企业的合作伙伴的行为。但是，如果企业没有优秀的合作者，它就可能选择在与国外市场中占据一定地位的那些企业比较容易建立联系的地方实施扩张。例如，总企业可能先与中间商（如代理人或发行人）联系。一旦与顾客建立了联系，它就可能绕过中间商，建立自己的子企业。较短的心理距离有助于关系的建立和发展，这是发现机会和利用机会的必要不充分条件。

从商业网络模型的过程化视角来看，出发点往往是随意决定的（Coviello，2006；Reuber & Fischer，1997；Wiedersheim-Paul，Olson，& Welch，1978）。无论是把企业的建立、首次进入国际市场还是特定关系的建立作为出发点，过程模型都指出要从状态变量（如知识、信任或者对企业某一特定关系承诺）中寻求解释。例如，企业可以利用其合作企业与另外的企业建立的信任来开发现有的联系。知识的增加可能会导致企业或其合作伙伴不满意它们的关系，这时双方都可以决定降低承诺水平甚至终止相互之间的关系。

三、企业国际化过程中的关键要素

（一）知识与学习

知识在企业国际化过程中的重要作用已经得到了一致的认可，乌普萨拉国际化过程模型认为构建知识是企业国际化的基础，国际化过程是一个不断积累知识和经验的学习过程，随着企业对国际市场资源投入的不断增加，国际知识的获取和利用逐步深化，使得国际化程度不断加深（Johanson & Vahlne，2006；Johanson & Vahlne，2009）。乌普萨拉模型认为，构建产生于企业当前活动（运行）经验中的知识尤其重要，经验性的学习过程使得开展国际业务成为可能。随着国际化理论的发展，传统的国际化过程模型不能完全解释新兴国际化企业的战略决策，但推动承诺不断增加的潜在经验学习过程仍然是解释这些新兴国际化企业的随时间演进的重要因素（Meyer & Thaijongrak，2012，2013）。近几十年来，知识以及国际化过程中组织学习的相关研究得到不断深入发展。

1. 市场知识

目前，学者对市场知识的界定和认知存在差异，如把市场知识看作企业的战略资产（Glazer，1991），而有学者（Hamel & Prahaiad，1994）认为市场知识是企业的核心组织能力；胡贝尔等将市场知识界定为一种市场信息，即市场知识必须通过信息获取、分配、理解和组织记忆来获得，而贾沃斯基等（Jaworski & Khol）与斯莱特等（Slater & Narver）学者则认为市场知识是市场信息的生成和扩散，并将市场知识看作市场导向的表征；有学者基于流程观，提出市场知识蕴涵在产品研发流程、供应链管理流程和顾客关系管理流程企业三大核心流程中①；有学者认为，竞争性市场对顾客和竞争对手的描绘是其最为显著的两个特征，因而市场知识即关于顾客和竞争对手的知识。②此外，还有学者提出市场知识是企业国际化过程中对国际市场客观准确的信息，包含市场规模、竞争者和监管方等信息内容，并随着国际化发展阶段的不同表现出对市场知识需求的紧迫程度和类型的差异（Mejri & Umemoto，2010）。

市场知识开发是指企业在了解市场的基础上产出知识的过程（Hult et al.，2004），主要包括市场信息的获取、分析、传播与分享等活动（Vorhies et al.，2011）。企业既可以从外部活动者（如合作伙伴、竞争者、高校及研究机构等）那里获得市场知识，也可以通过自身对市场信息的搜集与分析，经过意会与加工，形成市场知识（Hult et al.，2007）。在市场知识开发过程中，企业内部需要不断地沟通交流，将新知识与已有知识建立联系，以便对市场状况做出新的理解（Moorman & Miner，1997），这也为市场知识的传播与分享创造了条件。企业具有高水平的市场知识，能够帮助其减轻文化距离带来的经营风险（Musteen et al.，2014），提高企业的组织认同（Cayla & Peñaloza，2012）与营销适应性（Magnusson et al.，2013），有助于提高企业的市场绩效和市场适应性（Vorhies et al.，2011）。托尔斯泰（Tolstoy，2010）研究发现企业可以通过网络开发实现市场知识的创造整合；有学者（Musteen et al.，2014）发现中小企业可以通过国际网络的构建获取外国市场知识，以提升其国际化绩效。

2. 国际化知识及分类

根据国际化知识是否具有地区和国别背景，将其分为特定市场知识和一般国际化知识。前者基于市场维度，带有特定国别市场的背景和特征，是某

---

① Rajendra K.Srivastava, Tasadduq A.Shervani, Liam Fahey. Marketing, Business Processes and Shareholder Value: An Organizationally Embedded View of Marketing Activities and the Discipline of Marketing[J]. Journal of Marketing, 1999(63):168-179

② Luigi M. De Luca, Kwaku Atuahene-Gima. Market Knowledge Dimensions and Cross-functional Collaboration: Examining the Different Routes to Product Innovation[J]. Performance Journal of Marketing , 2007, 71 (1): 95-11

一东道国所特有的政治、经济、社会文化、语言等知识，根据知识内容的不同进一步划分为外国业务知识和外国制度知识，通常在所进入的国别市场获取；后者基于企业自身维度，不带有特定的地区或国别背景，可以在不同市场间传递，是关于企业参与国际化经营过程中如何利用资源、能力与条件以及组织、管理和发展国际化经营活动的知识（Eriksson et al.，1997；王国顺等，2009）。

约翰逊和瓦尔尼强调存在一般市场知识（general market knowledge），它可以在组织单位之间转移，包括企业国际化的独特技术能力、管理运作知识经验等（Andersen，1993）。有更多研究表明一般国际化知识，即反映国际商务中企业资源及其能力的知识也很重要（Eriksson et al.，1997；Welch & Luostarinen，1988）。此外，基于知识基础观的国际化模型将国际化经验知识具体细分为市场知识、网络知识、文化知识和创业知识 4 类；最近有研究将国际化知识分为市场进入知识、本土化经营知识、国际企业管理知识 3 类（Fletcher et al.，2013）。

基于商业网络视角，约翰逊和瓦尔尼（Johanson & Vahlne，2009）在模型中加入了"特定关系知识"（relationship-specific knowledge）的概念，认为这种知识通过两个合作伙伴的互动发展而来，主要包括合作双方对彼此拥有的各种资源与能力方面的知识。同时，二者之间的互动能为双方带来更多国际关系发展方面的一般知识，并且能帮助对方学习如何在不同的情况下发展不同的、可转换的关系（Hoang & Rothaermel，2005）。这种关系中的角色变换对于企业发展"一般关系知识"，可能会有积极的影响。商业网络中学习协调多种关系非常重要，处于不同国家的合作伙伴之间可能会产生这种学习（Johanson & Vahlne，2003）。此外，商业网络中的知识发展与约翰逊和瓦尔尼在原始模型中所假设的知识发展是不同的，商业网络中的知识发展不仅仅是从其他角色那里学习已有的知识，在买家的用户与卖家的生产者之间的知识交流也可以产生新的知识。此外，企业所处的关系网络也是知识的获得途径和来源，国际化企业通过网络的发展和网络位置的变动来获得国际化知识，通过发展与其他企业的关系，构建不同关系特征，并通过调整在网络中的位置，来获取不同类型的知识，其中包括客观知识甚至经验知识等。

3. 知识与学习类型的关系

约翰逊和瓦尔尼（Johanson & Vahlne，2009）认为，包括国外市场进入（Sapienzaet al.，2006）、特定模式（mode specific）（Padmanabhan & Cho，1999）、核心企业（Chang，1995）、联合（Hoang & Rothaermel，2005）、收购（Nadolska & Barkema，2007）以及其他特定类型的国际化经验等许多经验性知识在内的

一般国际化知识，很可能比 1977 年所认为的还要重要。彼得森（Petersen et al.，2003）的《从简单到复杂》《从决定论到管理判断力》两篇文章讨论了初始模型。他们对于组织学习的研究表明实际中的学习比 30 年前所提出的学习要复杂得多，但也认为虽然经验性学习确实是企业国际化的核心因素，而非经验学习对具体的国际化阶段和情况的研究更为重要。在对原始模型的批判评论中，福斯格伦（Forsgren，2002）指出 3 种非经验学习方式，即收购其他企业、模仿和搜索，它们可能加速国际化的进程。

从商业网络视角看待国际化过程时，将经验性学习作为基础是有理可依的。经验性学习也可以将其他的知识发展方式作为补充。其他重要的研究流派也强调了学习机制。例如，学习曲线方面的研究作为学习研究领域的重要子领域之一，强调了基于经验的学习的重要性（Argote，1999）。尼尔森和温特（Nelson & Winter，1982）的进化理论也强调了由经验发展而来的惯例能带来行为的连续性和有限的路径依赖。科恩等（Cohen & Levinthal，1990）提出的吸收能力的概念也表明，吸收能力像经验学习一样都意味着知识发展是个积累的过程。

安德森（Andersen，1993）对乌普萨拉模型和国际化过程创新模型提出批判，认为乌普萨拉模型未能将具体的阶段、情境、企业和国外市场等纳入考虑范围。然而，不可否认的是，一个普适性的理论或模型无法考虑所有的可能偶尔相关的知识，因此，约翰逊和瓦尔尼认为，尽管存在上述批判性观点和评论，国际化过程理论的量化研究仍然验证了经验性学习在企业国际化发展过程中的核心作用。

值得注意的是，国际化的知识并不只能从上述几种经历学习中获得。例如，有研究显示国际化知识与企业在不同市场中经历的多样化程度正相关（Barkema & Vermeulen，1998）。知识类型和组织学习之间存在一定的对应关系，企业通过探索式学习所获得陌生的、外来的知识，通过开发式学习利用并加深已经了解的、现有的知识（Li & Kozhikode，2008；Li et al.，2008；Mathews et al.，2012）。

对于国际化企业而言，深入国际化所需要但企业还没有具备的"客观知识"属于未知的知识，需要通过探索式学习获得。而与特定市场环境联系紧密、存在于特定行为人的头脑、只能在国际化经历过程中获取的"经验知识"，则需要通过开发式学习获得。尽管探索与开发学习在国际化过程中可能同时发生，但在不同的阶段，国际化企业对知识获取的要求不同（许晖等，2014；冯永春，2015）。基恩（Keen，2011）针对新兴国际化企业不同阶段的特征，探讨了两类学习活动的演变过程：国内竞争阶段，基于开发现有的资源和能力，在这一阶段的组织实施较弱，两类学习比率将近 1。冯永春（2015）则探讨了新兴国际化企业在不同的成长阶段对国际化知识需求的差异，以及不同类别的国际化知识对企业国际化进程的作用。随着企业的成长，组织知识增加，主要的知识来自基于企业自身经验的开发性学习。在全球竞争阶段，企业的探索性学习和开发性学习达到均衡的状态。深入国际化的企业能够自由地、容易地在不同的分支机构之间传递知识，不断调整开发学习和探索学习，以满足情境和竞争的需要。

（二）信任构建

在关系发展（Morgan & Hunt，1994）和商业网络（Johanson & Mattsson，1987）的研究中，信任是一个很重要的概念，约翰逊和瓦尔尼的原始模型中没有明确地把关系中的情感情绪因素包含进来。随着社会资本、信任等相关概念的研究不断深入，约翰逊和瓦尔尼（Johanson & Vahlne，2009）明确提出包括情感和认知等因素，强调要理解网络模型中的关键要素——关系，情感因素非常重要。根据其他学者（Nahapiet & Ghoshal，1998；Granovetter，1985，1992；Madhok，1995）所做的工作，约翰逊和瓦尔尼认为，信任是成功学习以及发展新知识的重要因素。信任还可以代替知识，例如当一个企业缺乏必要的市场知识时，它可以让可信任的中间人来经营涉外业务（Arenius，2005）。

信任的关键字和词组包括"诚信""可靠性"和"别人可依靠的"（Morgan & Hunt，1994）。简而言之，信任感意味着能够预测他人的行为。信任概念还假定人的行为都遵循高度道德标准。如果存在意愿和积极的意向，信任可能发展为承诺。因此，信任是承诺的一种先决条件。这一结论与摩根和亨特获得的结果相一致。如果信任没有发展为承诺，那么就意味这种关系有持续的期望和继续投资的意愿，以及对做出短期有利于他人而长期有利于自身的牺牲的必要性的认知。信任能说服人们共享信息，促进实现共同期望（Madhok，1995），因此在不确定的情况下信任尤为重要。在关系阶段的早期信任非常重要，而且如果关系需要不断努力来创造、利用机会，那么这种重要性就可能是永久的。麦迪霍克（Madhok，1995）认为，信任"诱导互惠、协调行动"。这一论点支持了摩根和亨特（Morgan & Hunt，1994）的结论，认为信任是承诺的主要决定因素（Gounaris，2005），把"关系承诺"看作"交流的一方相信与另一方的持续性关系很重要，以至于必须以最大努力来维持它"。当承诺和信任都存在时，能产生提高效率、生产力和效益的因素。

虽然永久信任、永久承诺或极端机会主义都是不现实的，但如果假定合作双方认为继续某种关系是他们的长远利益之所在时，现有的承诺关系会长久持续下去。做出承诺的关键因素是机会，它的另一方面却是二者之间的相互依赖。一方可能未必会感激对方做的所有事情，但为了长远利益就必须要容忍一些行为（Thorelli，1986）。建立信任是一个昂贵而耗时的过程（Madhok，2006）。巴克利等（Boersma，Buckley，& Ghauri，2003）把这个过程设想为一连串的阶段，一个阶段的输出构成下一个阶段的输入，由于每个阶段的输出都可能提高或降低信任水平，因此这个过程是不确定的。

（三）承诺决策

承诺决策是企业国际化扩张中最重要的决策之一，是国际化过程模型、国际创业理论、天生国际化理论中的核心概念（Da Rocha et al.，2012）。现实中的国际化企业面临资源决策的两难困境，没有承诺及投入就不能获得相应的竞争位置，然而超额的承诺则存在过多的风险。因此必须进行与组织需要和环境条件相匹配的资源配置，做出相应的资源承诺决策（Chang & Rosenzweig，2001；Luo，2004）。影响承诺的强度和模式的组织变量包括国外市场经验、进入战略和全球价值链整合等（Gupta & Govindarajan，1986）。

资源承诺是一个多维的概念，通常国际化过程中一个企业可能会同时进行几类但并非全部维度的承诺（Blesa et al.，2008）。有学者（Mathieu & Zajac，1990）进一步区分了算计承诺（或利益承诺）（calculative commitment）与情感承诺（affective commitment）。前者建立在认知假设之上，例如存在共同的机会。情感承诺则基于"一种广义上的对另一方的积极认可和忠诚"（Gounaris，2005），情感承诺可能会取代认知分析。在缺乏知识的情况下，考虑机会成本和转换成本，如果投入非常高的话，按主观意见行事可能更为明智。

根据约翰逊和瓦尔尼的国际化过程模型，资源承诺包括市场承诺（market commitment）和关系承诺（relationship commitment）。乌普萨拉模型中的资源承诺主要是指市场承诺，表现为企业投资规模和国际市场覆盖，从出口模式开始向更高控制水平的进入模式移动（Johanson & Vahlne，1977）。在过程模型中，市场承诺包含两个维度，投入资源的数量和投入的程度。市场承诺通常体现为企业对特定市场区域的资源投入，然而在一定条件下，企业投入的资源容易被转移，市场承诺强调企业投入资源的不可转移性，企业国际市场投入程度越高，企业投入的资源与企业其他部分一体化程度越高，企业的国际化运作即源自对这些不可转移资源的使用。相对于市场投入的程度，市场投入的数量比较容易理解，通常体现为市场投资额的规模、人力投入数量等，接近国外市场投资的规模，从广义上讲，包括营销、组织、人力资源和其他领域的投入。在网络模型中这一观点被认为"有效性下降"，网络模型把国际化看作一个网络演化中关系承诺增加的过程，认为成员间的信任需要花费时间和精力去建立（Johanson & Vahlne，2009）。

国际化过程的实证研究发展了资源承诺阶段模型的两种形式：第一种是基于国际市场进入方式，依据从出口到直接投资等既定的国际化模式相继提高资源承诺水平；第二种模式基于"心理距离"关注进入国家的顺序，认为企业会首先进入心理距离小的国际市场，然后再进入心理距离较大的市场（Douglas，2000），因为心理距离能够影响消费者（或客户）对企业产品的购买决策（Hamilton，2014；Williams et al.，2014）。从现有研究来看，国际化过程模型虽然提出承诺是随着企业能力提升逐渐增加的阶段模型，但是没有提供某一类承诺应该优先于其他承诺的理论解释（Forsgren，2002）。

（四）机会开发

机会指的是不明确的市场需求，或未使用的资源和能力（Kirzner，1973）。企业家发现机会是市场理论的核心要素，因为市场的持续动态变化特征能给企业带来发展机会。企业家在开展市场经营活动中保持警觉并为把握机会做好准备，机会识别成为一种持续的挖掘行动，但同时也是一种偶然性的结果（Kirzner，1997）。机遇开发过程与国际化过程、关系发展过程类似（Ghauri，Hadjikhani，& Johanson，2005），都是一种知识发展与承诺相互关联的过程。这个过程可能是单方面的，即一家企业去认识另一家企业的需求、能力、市场和网络，然后识别机会；也可能是双方的，即两家企业之间进行交互，共同识别机会；还可能是多向的，多个企业之间交互并增加它们对观点和机会的承诺。在这种多向机遇开发中，与双方主要企业有联系的其他企业也可能会参与到这个过程中，信任可以推进这个过程。利用网络配置和嵌入关系可以影响机会开发的类型（Andersson，Holm，& Johanson，2005）。

机会识别也被认为是持续的商业关系产生的结果，探寻机会和开发机会之间是重合的（Johanson & Vahlne，1990）。市场调研无法识别许多业内人士可以识别的机会，其中一方面是因为异质性，另一方面是因为信息失效。因此，开发机会就会导致探寻机会。虽然开发机会存在风险，但可以通过逐步前进、构建连续性承诺来降低这种风险。

在对机遇的研究中经常提到以下两个概念：一是发现机会，即假定市场中存在有待识别的机会（Kirzner，1973）；二是创造机会，即假定机会是由企业创造并实现的（Gelbuda et al.，2003；Weick，1995）。研究者认为机遇开发的过程同时包括了发现机会和创造机会这两个要素（Ardichvili et al.，2003），对机遇方面的研究通常会将其分成两个阶段：机会识别和机会开发。因此，机会开发是一个以循序渐进的识别机会（学习）和开发机会（承诺）为特征的交互过程。在这个过程中，信任是个重要的"润滑剂"。在网络视角下，机会识别和机会开发过程与国际化过程和关系发展过程非常类似，研究者基于不同的理论视角，强调了影响机会开发的重要因素。

基于知识基础观的视角，研究者认为知识在企业发现机会和创造机会的过程中具有重要的作用。约翰逊和瓦尔尼（Johanson & Vahlne，2009）进一步认为，经验知识的一个重要的方面就在于为感知机会、构想机会提供了框架。基于客观知识能够帮助企业构想理论上的机会；而基于经验性知识则能够让企业看到"具体"的机会——即能"感觉"到企业如何适应当前和今后的活动。其他的研究者同样强调了知识在发掘机会的过程中的重要作用。沙恩（Shane，2000）研究了先验知识的作用，并表明其对于机会发现的影响力似乎强于个人性格特征。先验知识能使个人更容易发现机会，这就需要机会追寻者重点关注原有的知识基础。

基于资源基础观的视角，温特等（Denrell，Fang, & Winter，2003）的研究表明，企业并不具有发现机会所需要的关于外部资源的特有知识。因此，沙恩（Shane，2000）建议企业应该把机会分析的重点放在自身的内部资源上，在内部资源上企业才拥有特有的知识。部分学者（Kirzner & Denrell，1997）的研究结论认为，识别机会很可能是企业的偶然性战略的结果。

基于市场网络的视角，企业则可以优先获得关于合作伙伴以及所处商业网络的信息。而且机会识别很可能是持续的商业活动的结果，这种持续性的商业活动为现有的知识储备增加了经验。这些经验的重要构成部分就是企业关于自身及资源的知识，其中资源包括在网络关系中部分可用的外部资源。

从网络视角来看，机遇开发基于合作双方的相互作用，网络成员一起构建知识体系，同时致力于相互的关系，并在这个过程中逐渐信任彼此。只要具有一些基本的企业家警觉性，随着双方在互动中获得特有知识，就很可能产生机会。特有知识能使合作双方识别其他人不能识别的机会（Agndal & Chetty，2007）。而且网络成员还可以识别、理解与合作伙伴的特有资源的匹配方式（Von Hippel，1988）。约翰逊和瓦尔尼（Johanson & Vahlne，2006）针对国际化过程中互动知识生成和国外市场机会开发进行了分析，如图 2.3 所示，认为企业对关系的承诺产生社会资本，后者反过来促进关系网络中存在和创造的新知识的分享，最终带来机会开发，即机会开发与合作企业在市场中的网络嵌入性（社会资本）正相关。

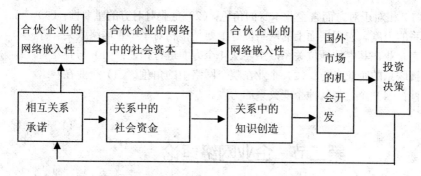

图 2.3 国际化过程中的机会创造

资料来源：Johanson, J., Vahlne, J.E. Commitment and Opportunity Development in the Internationalization Process: A Note on the Uppsala Internationalization Process Model [J]. Management International Review, 2006, 46(2): 1-14.

（五）网络位置

企业所处的市场和产业本身就是以网络的形式存在的，企业国际化过程应从企业间关系网络的角度而非传统理论中单个企业的角度来研究（Johanson & Mattsson，1988）。商业网络（business network）被定义为，企业与其商业伙伴如客户、经销商、供应商、竞争对手、政府之间的关系。企业的国际化实际上是企业在国际市场网络中构建、维护并发展网络关系的过程，是企业不断卷入商业网络关系的过程（Johanson & Vahlne，1990）。企业国际化活动需要在商业网络的背景下考虑，与许多其他网络研究相比，国际化过程研究更强调企业商业网络外部网络结构的重要性，企业嵌入网络的程度影响着组织学习、建立信任和资源承诺的方式，也影响企业对机会的识别和利用、风险感知的作用（任胜钢、舒睿，2014）。网络嵌入性是研究企业网络的重要工具（钱锡红等，2010），结构嵌入性或网络位置观（positional perspectives on networks）主要是指网络成员之间的联结以及网络成员能否在网络结构中占据一个有利位置。

网络位置体现了企业与其他企业及其环境相联系的特征，也体现了企业面临的战略机会及限制条件（钱锡红等，2010）。市场位置甚至成为企业的一种无形市场资产，影响了企业对外部关键资源的接近度和获取性。根据约翰逊和马特森的观点，市场位置即企业的网络位置，因为商业网络模型将市场看作企业间相互连接的关系网络，市场位置与关系网络位置对企业而言同等重要。根据约翰逊和马特森（Johanson & Mattsson，1988）的网络模型，企业的网络位置可以分为微观位置（micro position）和宏观位置（macro position）。其中，微观意义上的网络位置是指企业与行业中某个企业的关系特征，一般从 3 个方面进行描述：（1）相对于对方而言企业本身的角色；（2）企业对对方的重要性；（3）与对方关系的力度。宏观层面上的网络位置主要是指相对于整个网络或某一行业领域而言企业在其中的地位关系，主要从4个方面进行描述：（1）与企业有直接或间接联系的企业身份；（2）企业在整个网络中的角色；（3）企业在网络中的重要性；（4）企业与其他企业关系的力度。

第二节　企业网络理论

目前，随着社会嵌入、市场网络化、社会资本以及创业等相关理论的快速发展与广泛应用，使得企业网络理论成为众多学者关注的焦点。而国际化网络理论已成为解释企业国际化进程，获取企业竞争优势的重要理论工具（郑准、王国顺，2009）。为了解企业网络的内涵及特征，理解企业网络产生的动因及形成过程，本研究将在综合分析相关文献的基础上，梳理企业网络理论的渊源及其发展脉络，以期发现企业网络理论的渊源、内涵及特征。

一、企业网络理论的渊源

随着经济学、社会学和管理学的不断发展与融合，企业网络理论得以产生与发展。随着网络理论的不断推演，企业网络为何存在、如何存在值得学者不断深入探讨。目前，有关企业网络的理论基础，主要是从三种学科进行探讨，即从经济学、社会学和管理学，探讨企业网络的存在及价值。

（一）企业网络理论的经济学研究基础

新制度经济学派以交易成本为基础，从经济学视角解释了企业网络存在的原因。交易成本经济学认为，企业是由无数的契约和非契约治理结构所组成的"合同连接"（a nexus of treaties），是一种替代市场的治理结构（Coase，1937）；而交易成本是人们在交易过程中为达成交易而愿意支付的成本，也是一种人与人的关系成本。随着经济体系中企业的专业化分工与市场价格的运作，产生了专业分工现象；而市场的价格机能的成本偏高，从而促使企业机制形成，企业由此产生。因此，从企业的性质可以看出，企业是一种关系的链接，是一种由网络和关系构成的治理结构。

然而，交易具有资产的专用性、交易的不确定性、交易频率三个特性（Williamson，1981，1985），企业和市场是两种不同的治理结构，选择何种治理结构取决于何种模式的交易成本最小。资产专用性带来的风险，会使企业间出现复杂的关系治理问题，这就会产生混合组织（hybrid organization），即一种介于企业和市场之间的制度安排（Williamson，1991）。此外，也有研究者认为企业能够以交易成本较低的市场要素，替代市场中交易成本较高的要素，其实质依然是市场行为，并且是市场形式的高级表现（Cheung，1983）。巴泽尔（Barzel，1997）认为企业是由契约连接、由网络构成的，这是广义网络观的体现。

（二）企业网络理论的社会学研究基础

社会学中的新制度理论、社会网络理论和社会资本理论能够解释企业网络存在的原因，能够解决企业网络为何存在的问题。随着社会网络研究方法和社会资本理论的发展，研究者开始关注弱连接、结构洞、社会资本的构成等问题，以期发现企业网络的存在及发展演进的内在机制。因此，本研究从社会学中的新制度理论、新经济社会学角度探讨企业网络理论的社会学研究基础。

1. 新制度理论

在新制度理论中，研究者通常使用规则、规范、合法性要求，解释企业组织的形式，从新制度视角揭示了企业网络因何而存在。同时，研究者还常使用公平、文化、认知、模仿和合法性对企业网络为何存在进行解释。研究者认为组织在强制、模仿和规范机制的作用下，通过竞争和制度化过程呈现出趋同现象（Meyer & Rowan，1977；Dimaggio & Powell，1983）；而合法性则是企业或组织的形式或行为，要探讨它是否符合法律、惯例、社会习俗等，是否能够得到其他企业、组织和个人的认可（周雪光，2003；湛正群、李非，2006）。目前，有关制度理论的研究，探讨的核心问题多是有关组织趋同，如何获取竞争优势；研究者通常根据制度理论的社会学基础，探讨合法机制在制度环境的压力下，对组织及其行为的作用过程。

在企业网络中，企业只有从其他网络成员处，或者从网络外部获得一些权益，企业的这个网络才有存在的价值（Human & Provan，2000）。在集群网络中，企业会因合法性压力而出现制度趋同现象，制度环境会使企业采用网络内大家都能接受的组织形式和做法，企业间的联系会更密切，集群效率也会越高，但这种联系会因制度趋同或过度竞争而降低集群效益（吴结兵、徐梦周，2005）。制度作为其他网络成员认可的文化习俗，其强弱会影响企业网络外在形式的多样性，制度作为企业组织存在的基础要求企业网络与制度之间要具有内在的匹配性（张杰、刘东，2006）。

2. 新经济社会学

新经济社会学的核心是社会网络理论，研究者主要从网络关系和结构要素视角，采用社会网络分析方法对网络构造及收益进行解释。在社会网络理论中，企业被视为"社会行动者"，目前这已成为企业研究的一个热点。目前，研究者还会采用人际关系网络视角对劳工市场进行分析，研究发现关系强弱对获取信息的质量具有重要的影响作用（Granovetter，1985）；研究者从经济学和社会学视角，分析市场生产对"机会"和"社会网络"的影响，研究发现在有效的网络构成中，企业能够通过网络收获信息收益和控制收益，故研究者因而提出"结构洞"理论（Burt，1992，1998，2001）。

同时，许多研究者已对"社会资本"作为一种研究视角有了较为广泛的认同，从社会网络视角研究，企业网络是一种关系的链接，是一种能够获取资源和能力的有效途径，是企业经营过程中一种必要的社会资本。社会资本分为个人层面和企业层面，企业网络也是如此；企业网络也可分为正式网络和非正式网络，正式网络是企业组织的生产、销售等具体的经营活动所涉及的网络，非正式网络是企业个体人员所拥有的且能为企业所用的网络，这又可以分为企业家网络、经理人网络等多种类型（Glenn Loury，1977）。企业可以通过正式网络和非正式网络获取企业所需的个人资本和企业资本，即通过网络获取社会资本，以此推进企业的成长与发展（Bourdieu，1990）。社会资本是关系网络的价值，关系网络能够帮助企业调动网络资源（周小虎，2002）。

此外，在社会学中有关企业网络的研究，研究者还常将"嵌入性"（embeddedness）作为一个重要的视角，嵌入主要是指企业将某种经济行为或影响因素，根植于已有的经济活动或现有企业网络中（Granovetter，1985）。研究者发现，嵌入网络中的企业比纯市场关系中的企业拥有更高的生存机会（Brian Uzzi，1996，1997，1999）。

（三）企业网络理论的管理学研究基础

在管理学研究中，企业网络是一种组织形态，可以帮助企业获取资源，提升能力，从而获取企业竞争力和绩效。企业网络是基于资源基础观的重要理论，相关研究涉及企业核心能力、组织学习、知识管理等视角。

1. 资源基础观与资源依赖理论

企业资源理论是从资源视角，看待并分析企业行为，主要根据企业的特殊资源分析其竞争优势，分析与竞争对手相比企业所具有资源的独特性及优越性，进而分析企业如何通过这些资源获取竞争优势（Barney，1999）。然而，资源已经超越了企业边界，不仅在企业内部存在资源，而在企业之间、企业间的网络中也存在资源（Gulati，Nohria，& Zaheer，2000）。企业不仅能够通过自身的资源获取竞争优势，还能通过企业间的网络获取一定的资源，或者利用企业间的网络资源获取竞争优势（Gulati，1995，1999）。

研究者认为企业不仅需要拥有一定资源，还需要与环境不断匹配（Pfeffer & Salancik，1997）。然而，资源依赖通常具有偶然性和短期性，企业需要多种渠道加以获得，将企业依赖的外部资源内在化，从而促成企业网络的产生。同时，在资源基础观视角下，资源互补、资源拓展等因素也会促进企业与企业构建联盟，或者组成合资公司等，促成企业网络的形成，在保障资源的前提下，企业可以通过这些资源获取竞争优势，以便在市场中获得更多的资源。由于促使企业间构建企业网络的原因很多，企业实力等影响因素也很多，一方面表现为网络获取资源的形式多种多样，另一方面表现为企业网络的多样性（Johanson & Mattson，1987）。同时，由于竞争环境的不断变化，企业网络也会随着获取的资源的差异而不断变动。

2. 组织学习与知识管理视角

组织学习不仅有利于企业核心能力的构建，还能赢得市场竞争优势，进而提高企业的绩效。因为企业仅仅拥有资源并不能形成竞争优势，还需要企业具有较强的组织学习能力，将资源进行重组、整合，使这些资源能够内化为企业核心能力，进而在市场中赢得竞争（Zollo & Winter，2002）。研究者发现组织学习，不仅有利于企业将实际的资源转化为企业能力，还能促使企业将知识资源消化、吸收，并不断创新。然而，企业知识资源的获取就需要网络发挥作用，并在组织内部进行学习，促使组织成员努力学习，提高企业的绩效（王莉、杨蕙馨，2008）。此外，组织学习还能提高企业视野，有助于企业提高获取知识等资源的水平和能力，进而有助于企业创新水平和绩效的提高（莫燕，2009），这从侧面解释了企业网络存在的必要性和意义。

研究发现企业可以通过企业网络，实现企业知识与技能的共享，进而能够提高组织成员的技能，有助于企业创新能力、知识管理能力的提高（Teece，2007）。同时，相比企业单独运行的效率及成长性，企业在网络中的运行效率及成长性具有明显的优势，网络中的企业盈利能力和竞争性更高。研究者认为企业组织在网络中的运行，能够促使其进行知识管理，维护并提高其在网络中的地位，通过网络分享各种信息资源及知识资源，协调各方利益，增强互信与合作，从而促使在网络中运行的企业知识管理能力提高，创新能力增强，获取竞争优势的能力得以提升（张钢、罗军，2003）。吴晓波等（2003）研究发现，企业通常会与合作企业相互学习，不断获取、消化并吸收新知识，从而实现从模仿到创新的演变，进而获得市场竞争优势。企业网络促使企业间知识共享与管理，通过企业的组织学习等机制，实现创新能力的提升（Cullen & Goodwin，1998；Cullen，2000；张毅、张子刚，2005）。

3. 创业与新创企业理论

在目前有关企业网络的研究中，研究者吸收了大量的创业理论，特别是从企业家层面，研究者借鉴了大量创业思想和相关研究，探讨企业家如何构建企业网络，推动企业网络的演进。由于企业国际化相当于企业的一次创业，因此在企业国际化网络研究中，研究者更是借鉴了大量的创业理论和思想。综合分析以往研究，本研究发现研究者借鉴国际新创企业理论和国际创业理论最多，研究者通常关注企业家风险感知、机会识别及前瞻性等特质，探讨企业家如何利用个人非正式网络和企业正式网络，在国际市场中把握市场机遇，获取竞争优势（Oviatt & McDougall，2000）。关于企业家精神、领导力等内容，目前依然是研究国际企业网络的热点，研究者也在不断补充、完善这方面的研究。

在国际创业研究中，社会网络是国际企业赢得市场优势的重要保障，社会资本为企业国际化创业提供支持（Oviatt & McDougall，1994）。这是因为开展国际化合作，企业需要构建并发展企业网络，通过网络调节企业行为，并将社会资本投入到企业经营活动中。而企业家在构建并发展国际网络关系中发挥着重要的作用，企业网络也有助于企业家发挥企业家精神，即通过前瞻性、冒险意识、风险承担等特质，在国际市场中发现市场机遇，把握市场商机（Crick & Jones，2000；Reuber & Fischer，1997）。

二、企业网络的内涵、维度及其形成动因

有研究认为企业网络是行为主体（企业）间不同形式的联系，企业网络包含三种基本要素：企业、资源和活动。本研究将综合以往研究分析企业网络的概念、内涵、范畴、维度等。

（一）企业网络的概念及内涵

企业网络将市场交易与层级制相结合，以此实现资源配置。在相互补充、增强知识的基础上，企业间的合作关系网络能够降低成本、降低风险、降低不确定性。本研究将从企业战略、组织形式、制度理论等视角介绍相关学者提出的定义，如表 2.5 所示。

表 2.5　企业网络的研究视角和定义归纳

	要点	学者	企业网络定义描述
企业战略	环境、合作、利益和竞争优势	Miles & Snow（1986）	一种新型组织，由企业成员通过自由组合、重组构成
		Johanson & Mattson（1987）	由两个或多个企业构成，大家面向战略领域，彼此联合
		Yashino & Rangan（1995）	基于彼此依赖和相互支持的企业关系，企业间相互作用，形成一种长期的、有目标的组织安排，通过协调沟通与整合，进而用网络化的互动行为来完成

续表

	要点	学者	企业网络定义描述
组织形式	网络组织的具体形态和企业管理行为匹配	Inkpen（1998）	包括多种形式，如合资企业、战略联盟、联合研发、企业联合体、长期供销伙伴网络、许可证协议、连锁经营、互惠贸易协定等
		陈守明（2002）	根据专业化分工建立的企业联合体
		杨蕙馨和冯文娜（2005）	依据专业化分工和协作建立的，由一组自主独立而且相互关联的企业及各类机构构成，是长期性的企业间联合体
制度理论	企业网络的经济本质	Thorelli（1986）	既有企业协调的因素，也有市场交易因素，是介于市场组织和科层制度之间的一种组织形式
		Jarillo（1988）	更加优化的一种组织模式，它不严格遵守价格机制，也不基于科层制，而是一种中间组织
		Zenger & Hesterly（1997）	介于纯市场和企业科层组织之间的一种混合型治理模式
		Podolny & Page（1998）	由两个或多个企业进行重复的、长期性交易关系的集合体
资源理论	企业网络是资源获取的手段	Gulati（1998）	一种企业自愿的彼此资源交换、共享、联合开发产品、技术及服务的安排
		Dussaug et al.（2000）	一种联合在一起的企业的业务行为
关系协议	网络成员之间的关系	Gomes-Casseres（1994）	由多个独立自主的企业通过合作协议而连接起来的集合体
		Foss（1996）	特定企业间持久而稳定的关系模式
		Tsang（1999）	两个以上的独立企业为了经济利益而进行商业行为的长期合作协议
		Brass et al.（2004）	企业与它的供应商、竞争者、客户以及其他相关组织间的长期合作关系
		许冠南（2008）	企业为获取更多的竞争优势而与相关企业结成的非一次性交易关系的动态组织形态

资料来源：本研究整理。

　　虽然近期有关企业网络的研究有很多，但大多数已不再探讨其具体的定义及视角。通过对企业网络的研究视角和定义的归纳与分析，本书借鉴郭劲光（2004）的研究，认为企业网络是由两个或两个以上的相互独立的企业或组织，相互关联，共同构成一种具有长期性和指向性的企业间合作联结系统。企业网络包含以下内涵：

（1）企业网络是企业间的契约联系，即以企业为节点、契约为连线的网络。

（2）企业网络范围的确定是以企业间共同目标（或业务）为标准。

（3）企业网络是一种新的组织形式，介于企业与市场之间。

（4）企业网络应该是一个较为宽泛的解释。企业网络可以由三家或以上的企业，也可以是两家企业的联盟（李新春，2000；陈守明，2002）。

（二）企业网络的范畴与维度研究

1. 企业网络的研究范畴及本研究视角

企业网络是市场和企业之间存在的中间组织形态，体现了企业对价格机制在替代程度上存在的差异性。现有研究从多个层面对企业网络展开了研究，主要聚焦于4个层面：集团层面、联盟层面、商业网络层面和集群层面，如图2.4所示。

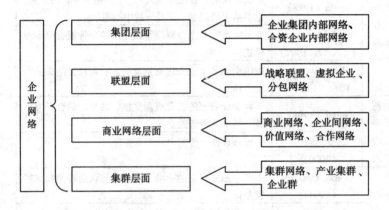

图 2.4 企业网络的网络层次示意图

资料来源：本研究设计。

目前，有关企业网络的研究分析视角可以分为局外人视角和局内人视角。局外人视角是客观地描绘若干企业间组成的企业网络，探讨企业间的关系及联结状况，即分析企业间的网络状况。研究者多会分析占据网络中心位置的焦点企业（focal firm）和其他网络参与者，网络在资源分配、能力提升方面对这些企业的影响作用。局内人视角是从网络内企业的视角出发，分析企业如何发展企业网络，成为网络中心。研究者常称这种网络为"自我中心的网络"（egocentric network）。研究者根据局内人视角，常会考察目标企业是否占据网络的中心位置。本研究主要是从局内人视角分析，考察企业自我中心网络的构建，即基于研究目标，聚焦于如何实现"自我为中心网络"的构建与演进，使企业成长为网络的中心。

企业网络的多种层面、内涵及其联结方式如表 2.6 所示。

表 2.6 企业网络的多种层面、内涵及其联结方式

层面	内涵	联结方式
集团	以企业集团的研究为主，以母公司为核心	通过参股、控股的方式，运用资本和其他契约的形式把骨干企业联结在一起（Manev，2003；王世权等，2012）
联盟	以企业间的战略联盟为主	通过业务外包、特许经营等不涉及企业产权转移的方式进行联结
商业网络	介于联盟网络与集群网络之间	不仅会为中心企业提供大量的网络优势资源，而且会提供一些关键信息、机会，以提升企业的灵活性（Johanson & Vahlne，2009）
集群	在特定领域内相互联系，在地理位置上集中的企业群和机构群	集群企业之间的连接相对松散，更多的是以弱连接为主，集群企业间分享的互补性资源也以知识和信息为主（吴结兵、郭斌，2010）

资料来源：本研究整理。

企业网络成员及边界示意图如图 2.5 所示。

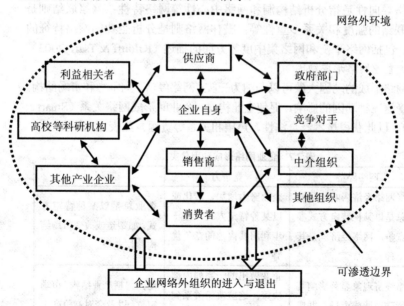

图 2.5 企业网络成员及边界示意图

资料来源：郑准，王国顺. 外部网络结构、知识获取与企业国际化绩效：基于广州制造企业的实证研究[J]. 科学学研究，2009(8)：206～1212.

2. 企业网络的维度研究

目前，虽然研究者对企业网络的维度研究较为充分，但对企业网络的维度划分存在不同的认识，研究者提出了企业网络维度的多种划分方法。研究者通常会对网络规模、网络结构、网络关系和网络演变过程进行研究。在网络结构研究中，研究者通常会分析网络中的焦点、结构洞等；在网络关系研究中，研究者常会分析企业间关系的紧密程度，互动关系中的内容、强度、频次等；在网络演变研究中，研究者通常分析企业如何构建并发展网络的过程。

研究者发现企业网络具有三个重要维度：结构、关系和认知（Liao & Welsch，2005）。结构是网络成员间间接及直接关系的描述；关系是各方通过交流与沟通所形成的信任、友谊等构筑的联系；认知是关注关系各方之间的共同语言、准则等。现有研究大多关注企业网络的某种特性（Honig et al.，2006）。

研究者多会分析企业网络的特征和企业的网络位置，检验这些因素对企业绩效的影响作用。网络特征主要是从网络整体分析，而网络位置则是从企业视角探讨其在网络中的位置，分析嵌入网络的企业在网络环境下运营的效率及效果。研究者还会从导向性、联结层及网络层等多个方面分析企业网络特征。网络导向性是指分析结构洞和网络中心性等网络特性；网络联结则是分析网络联结的强度和关系多重性等；整体网络则是分析企业间网络特征的分析描述，包括网络平衡和网络集中度等方面的描述（Kilduff & Tsai，2003）。

（三）企业网络形成动因

企业网络形成的动因大致可以归纳为三类：网络经济、竞争力和市场结构。企业通常受这三种动因的影响，促使企业构建、企业间形成网络关系（Stuart et al.，1999），以此获得技术、合法性、声望和关系等资源。如表 2.7 所示。

表 2.7 企业网络形成动因分类

	网络经济	竞争力	市场结构
概述	在受网络经济影响的环境中总是以某种特定方式参与竞争，网络经济就是其中一种	企业努力增加、转化或以某种特定方式，进一步利用其内部的竞争优势	企业总是以某种特定方式，如塑造或改变市场结构参与竞争
动因	网络经济现象显著影响某一特殊产业或市场，并成为其主要驱动力	企业做出的一系列内部决策；这些决策关系到它在内部发展的竞争优势	动因包括产业结构、市场定位，以及会对竞争产生影响的制度问题

续表

	网络经济	竞争力	市场结构
作用	为实现规模经济为目标的企业形成网络组织的现象	关系到企业选择哪些竞争优势来寻求伙伴资源	在某个特定产业、市场和经济中，环境性的、机构性的和竞争性的因素
内涵	可追溯到交易费用理论的交易费用最小原则	可看作产权理论中的企业能力的推广和延伸	如何在市场或行业中获取竞争优势，属于塑造市场的竞争行为

资料来源：本研究设计。

三、企业网络构建及演进过程研究

（一）基于适应性视角的企业网络构建研究

目前，有关企业网络位置的研究，已经成为战略和组织研究中的核心主题（Balaji & John，2008），研究者多分析网络位置对企业绩效的影响作用。企业网络不仅能为企业带来互补性资源，还能为企业带来合法性、声望等资源，能够增强企业与联盟伙伴间的联系（Stuart et al.，1999），甚至有研究者认为企业国际化的过程是一个逐渐增加的网络扩张过程（Hilmersson & Jansson，2011；Johanson & Vahlne，2009）。此外，学者认为网络关系是未来国际化理论研究的主导方向（Gulati，2007），其中联盟网络是一个重要分支（Ozcan & Eisenhardt，2009）。

虽然已有研究描述了国际化企业高绩效联盟网络的特征，但对于公司高绩效的联盟网络的构建机制尚不明确。研究者多从资源依赖理论和社会嵌入理论解释关系的形成机理，企业间的相互依赖是网络形成的动因（Gulati，1995；Gulati & Gargiulo，1999）。网络演进取决于相互依存的公司间关系的演进，企业依靠现有的关系发展新关系，关系的发展过程体现出了渐变的特征。随着网络中企业的增多，企业间关系也会随之积累，公司间关系的演化会引发网络演化（Gulati & Gargiulo，1999）。

一些研究者还探讨了企业战略对企业网络的影响作用，企业联盟网络分为机遇搜寻和优势搜寻两种，机遇搜寻是指企业寻找当前战略范围以外的商业机遇，而优势搜寻则是在当前战略范围内寻找能够提升竞争优势的网络（Sirén et al.，2012）。研究者认为企业可以选择两种不同的网络战略：主导型战略和创业型战略。企业能够影响合作伙伴，并参与到企业所建立的网络战略日程，从而增强企业绩效（Koka & Prescott，2008）。

此外，一些研究者还探讨了企业适应性对其网络演进的影响机制。以联盟网络演进为例，由于企业行为具有创造性和反应性，而个体在网络中具有重要的推动作用，能够主动选择联盟网络的演进路径（Santo & Eisenhardt，2009）。有研究认为企业内部战略与外部战略的匹配是促成联盟网络演进的关键，企业可以根据内部战略选择商业嵌入或者技术嵌入等不同的网络战略（Andesson et al.，2002）。关于企业如何主动选择网络探索与网络开发战略以实现联盟网络的演进，学者认为实现探索与开发的均衡是构建高绩效网络的关键（Lavie & Rosenkopf，2006；Yang et al.，2013）。联盟网络的演进通常聚焦于功能领域和结构领域（Yang et al.，2013）。

对于中国国际化企业而言，由于客观原因，自身的资源禀赋相对较差，在企业国际化网络的构建中属于后发者。虽然现有的企业网络理论能够为中国企业在国际化进程中构建企业网络提供一定的借鉴与参考，但无法准确分析并推断中国国际化后发企业，如何构建并推进网络演进。现有企业国际化研究中，有关中国企业在国际市场中构建并发展企业网络的研究相对较少，鲜有对网络演进模式的研究。然而，随着越来越多中国企业"走出去"，在国际市场中发挥的作用也越来越大，因而对其网络构建并发展的网络演进研究变得越来越迫切，因此需要探讨中国情境下的国际化企业网络演进机制，以便为相关企业开展国际化经营提供借鉴与参考。

（二）企业网络演进的过程研究

目前，有关企业网络演化阶段的研究，多是借鉴企业间关系演化的相关研究。以生命周期模型为例，企业网络研究者常借鉴这一模型，将企业网络视为一种生物有机体，将企业网络划分为 4 个阶段：出生、成长、成熟、消亡（Easton et al.，1993）。同样，也有研究者借鉴企业成长阶段模型，将企业网络划分为若干阶段，分析每个阶段的关系发展状况（Dwyer et al.，1987）。

目前，有关网络开发过程研究主要依据三个理论：过程理论、状态理论与联结理论（Batonda & Perry，2003）。过程理论聚焦于不同阶段企业网络开发的改变过程，强调网络开发过程是企业资源承诺与相互依赖关系的变化过程（Dwyer et al.，1987）；状态理论聚焦于在不同的时间点，企业通过战略改变采用非结构性的、不可预测的方式来改变网络行为（Ford et al.，1996）；联结理论强调网络演进过程中的定位、再定位与退出策略（Thorelli，1986）。研究者常采用的是过程理论，即认为企业网络关系发展可以划分为：寻找、起始、开发、维持和终止（Batonda & Perry，2003）。如图 2.6 所示。

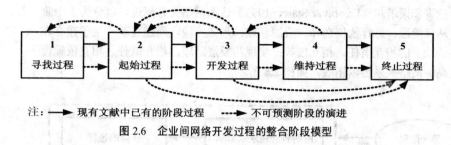

注：━━▶ 现有文献中已有的阶段过程 ┅┅▶ 不可预测阶段的演进

图 2.6 企业间网络开发过程的整合阶段模型

资料来源：Batonda, G., Perry, C. Approaches to Relationship Development Processes in Inter-firm Networks [J]. European Journal of Marketing, 2003, 37（10）: 1457-1484.

巴特勒和汉森（Butler & Hansen, 1991）把企业网络的演化分为 3 个阶段：创业阶段、商业起步阶段和商业发展阶段。在创业或创办前阶段，社会网络确保了企业家有一个更大的"机会集"（opportunity set），以获取无形的信息和有形的资源。通过社会网络来交流，某些连接可能被提取出来并包括进企业核心商务网络中，核心商务网络是企业不断成功经营所必备的。在商业起步阶段，商务网络是一个杂合体，它包括来自以前社会网络中的个人以及有直接商务联系的新个人和组织，企业家积极追求企业成长，把商业与商业网络紧密整合起来。在商业发展阶段，为使企业增长并获利，企业家开始更为关注网络的战略作用，往往会着力推进企业网络不断演进（Butler & Hansen, 1991）。如图 2.7 所示。

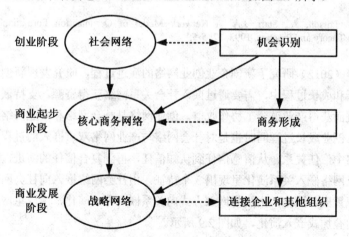

图 2.7 企业创业网络演化模型

资料来源：Butler, J.E., Hansen, G.S. Network Evolution, Entrepreneurial Success, and Regional Development[J]. Entrepreneurship & Regional Development, 1991, 3(1): 1-16.

拉森和斯塔尔（Larson & Starr，1993）认为网络关系演进可以分为 3 个阶段：基础阶段，进行伙伴选择、资源获取；形成阶段，通过互动产生了建立在交易活动上的相互信任、相互依赖；实现与发展阶段，相互信任、相互依赖程度提高，网络关系得以拓展，如图 2.8 所示。

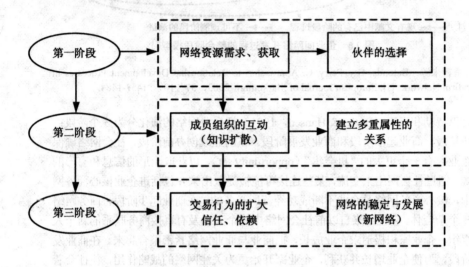

图 2.8　网络关系演进的三阶段模型

资料来源：Larson, A., Starr, J.A. A Network Model of Organization Formation[J]. Entrepreneurship Theory and Practice, 1993, 17: 5-5.

庄晋财等（2012）研究了新创企业创业网络的演进过程，研究发现新创企业在创建存活和成长过程中，需要通过嵌入社会关系网络获得资源，支持嵌入产业网络，进而获得产业链分工协作收益。创业网络是社会网络和产业网络的有机统一体，创业成长过程同时也是对社会网络与产业网络双重嵌入的过程。基于创业网络中信任关系，从情感信任到认知信任，再到复合信任的演进，新创企业的双重网络嵌入关系演化呈现出 3 个特征：由社会网络嵌入向社会网络和产业网络双重嵌入演化，由交易嵌入方式向关系嵌入方式演化，由双重网络分离式嵌入向叠加式嵌入演化，如图 2.9 所示。

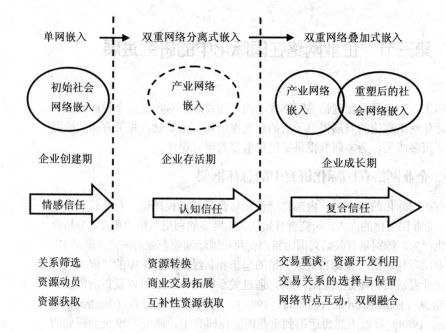

图 2.9 创业成长中双重网络嵌入关系演化过程

资料来源：庄晋财, 沙开庆, 程李梅, 孙华平. 创业成长中双重网络嵌入的演化规律研究——以正泰集团和温氏集团为例[J].中国工业经济, 2012 (8): 122~134.

尽管研究者已经关注到企业网络对其生存与发展的重要性，但并未对企业网络的演化问题予以深入探讨。研究者更多的是关注企业从网络中获取的稀缺资源（如知识资源、财务资源、客户资源等）、学习能力、创意想法等（Hopp，2010；Daskalaki，2010），或是关注某一类企业的网络特征（Cheng et al.，2011；Slepniov et al.，2012；Santos & Antunes，2015；Shi et al.，2016），或者是关注企业中某一类网络的具体特征（Baum et al.，2010；Dawid & Hellmann，2014；Buchmann & Pyka，2015）对其绩效的影响。然而，现有研究对企业网络动态演化的探讨依然不足，未能深入探讨网络演化与企业组织结构设计、网络演化与企业国际化成长与发展之间的动态关系。因此，未来研究需要更加关注企业网络在其成长与发展过程中的作用，探讨企业网络的动态演化，系统分析企业网路的演化与其组织结构、合作伙伴选择、渠道建设、商业模式选择、资源获取、绩效创新等要素之间的动态关系，更为深入探讨企业网络的构建与演化在新兴市场跨国公司研究国际化过程中的作用。

第三节　企业网络在国际化中的研究进展

近年来，随着国际化理论与网络理论的不断发展，两者在多个领域的融合也为国际化网络理论的发展提供了新的研究视角和理论基础。相关方面的研究也取得了很多成果，为本研究提供了值得借鉴的研究思路。

一、企业网络在国际化研究中的总体框架

在有关国际化的研究中，内部化理论和乌普萨拉过程理论一直是代表性理论，随着企业国际化的深入，研究者开始从关系网络的利用与构建角度，分析企业国际化行为，特别是有关新兴国际新创企业和国际创业企业的研究逐渐增多。

企业国际化网络理论源自关系营销的思想和新经济社会学中的"嵌入性"思想。企业经济行为不是孤立存在的，通过关系网络，企业可以获得所需要的资源和信息（Hakansson & Snehota，1995）。约翰逊和马特森（Johanson & Mattsson，1988）将以上思想运用到企业国际化研究中，研究发现企业所处的市场和产业是以网络形式存在，企业国际化过程应从企业间关系网络的角度来研究。因此，企业国际化是企业不断卷入国际商业网络关系的过程（Johanson & Mattsson，1990）。

一些研究者梳理了网络在国际化研究中的理论脉络，提出了企业国际化网络理论的基本框架（郑准、王国顺，2009），如图 2.10 所示。

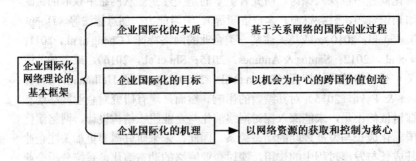

图 2.10 企业国际化网络理论的基本框架

资料来源：郑准，王国顺. 外部网络结构、知识获取与企业国际化绩效：基于广州制造企业的实证研究[J]. 科学学研究，2009（8）：1206～1212.

首先，研究者对企业国际化的本质是一种国际创业过程，越来越认同，为创造价值，企业主动实施跨国界经营，其行为本身是国际创业（Oviatt & McDougall，2005）。在企业国际化研究中，创业研究与企业国际化研究的关系越来越紧密。其次，研究者越来越关注企业国际化的目标，关注于企业如何发掘并利用市场机会，特别是对企业国际化网络的应用（Koka et al.，2006）。因为企业国际化的实质也是"以发现、创造和开发机会为中心"，实现跨国界的价值创造。最后，研究者越来越关注企业国际化的机理。研究者关注企业国际化网络如何获取资源，以期发现在企业国际化过程中网络如何发挥作用，以及在何种机理下运行。

二、基于商业网络视角的乌普萨拉模型重新探讨

鉴于网络关系在企业国际化中的重要地位，约翰逊和瓦尔尼（Johanson & Vahlne，2009）认为还需要进一步发展原始乌普萨拉模型，目前的研究基本上都集中于网络影响国际化的途径，并没有讨论网络的创建过程以及企业所进入的国家和地区的网络结构。当今的商业环境被人们看成一个关系网，是一个网络，而非由许许多多的独立的供应商和消费者而构成的新古典主义市场。在这个网络中，就心理距离（psychic distance）而言，外部关系（outsidership）是不确定性更重要的根源。市场是一个关系网络，在这个关系网络里，各个企业以各种各样的、复杂的、一定范围内无形的模式相互联结。因此，对于成功的国际化来说，相关网络中的内部关系是必不可少的因素，鉴于这个原因，出现了外部障碍（liability of outersidership）。关系的存在使得学习和构建信任与承诺成为可能，这两个因素都是国际化的前提条件。

国际化取决于企业间的关系与网络。企业向国外扩展的过程立足于与其重要合作伙伴的关系，这些合作伙伴必须是致力于国际化业务发展的。如果其合作伙伴在单个或多个国外市场中都占据了有利的网络地位，企业也可能追随其合作伙伴向国外发展。这种向国外的扩张可能有两个原因：一是可能会找到感兴趣的业务机会。合作伙伴的知识基础是相互关联的，因此也间接地与这个网络中的其他成员相关。凭借相关的知识基础，总企业可以进入国外网络，并可能发现和利用国外的机会。他们想重申一点：相互的信任和承诺并非建立在正式的契约之上，而是建立在二者的共同商业经历之上，这段经历如果是不成功的，那么它至少必须使双方都满意。二是合作伙伴正在向国外扩展或已经扩展至国外，希望企业可以跟随。企业追随合作伙伴向国外发展，表明了它对彼此关系的信任与承诺。

商业关系提供了一个扩展的和独特的资源基础，对其只能部分控制。商业网络协调的目的在于结合这些关系交错的合作者的生产力，由于涉及协调合作

伙伴的行为，因此实施起来非常困难（Hohenthal，2006）。如果这些合作者在不同的国家，跨国的商业网络协调就非常有必要，而且更加困难。参与者之间的心理距离不同，实现协调的难易程度也不同，原因包括协调的方式、委派组织单元之间可能的协调职责的分配（Galbraith，1973；Mintzberg，1979）。他们希望这些单元都分布在其战略合作伙伴所在的国家。国际化商业网络协调将会成为日益重要的现象，并且对企业特有优势及国际化产生重要的影响。

乌普萨拉原始模型明确强调区域特征是不确定性的来源（Rugman & Verbeke，2004）。虽然区域特征确实很重要，但是现有关系缺陷、知识和承诺是不确定性更重要的原因，区域特征只是间接原因。这意味着已经建立的关系能给予企业特有优势，这一点值得我们关注。同时邓宁（Dunning，1997）的OLI 模型也曾进行过修正，将战略联盟和网络关系包括进去（Dunning & Lundan，2008），他们认为如果要融合折衷范式和乌普萨拉模型，就必须先解决两大问题。折衷范式模型最初是静态的，基于强理性行为假设，而乌普萨拉模型则是动态的，并且以有限理性为基础。OLI 模型最近的拓展使得这一区别已经基本不复存在（Dunning & Lundan，2008）。由于企业特有优势是基于彭罗斯和 RBV 思想，这一点使得 OLI 范式和国际化商业网络模型之间的区别进一步缩小了。从这个角度来看，问题似乎主要集中在与市场环境的关系，彭罗斯并不认为这是个主要的问题，而 RBV 思想中也很少提到这一点，但它却是乌普萨拉原始模型的核心议题，在后来模型中他们把它视为对彭罗斯"未知市场"和 RBV 观点的拓展。折衷范式模型关注解释企业边界，巴克利和卡森（Buckley & Casson，1998）也研究过边界演化问题，但从他们的研究中并不能看清楚他们是将这个问题归为国际化理论还是将它分离了出来。但无论如何，组织学习在两类研究中都曾涉及（Benito & Tomasson，2003；Kay，2005；Pitelis，2007）。

三、企业网络在国际化研究中的主要问题

（一）企业网络在国际化进程中的作用研究

在最近的全球环境中，利用社会和商业联系去探索和开发机会以获得市场成长和成功很关键。如今快节奏的商业周期创造了不会打开太久的机会窗口，因此早期的国际化变得势在必行（Sapienza et al.，2006），尤其是对小的天生国际化企业（Freeman et al.，2010）。在这些形势下，即使是最警觉和具有柔性的企业也可能会发现，在没有市场网络的帮助下，快速且充分利用机会变得十分困难。为有效执行战略，企业可能越来越需要依赖网络，由不同的人和组织去产生创新，并实现国际市场的产品商业化（Coviello & Munro，1995、1997；Elfring & Hulsink，2003；Kelly，2000），构建网络有时候需要国际贸易展会（Evers

& Knight，2008；Shoham，1999）或行业实践的促进，尤其是考虑到中小企业没有足够的资源利用市场上的新机会。

有学者（Hoang & Antoncic，2003）回顾了 15 年来在新创企业和中小企业中的网络研究，发现有大量关于网络关系、治理和结构的已有研究，过程导向研究尚未出现。最近的基于过程的回顾（Slotte-Kock & Coviello，2010），提供了研究网络作为使用多重视角开发结果的理论框架。网络构建可能大幅地提升快速探索和开发机会的能力，进而提升它们的竞争力以及生存能力。

有学者（Vasilchenko & Morrish，2011）研究了国际化过程中的机会识别创造过程，以及能解释非系统国际化行为决策制定的特征，认为企业国际化过程需要网络的作用。网络可以分为社会联系和商业联系，并随着国际化的开展而出现动态性。研究结果揭示创业者在整个国际化过程的不同阶段是如何利用不同的网络形式的。随着企业的国际化进程，网络的特征和作用发生变化；在机会探索过程中，天生全球化企业的创业者可能使用他们的社会网络作为信息渠道，通过其获取国际市场和机会的信息；初始国际化市场做出的决策受到个人网络位置的影响，网络本身就是国际化机会的来源。此外，创业者也会利用外部专家，如大学、咨询机构和政府机构，帮助他们识别和评估机会。企业国际化中的机会识别与网络构建如图 2.11 所示。

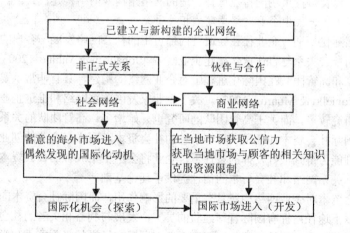

图 2.11　企业国际化中的机会识别与网络构建

资料来源：Vasilchenko，Morrish. The Role of Entrepreneurial Networks in the Exploration and Exploitation of Internationalization Opportunities by Information and Communication Technology Firms[J]. Journal of International Marketing, 2011, pp. 88-105.

（二）企业网络与国际市场进入方式

企业在选择进入哪个国际市场，采用何种方式进入国际市场时，往往会选择那些已经有自身关系网络的市场。因为企业在国际市场中建立并发展网络关系，能够为企业带来各种信息和资源，有助于企业在国际市场中把握市场机会（Johanson & Vahlne, 2006）。同时，研究表明，与网络中的合作伙伴保持密切的合作关系，有助于企业在国际市场开展经营，迅速抢占市场有利位置，还有助于企业在国际市场中积累经验（Coviello & Martin, 1999; Crick & Jones, 2000）。

虽然现有研究中有大量研究是从关系性社会资本的视角研究企业国际化行为，但这些研究往往是基于产业或经济属性的视角，缺乏从网络视角对企业国际化行为进行深入探讨（Jensen, 2003）。研究发现，企业现有的关系和网络能够部分转移到新市场，有助于企业选择合适的模式，以便在新市场中建立关系网络，提高网络地位。研究发现亚洲知识密集型企业特别善于在新市场利用社会关系，拓展国际市场（Chen et al., 2003）。此外，在选择国际市场进入方式上，企业往往会在目标市场上选择代理商，利用代理商的网络推进企业的国际化进程，从而降低企业进入新市场所产生的经营风险。如果企业与目标市场存在较大的心理距离，企业将更加依赖代理商的网络。有研究者发现，企业会根据自身实力，以及目标市场的特点选择合适的网络结构或网络构建模式。

（三）国际化进程中企业网络构建的相关研究

在企业国际化初期，企业往往会通过内部员工的社会网络发展与客户的关系，也会利用社会关系与合作伙伴构建企业网络（Johanson & Vahlne, 2003）。同时，企业家和高管团队在国际化进程中对企业网络的构建，具有非常重要的推动作用（Coviello & Munro, 1997）。关于企业家发展关系网络和推进企业国际化进程的研究较多，而关于高管团队的研究也开始增多。高管团队的关系网络所带来的国际社会资本往往是一种继承性的社会资本，同样在企业的创业精神、网络管理能力得到很好发挥的条件下，企业将会产生生成性的社会资本，这为企业国际关系网络和社会资本的治理提供了理论基础。

国际社会资本对企业网络构建具有重要的影响作用，而国际社会资本的创造主要通过以下途径：拥有国际管理经验的员工；发展与利益相关者的社会关系；提高企业的社会网络管理能力；提高企业在国际市场中的吸收能力和学习能力。首先，拥有国际化管理经验的员工，能够帮助企业学习，有利于企业进行组织学习，并有助于企业间知识的转移。其次，发展与利益相关者的社会关系，能够使企业在国际市场中与政府、合作伙伴等发展良好的关系，进而增强企业的社会资本。再次，企业还需要有能力管理好企业的国际化网络，通过提高网络管理能力，能够增强企业在国际网络中的位置，进而有助于企业对网络的运用，增强企业在国际市场中的适应性。最后，企业还需要提高吸收能力和学习能力，因为企业国际化网络中拥有各种资源，企业需要通过吸收和学习，提高企业对资源的利用效率（Coviello & Munro，1997）。

目前，有关企业国际化进程中关系网络的开发和创造的研究，大致可以分为三类：第一类，研究企业国际化经营经验与环境匹配程度对企业国际关系网络中社会资本的影响，关注行业、制度等因素对企业网络的影响。第二类，关注企业网络中结构洞（structural hole）的位置，进而探讨企业的社会资本（Crick & Jones，2000；Zaheer & Soda，2009；Tortoriello，2015）。第三类，一些学者研究企业家社会网络周期与企业绩效。研究者主要从国际关系网络形成的角度进行研究，而对企业国际关系网络的主动创造却很少涉及，创业精神是企业创造国际社会资本的重要因素。企业国际关系网络的构建与创造，要求企业必须形成"网络能力"，这是发挥企业家精神的关键，也是国际化视角下企业战略创新和企业社会资本管理的根本要求，特别是在动态性和复杂性环境下，培育企业的关系网络管理能力将更具意义。

第三章　总体模型构建及研究设计

上一章已对本研究所涉及的主要理论和相关研究文献进行了梳理和评述，明确了本研究主要依托的理论基础和研究情境，再次强化了本研究需要重点探讨的研究问题及其合理性与科学性，但这仅仅是科学研究的第一步。为了能够科学严谨、规范有序地推进本研究的开展，本章将从理论推导和逻辑分析相结合的视角出发，借鉴国际化进程理论和网络发展阶段的研究思路和阶段，结合中国国际化企业所面临的内外部环境特征和经营战略要素，构建中国国际化企业网络演进和构建机制的框架模型，在此基础上进一步开展研究。除此之外，本章还将重点对本研究在研究方法选择、案例选择、研究设计和信效度保障等方面的规范性进行详细阐述，为研究的顺利推进与探寻科学的研究结论奠定基础。

第一节　理论框架及模型提出

本节首先基于国际化过程理论，根据现有研究的网络发展的阶段论，进一步明确提出网络发展与国际化进程之间的关系及网络演进阶段模型的基本概念框架，并针对不同国际化阶段中的网络演进特征，梳理在国际化进程中的关键要素的作用，再针对网络发展的驱动要素和促进要素，提出网络构建的关系逻辑和构建机制模型。

一、企业国际化过程中的网络演进模型

（一）企业网络演进的阶段论及过程模型

阶段性的变化发展是网络演进的基本特征（Brito，2001）。许多国内外学者已经对企业网络发展阶段进行了划分并对各阶段特点进行了分析，归纳了企业网络演化的一般规律与趋势。由于目前企业网络演化的数据获取存在困难，使用实证方法分析的难度较大，很多研究以定性与案例的探讨为主（Gong & Mujumdar，2007；Maskell & Malmberg，2007）。主要的企业网络演进阶段理论

包括企业网络生命周期模型（Porter，1980；Utteback & Abrnathy，1975；Easton et al.，1993；Quinn & Carneron，1983）以及企业网络成长阶段模型（Larson，1992）。

根据对现有研究的梳理，关于网络演进的阶段研究提出了包括五阶段、四阶段及三阶段在内的多种演进阶段。而大部分研究都提出了网络演进的三阶段模型，主要包括：对于创业网络的演进过程，巴特勒等（Butler & Hansen，1991）把网络演进分为创业阶段、商业起步阶段和商业发展阶段三个阶段，后续研究者如董保宝等（2013）将创业网络分为网络关系连接、网络多元化和网络层级化三个阶段。①很多研究聚焦于产业集群网络的发展过程，如盖文启等（2002）将集群网络演进阶段划分为网络形成、网络成长与巩固、网络逐渐根植等三个阶段。②纪慰华（2004）则认为一般的企业网络形成与演化可分为形成、发展与成熟三个阶段。除了网络发展的阶段划分之外，研究者针对网络的网络成员关系发展提出了三阶段的观点，如拉森（Larson & Starr，1993）提出了基础阶段、网络关系形成阶段、实现与发展阶段等三阶段的网络关系演进过程。戴尔等（Dyer & Nobeoka，2000）也从网络成员间关系的视角出发，将企业网络的发展演进划分为弱联系、双边强联系及多边强联系三个阶段。③针对企业国际化的关系网络发展，郑准（2010）等人的相关研究强调社会网络在网络演进中的基础作用，认为企业首先从嵌入本地社会网络开始，进一步提出国际化企业关系网络发展的几个阶段，即随着企业的国际化成长，企业国际关系网络展现出从"本地社会网络"到"国际商业网络"再到"全球战略网络"的演化路径。④

在对网络发展进行阶段划分的基础上，研究者也针对不同阶段的网络发展变化，描述并分析了网络演进过程中的特征变化。如时云辉（2009）针对核心企业网络演进从形成、成长到成熟过程中的一般模式，认为企业网络包括社会网络主导、生产网络主导、资源网络主导等三个不同的阶段。⑤对于网络的特

---

① 董保宝. 创业网络演进阶段整合模型构建与研究启示探析[J]. 外国经济与管理，2013（09）：15～24.

② 盖文启，张辉，吕文栋. 国际典型高技术产业集群的比较分析与经验启示[J]. 中国软科学，2004（02）：102～108.

③ Tim Rowley，Dean Behrens，David Krackhardt. Redundant governance structures: An analysis of structural and relational embeddedness in the steel and semiconductor industries. Strategic Management Journal,2000,21(3): 369-386.

④ 郑准，王国顺. 企业国际化网络理论的起源、基本框架与实践意蕴探讨[J]. 外国经济与管理，2011（10）：9～16.

⑤ 时云辉. 基于双边关系的核心企业网络演化研究——以宇通客车企业网络为例[J]. 经济经纬，2009（03）：58～61.

征，现有研究通常从网络结构维度和网络关系维度两个方面入手，分析网络特征的差异。根据以上观点，本研究认为企业的国际化网络演进与国际化阶段相对应，大致可以分为三个阶段，不同发展阶段的网络特征在结构和关系两个维度上存在差异，但具体到每个维度下的衡量指标，则需要通过企业的实际数据进行探索或验证分析。

（二）企业网络的演进机制

关于网络演进的现有研究主要有内部和外部两类视角，同时将网络演进机制分为内部机制和外部机制，其中，外部机制的企业网络演进观点认为，外部环境变化、技术发展、行业规则的改变、产业政策调整等因素都是影响企业网络形成和结构变化的重要外部因素（Burt，1992；Glasmeier，1991；Ahuja，2000）。外部机制观点强调网络演进的复杂性和动态性，相关研究识别的外部宏观环境因素还包括产品生命周期、市场竞争激烈程度、市场发展水平、重大产业发展事件和市场需求变化等（Eisenhardt & Schoonhoven，1996）。

强调企业网络演进内部机制存在强调知识、企业间关系等不同的观点，其中最主要的是知识与学习观。相关研究认为，促进企业网络演化的关键因素主要是企业网络内部的知识扩散和学习。如傅荣和裘丽（2007）认为，知识网络是企业网络演化的基础和核心要素，对网络演化具有重要的作用。同时企业是各种知识的载体，作为网络中连接节点的各类企业，相互之间的知识学习和交互过程也就是节点之间的联系过程，因此企业构建和发展网络的内在机制也是知识交换和学习的过程。相对于网络演进的外部机制，内部机制基于资源基础观理论，同时强调企业在网络构建中具有战略主动性，基于内部视角的网络演进分析能够有助于企业发现促进网络演进的可控因素，通过采取主动适应的企业行为进一步促进企业的网络构建和发展。

结合本书的研究问题和研究情境，研究的重点在于探讨企业国际化网络的演进问题。根据国际化过程理论，企业在国际化进程中基于内部的知识开始进行相应的国际化活动，进而形成企业在国际市场网络中的位置，如果将企业国际化过程看作企业网络演进的过程，知识也是网络形成和构建的内在机制和核心要素。因此，本研究将基于内部视角，从资源基础观出发探索国际化网络发展变化的规律，聚焦于内部机制中的国际化知识与学习等关键变量。

（三）企业网络与国际化进程的协同演进

根据国际化过程理论和网络理论的研究回顾发现，网络发展和国际化进程都被看作企业动态变化的过程，根据不同的理论背景和研究情境，研究者将国际化过程和网络演进分成几个具备不同特征的发展阶段。因此，正如第二章的文献回顾，国际化研究越来越多地采用网络发展的视角并逐步深入。

在网络理论的视角下，企业网络发展和企业国际化成长是协同演进的过程，企业的国际化进程被看作企业在国际市场网络中建立、发展和调整网络位置的过程，并且通过三个阶段完成网络的发展（Johanson & Mattsson，1988）。[1]企业与网络主体进行连接和相互作用实际上也是企业国际化的某种表现形式，因此，企业国际化网络发展与国际化进程实质上是协同发展。在国际化的发展过程中，企业嵌入或构建不同的网络类型，企业国际化网络呈现不同的特征。随着网络的演进，企业的国际化行为和程度也同时发生变化。现有研究常常采用双边视角，同时分析企业国际化和网络演进的变化，企业的网络发展和国际化进程是协同演进的过程。

网络和国际化的协同演进为深入研究国际化或网络发展提供了值得深入探讨的问题。因此，需要进一步分析网络演进和国际化成长中的内在逻辑机制。回溯企业成长理论和资源基础观，许多研究者指出，知识和学习是企业成长的基础和核心要素，企业发展被看作知识学习和积累的过程。后续大量的研究将这一观点拓展至企业国际化和网络的问题中（Mejri & Umemoto，2010；Dantas & Bell，2009）[2][3]，凸显了知识在两个研究领域中的重要作用：首先，国际化过程理论认为知识是企业进行国际化的基础，企业的国际化就是不断积累知识和经验的过程；其次，如前所述，知识和学习也是网络演进的内在机制。因此，本研究认为企业在国际化过程中获取和积累知识的过程就是企业国际化和网络发展的内在机制，企业通过知识的探索或利用机制促进其网络的建立、发展和深化，是一种主动性网络演进行为。

根据理论推导和国际化企业的现象归纳，本研究提出了国际化网络演进过程模型，如图 3.1 所示，企业在国际化不断深入的过程中构建和发展国际化网络，网络的特征拟从结构维度和关系维度两个方面进行衡量，不同国际化阶段和网络演进阶段具体在网络成员类型、网络规模、网络成员连接强度、信任和规范等指标上具有差异。

---

① Jan Johanson，Lars-Gunnar Mattsson. Internationalization in industrial systems- a network approach. Strategies,1988:287-314.

② Eva Dantas，Martin Bell. Latecomer firms and the emergence and development of knowledge networks: The case of Petrobras in Brazil. Research Policy,2009,38(5):829-844.

③ Kais Mejri，Katsuhiro Umemoto. Small-and medium-sized enterprise internationalization: Towards the knowledge-based model. Journal of International Entrepreneurship,2010,8(2):156-167.

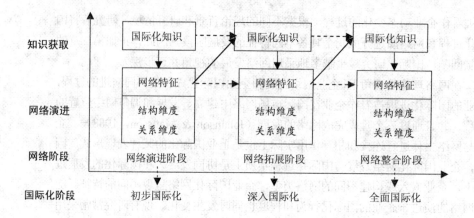

图 3.1　国际化进程中网络演进的过程模型

资料来源：本研究设计。

二、企业国际化进程中网络构建机制研究

（一）基于适应性选择视角的企业网络构建机制设计

传统的战略管理研究认为，企业国际化是企业迫于生存压力所采取的一种被动选择（Calof & Beamish，1995），企业由于生产成本、国内市场空间和竞争等原因，使得在本土市场面临困境，企业为了获得更低的资源成本、更大的市场和更高的效率，必须嵌入到海外商业网络中，因而企业国际化网络的演进是一个被动过程。许多学者基于网络嵌入的视角探讨，提出拥有关键信息通道的企业，特别是那些占据网络中结构洞（structural hole）位置的企业，更有利于企业在关系网络中占据更为关键位置，从而获取更为优质的网络资源（Crick & Jones，2000）。

然而，最近的研究建议应该从主动性网络构建的视角出发，借鉴适应性选择理论与协同研究理论，探讨国际化企业网络的构建机制（Ozcan & Eisenhardt，2009；郑准、王国顺，2009）。埃米尔等（Emirbayer & Goodwin，1994）指出现有的理论过分地强调网络结构对主体的约束程度，但实际上个体在网络中是有动机的，企业行为具有创造性和反应性（Hallen，2008；Santo & Eisenhardt，2009），因而能够主动选择企业网络的演进路径。对于中国企业来说，由于客观历史原因，不仅资源禀赋相对较差，而且在国际商业网络中也属于后进入者，因而很难用资源互补及嵌入性理论解释中国国际化企业网络的演进过程。同时，许多中国企业的国际化过程体现出跨越式发展的特征，也并不遵循渐进式发展的模式。

因而，本研究尝试借鉴从适应性选择视角探讨企业网络主动性构建机制，在识别网络构建过程中的关键要素的基础上，深入剖析国际化进程中的企业网络构建的内在机理，并分析网络构建的重要驱动因素。具体来说，借鉴那哈皮特等（Nahapiet & Ghosha，1998；Granovetter，1985，1992；Moller & Halinen，1999）等的研究，本研究认为网络构建的关键要素包含 3 个层面的含义，即结构维度层面、关系维度层面和网络能力层面。其中结构维度的网络构建决定了企业网络的"硬件"特质（包括网络嵌入方式、资源承诺模式），关系维度的网络构建决定了企业网络的"软件"特质（包括关系运作策略、信任模式构建），而网络能力是保证企业网络构建的基石。在驱动要素方面，本研究借鉴科卡（Koka & Prescott，2008；Johanson & Vahlne，2009）等学者的观点，认为企业网络战略意图和国际化经验是企业网络构建的重要驱动要素，网络战略意图涉及企业的主动性战略选择，而国际化经验对网络构建的作用更多体现在网络演进的路径依赖上，两个要素从主动适应和被动选择的相反视角共同作用，决定了企业的网络构建过程。本部分的研究框架如图 3.2 所示。

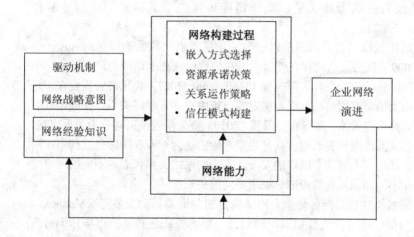

图 3.2　企业国际化网络的构建机制模型

资料来源：本研究设计。

（二）国际化进程中企业网络构建的关键要素识别

网络嵌入性是研究网络演进的重要路径（许晖等，2013），国际化企业通过嵌入全球价值链（GVC）参与国际市场竞争，是企业整合全球资源构建国际竞争力的主要途径。企业的国际化实际上是企业在国际市场网络中建立、发展网络关系的过程，是企业不断卷入商业网络关系的过程（Johanson & Vahlne，1990）。企业嵌入网络的程度影响着组织学习、建立信任和资源承诺的方式，也影响企业对机会的识别和利用、风险感知的作用。一般来说，网络位置观视角下的网络嵌入性，是指网络成员之间的联结以及网络成员能否在网络结构中占据一个有利位置，学者们经常用网络规模、网络中心度、网络开放度等指标来衡量结构嵌入的概念。

资源承诺决策是国际化过程模型、国际创业理论、天生国际化理论中的核心概念（Da Rocha et al.，2012），是企业网络的重要构建机制。现实中的国际化企业面临资源决策的两难困境，没有资源承诺就不能获得相应的竞争位置，然而超额承诺则存在过多的风险。因此，必须进行与组织需要和环境条件相匹配的资源配置，做出相应的资源承诺决策（Chang & Rosenzweig，2001；Luo，2004）。资源承诺是一个多维的概念，通常国际化过程中一个企业可能会同时进行几类但并非全部维度的承诺（Blesa et al.，2008）。从现有研究来看，国际化过程模型虽然提出资源承诺随着企业能力提升逐渐增加的阶段模型，但是没有提供为什么某一类承诺应该优先于其他承诺的理论解释（Forsgren，2002）。

关系运作策略一直是网络演进研究关注的重点。约翰逊等（Johanson & Vahlne，2009）认为关系的存在使得学习和构建信任与承诺成为可能，这两个因素都是国际化的前提条件。霍夫曼（Hoffmann，2007）提出高管需要在市场应变的基础上调整网络结构，在不确定的市场中建立许多弱关系，在确定性的市场上建立许多强关系。郑准和王国顺（2010）将关系运作策略分为关系建立、关系延伸、关系渗透和关系整合四种类型，他们认为企业在国际化过程中，网络关系一次经历了上述四个阶段的发展，不同的网络关系代表着不同的网络结构模型，在不同的国际化阶段应该采用不同的关系模式。

信任模式构建也是国际化企业网络构建的关键要素。麦多克（Madhok，1995）认为信任还可以代替知识，例如当一个企业缺乏必要的市场知识时，它可以让可信任的中间人来经营它的涉外业务。信任感意味着能够预测他人的行为。如果存在意愿以及积极的意向，信任可能发展为承诺。因此，信任是承诺的一种先决条件。信任还能说服人们共享信息，促进实现共同期望（Madhok，1995），因此在不确定的情况下信任就尤为重要。在当前动荡的国际环境下，国际化企业要想迅速构建企业网络，选择合理的信任方式是必不可少的。

另外，网络能力也是网络构建过程中的关键要素，企业网络能力推动了企业组织的变革，并影响着企业组织边界的选择（徐金发等，2001）。网络能力具有多个层面的含义，包括在战略层次上，把发展外部网络关系作为一种战略；在过程层次上，明确自身在网络组织中的角色和地位，共同合作完成某项任务；在关系层次上，通过合作关系，充分挖掘网络组织关系中的资源，并将其转化为企业的竞争优势。

根据理论推导和对国际化企业的实践现象归纳，本部分拟从上述五个因素出发，探讨国际化进程中企业网络的构建机制。而上述要素从结构维度、关系维度和网络能力三个方面，涵盖了企业网络构建中的关键要素，在后文的探讨中，本研究将进一步详细揭示五个要素的复合作用对企业网络构建的影响。

（三）国际化进程中企业网络构建的驱动因素界定

网络战略意图是企业网络构建的重要驱动因素（Koka & Prescott，2008；Yang et al.，2013）。网络战略意图是企业战略的重要组成部分，企业需要决定与什么样的企业合作，在什么时机合作，用什么方式合作（Yang et al.，2013）。企业可以根据内部战略选择商业嵌入或者技术嵌入等不同的网络战略（Andesson et al.，2002），不同的战略选择使企业嵌入不同的网络之中（Ghoshal & Nohria，1997；Forsgren et al.，2000），关系链接的差异性和独特性会使企业暴露在不同的知识、信息和机遇中（Andersson et al.，2002；McEvily & Zaheer，1999）。因此企业战略是一个重要的权变因素（Balaji et al.，2008），战略的有效性取决于企业内部与不同的结构、情境和组织战略因素的匹配和一致性（Doty et al.，1993）。本研究认为国际化进程中的网络构建过程与企业的网络战略意图密切相关，在不同的国际化阶段，企业的网络战略意图可能并不相同。

另一方面，国际化经验也是企业网络构建的重要驱动因素。国际化企业面临着外来者劣势，这种劣势的一个重要的组成部分是新进入企业的经验知识差距，导致了不确定性（Pedersen et al.，2008）。有研究表明由于国际化经验会影响企业的感知不确定性，因而会对企业的网络嵌入决策、资源承诺决策等产生影响。企业进入的国外市场越多，形成的国际化知识就越多，企业向海外市场的投资承诺也就越多（Johanson & Vahlne，1977）。企业的网络构建过程具有路径依赖的部分特征，而这种特征更多体现在国际化经验的积累上，本研究将国际化经验作为企业网络构建的重要驱动要素之一。

第二节　研究方法与研究设计

本节主要介绍所采用的研究方法即案例研究的方法，并讨论为什么要使用该研究方法。另外，本节内容还将介绍本研究的设计思路，以及为确保研究质量而采用的质量控制策略。

一、研究方法

案例研究的**优势**是可以通过案例分析进行理论构建。通过案例研究构建理论是指运用一个或多个案例，根据案例中的实证数据创建理论构念、命题或理论的一种研究策略（Eisenhardt，1989）。案例研究通常是基于多途径数据来源、对于某种现象的具体表现进行丰富的、实证性的描述（Yin，1994）。案例研究的宗旨是以案例为基础，从中归纳产生理论。而理论的产生完全是由于其根植于并升华于案例内或案例间构念的关系模式以及这些关系所蕴含的逻辑论点（Eisenhardt，2007）。由于案例研究构建理论的核心在于其可重复性（Eisenhardt，1989），即每一个案例都可视为一个独特的实验，是自成一体的一个分析单元。而多案例正像一系列相互关联的实验室实验一样，通过这些不连续的实验对所产生的理论进行重复、对比、扩展，用来证实或者驳斥不断产生的新观点（Yin，1994）。

为什么本研究选择案例研究方法进行研究？本研究根据伊（Yin，2003）的建议，在决定采用何种研究方法前，首先考虑三个问题：该研究所要回答的问题是什么类型？研究者对研究对象及事件的控制程度如何？研究的重心是当前发生的事，还是过去发生的事？对于要回答的"为什么（Why）"或者"怎么样（How）"这类的问题，是不需要或极少可以控制研究过程的且所研究的焦点问题主要集中在当前发生的，伊（Yin）建议用案例研究的方法。本研究注重对过程的研究，研究中国企业国际化过程中的网络如何演进与构建的机制，回答的就是"怎么样（How）"或者"为什么（Why）"这样的问题。由于研究所选择的案例都是实践中真实存在的案例，因此具有不可控性。可见，本研究符合伊（Yin）所建议采用案例研究方法进行研究的条件。案例研究作为一种研究思路，它包含了多种方法，涵盖了设计的逻辑、资料收集的技术，以及具体的资料分析手段（Yin，2003）。因此，案例研究既不是资料收集的技术，又不限于设计研究方法本身（Stoecker，1991），而是一种全面的、综合性的研究思路。

为什么本研究选择多案例进行研究？案例研究包括单案例研究和多案例研究，虽然单案例研究能充分描述一种现象的存在（Siggelkow，2007），但多案例研究往往能为理论构建提供更坚实的基础（Yin，1994）。根据伊（Yin）的建议，尽管单一案例和多重案例设计都能取得圆满结果，但如果有条件的话，研究应尽可能选择多案例研究设计。相对而言，从多案例中推导出来的结论往往被认为更具说服力，整个研究也通常被认为更经得起推敲；多案例能够相互比较，证明新的发现是单案例所特有的，还是能不断被多个案例重复获得的，其构建理论的基础是否更牢固、更准确、更具普遍性（Eisenhardt，1991）。研究者认为运用多案例研究来构建理论往往能产生比单案例研究更坚实、更普遍、更可验证的理论（Eisenhardt，2007）。同时，多案例研究适合于过程和机理类问题的研究（Eisenhardt，1989；吴晓波等，2010），有助于解释组织的整体性、动态性和辨证性（Li & Kozhikode，2008；Li，2007）。本研究的研究问题正好属于这个范畴，聚焦于中国企业国际化过程的网络演进过程和构建机制。因此，本研究采用了多案例的研究方法。

二、研究设计与步骤

研究设计是一种进行论证的逻辑模式，它能使研究者对研究中各变量之间的因果关系进行推论（Nachmias & Nachmias，1992）。案例研究是一种独立的研究方法，有其特定的研究设计，完整、周密的研究设计能够很大程度上帮助确定资料的收集与数据分析的方法，案例研究方法与其他相关方法如人种学方法、扎根理论方法的不同点之一就是案例研究方法在数据收集之前就建构了理论假设（Yin，1981）。伊（Yin）认为研究设计的要素包括 5 个方面：要研究的问题、理论假设（如果有的话）、分析单元、连接数据与假设的逻辑，以及解释结果的标准。如表 3.1 所示。

表 3.1　研究设计要素及主要内容

研究步骤	要素	主要内容
1	要研究的问题	准确分析要研究问题的性质，案例研究最适合回答"怎么样"和"为什么"的问题
2	理论假设（如果有的话）	通过理论假设，明确研究方向。这一假设要反映出重要的理论问题，并指明证据来源
3	分析单元	对分析单元的尝试性界定与所要研究的问题类型的界定联系在一起。在完成对将要研究的个案的总体界定之后，尤其需要对分析单元进行更细致、更明确的界定

研究步骤	要素	主要内容
4	连接数据与假设的逻辑	可以通过"模式匹配"，同一个案的几组信息可以共同形成某种理论假设
5	解释结果的标准	不同模式之间进行对比，使得研究结果可以根据至少两种互相矛盾的模式的比较而得以解释

资料来源：Yin, R.K., Case Study Research: Design and Methods[M]. Sage: London, UK, 1994.

艾森哈特（Eisenhardt，1989）在整合已有定性研究（Miles & Huberman，1984）、案例研究设计（Yin，1981、1984）和扎根理论（Glaser & Strauess，1967）等方法的基础上，提出了案例研究的过程，如表 3.2 所示。

表 3.2　案例研究构建理论的过程

步骤	工作内容	理由
启动	定义研究问题 尝试使用事前推测的相关构念	将工作聚焦起来 为构念测量提供更好的基础
案例选择	不预设理论或假设 确定特定总体 理论抽样，而非随机抽样	保留理论构建的灵活性 控制外部变化、强化外部效度 聚焦有理论意义的案例，例如通过补充概念类别来复制或扩展理论的案例
研究工具和程序设计	采用多种数据收集方法 组合使用定性和定量数据 多位研究者参与	通过三角证据来强化理论基础 运用综合型视角审视证据 采纳多元观点，集思广益
进入现场	数据收集和分析重叠进行，包括整理现场笔记 采用灵活、随机应变的数据收集方法	加速分析过程，并发现对数据搜集有益的调整 帮助研究者抓住涌现的个体和案例的独有特征
数据分析	案例内分析 运用多种不同方法，寻找跨案例的模式	熟悉资料，并初步构建理论 促使研究者摆脱最初印象，透过多种视角来查看证据

步骤	工作内容	理由
形成假设	运用证据链迭代方式构建每一个构念 跨案例的复制逻辑,而非抽样逻辑 寻找变量关系背后的"why"证据	精炼构念定义、效度和可测量性 证实、拓展和精炼理论 建立内部效度
文献对比	与矛盾的文献相互比较 与类似的文献相互比较	建立内部效度、提升理论层次并精炼构念定义 提升普适性、改善构念定义及提高理论层次
结束研究	尽可能达到理论饱和	当边际改善变得很小时,则结束研究

资料来源:Eisenhardt K. M. Building theories from case study research[J]. Academy of management review, 1989: 532-550.

本研究整合伊和艾森哈特（Yin & Eisenhardt）的观点，设计出本案例研究的框架，如表 3.3 所示。

表 3.3　案例研究框架设计

研究步骤	要素	主要内容
1	明确研究问题	通过对现实背景的观察与相关文献的回顾，发现研究的价值点与空白点，明确所要研究的问题
2	构建概念模型	围绕研究问题，根据现实背景观察和文献回顾，提出概念模型和分析框架，进一步明确研究方向
3	确定分析单元	界定分析单元，并明确分析单元与研究问题的关联
4	案例内分析	在多数据来源基础上，分别对经过理论抽样选择的 6 家企业进行案例内分析，建立案例数据库
5	跨案例分析	在对 6 家企业进行案例内分析的基础上，通过使用逐项复制和差别复制等技术，开展跨案例研究
6	连接数据与假设的逻辑	结合跨案例研究的进展，对比概念模型，连接数据与研究假设，不断反复对比，修正模型或命题
7	解释结果的标准	不同模式之间进行对比，使得研究结果可以根据至少两种互相矛盾的模式的比较而得以解释

资料来源:Eisenhardt K. M. Building theories from case study research[J]. Academy of management review, 1989: 532-550.

三、信度与效度保证

任何研究策略都有优点和缺点，因此在选择最适合的研究方法时，意识到困难是很重要的。根据伊（Yin, 2006）的观点，对案例学习法主要的批判是缺乏严谨的策略。比如，它可以是粗心大意、非系统程序、模糊或可疑据的结果，而且调查结果和结论受研究人员主观意见的影响。为了提高案例研究的可信度，在报告资料来源和证据时，研究人员应该公开以避免受自身主观价值观影响。在讨论研究质量的时候，常常用信度和效度来衡量。信度是关于如果重复研究实施的过程，所获得的研究结果是否会一样。而效度可以分为不同的子群，其基本理念都是基于研究的结论，是否是有逻辑性的，且是基于实际的因果关系的。

本研究以案例研究作为主要研究方法，案例研究是质化研究的一种，对于质化研究质量的评估，有两种分类方法，本研究均衡使用，并在案例研究的实施过程中采取了相应的策略。

麦克斯韦尔（Maxwell, 1992）指出，质性研究中的效度有五种类型：描述效度、解释效度、理论效度、推论效度和评价效度。在麦克斯韦尔（Maxwell）研究的基础上，本研究整理了为保障研究质量而在信度和效度方面可能采取的策略，如表 3.4 所示。

表 3.4   质性研究的效度及保证策略

效度类型	含义	潜在问题	保障策略
描述效度	对外在可观察到的现象或事物进行描述的准确程度；所描述的事物或现象必须是具体的、可见的、可闻的	影响描述效度的主要威胁是资料的错误与不完整性	建立多重证据来源，使用多种方法收集资料，同时采用三角验证方法进行相互印证
解释效度	研究者了解、理解和表达被研究者对事物所赋予的意义的"确切"程度；研究者必须见到被研究者的角度	阐释效度的威胁是没有很好地了解采访者的观点，以及他们所说的话，行为的原因，有先入为主的判断	同上，同时向他人征询反馈意见，避免自身偏见或预设立场，或是研究中的逻辑与研究方法缺陷

续表

效度类型	含义	潜在问题	保障策略
理论效度	研究所依据的理论以及从研究结果中建立起来的理论（概念与概念间的关系）是否真实地反映了所研究的现象	最主要的威胁在于忽略或不去收集矛盾的资料，或是对所研究的现象没有考虑其他可能的解释或原因	同描述效度的考虑，同时注意寻找矛盾证据以及负面案例；此外，模式对比分析方法的运用，有助于所收集资料与研究所根据的理论架构相呼应，增强理论效度
推论效度	研究的结果代表了本样本的情况，可以在本样本所包含时空范围的内部和样本范围之外的同类事物推论	通常针对单一场景或一小群参与者或地点来研究，且使用非随机的方式抽样，同时对于研究结论推论至样本范围之外的同类事物说得不够明确	质化研究的价值在于内部推论，即针对特定研究情景或对象的推论，故外部推论通常显得不那么重要
评价效度	研究者对研究结果做出的价值判断是否确切；出于自己的生活经验和价值观念，对现象有"前设""倾见"	研究者个人经验痕迹明显，研究结论太片面，不具普遍性	同解释性效度规避方法，同时多参考类似或相关研究，或者进行多人预研究的对比，三角验证，尽可能消除主观差异

资料来源：本研究整理。

另外，伊（Yin，2003）提出的案例研究方法质量测试指标说明，分别以建构效度、内在效度、外在效度和信度等质量指标测试构面，作为对案例研究法与扎根理论方法在研究质量上的控制。伊（Yin）提到，因为研究设计必须表现为一整套符合逻辑的陈述，所以需要通过一定的符合逻辑的检验过程，来判别某一研究的质量。与这种检验有关的概念包括可靠性（trustworthiness）、可信度（credibility）、可确定性（confirmability）以及数据可靠性（data dependability）（美国会计总署，1999）。伊（Yin）提出了在评定实证性社会研究的质量时，常常要用到四种检验。由于案例研究是实证研究的一种，所以这四种检验同样也适用于案例研究。适用于四种检验的各种研究策略，以及所使用的阶段。如表3.5 所示。

表 3.5　案例信效度及保证策略

检验	目标	案例研究策略	策略所使用的阶段
建构效度	对所要研究的概念形成一套正确的、可操作的测量	采用多元的证据来源	资料收集
		形成证据链	资料收集
		要求证据的主要提供者对案例研究报告草案进行检查、核实	撰写报告
内在效度	从各种纷乱的假象中找出因果联系，即证明某一特定的条件将引起另一特定的结果	进行模式匹配	证据分析
		尝试进行某种解释	证据分析
		分析与之相对的竞争性解释	证据分析
		使用逻辑模型	证据分析
外在效度	建立一个范畴，把研究结果归纳于该类项下	使用理论指导单案例研究	研究设计
		通过重复、复制的方法进行多案例研究	研究设计
信度	案例研究的每一步骤都具有可重复性，并且如果重复这一研究，就能得到相同的结果	采用案例研究草案	资料收集
		建立案例研究数据库	资料收集

资料来源：Yin, R.K. Case Study Research: Design and Methods[M]. Sage: London, UK, 1994.

本研究同时兼顾了麦克斯韦尔和伊（Maxewll & Yin）的建议，在研究过程中严格遵循这些原则，并使用对应的策略。

第三节　案例选择与数据处理

针对本研究中的问题，本节将详细说明本案例研究中案例的选取方法、数据收集过程及相关的数据分析方法。

一、案例选择

（一）抽样方法与案例选择

本研究选取理论抽样的方法选取案例进行研究。多案例的选择是基于理论原因，如可重复性、理论拓展、对立重复以及排除其他可能的解释（Yin，1994）。

在案例选择上，艾森哈特（Eisenhardt，2007）认为案例研究的目的是发展理论而不是检验理论，因此案例研究采取理论抽样而不是随机抽样或分层抽样。理论抽样意味着选择一个案例是因为它适合说明和扩展不同构念间的相互关系和逻辑，比如揭示一个不寻常的现象、重复验证其他案例的发现、对立重复、排除其他可能的解释、阐释新理论等。另外，艾森哈特（Eisenhardt）建议在理论抽样时，在案例数量上倾向于偶数，这样可以根据一定的标准将两个相互对立的案例分为一组。将两个相互对立的案例分为一组的选择方法有利于充分对比案例，以便启发全新理论的创建或原有理论的改进（Eisenhardt，2007）。

　　本研究的案例来源于工程机械、家电和汽车三个行业的 6 家企业，分别是：中联重科、中集集团、海尔集团、TCL 集团、吉利汽车、长城汽车。这 6 家企业都是目前中国企业中在国际化方面具有一定代表性的企业，国际化的起始时间很早，国外销售所占比重也相对国内其他企业较高。案例企业概况如表 3.6 所示。

表 3.6　案例企业概况

	中联重科	中集集团	海尔集团	TCL 集团	吉利汽车	长城汽车
所属行业	机械	机械	家电	家电	汽车	汽车
上市情况	A 股、H 股	B 股，后转 H 股	A 股、H 股	A 股、H 股	H 股	H 股、A 股
创立时间	1992 年	1980 年	1984 年	1981 年	1986 年	1984 年
主要业务	混凝土泵 环卫车辆 挖掘机等	集装箱 重卡 海工等	家电 物流 房地产	家电 移动电话	汽车	汽车
企业排名	工程机械全球第 7 位	集装箱全球第 1 位	白家电全球第 1 位	彩电全球第 5 位 手机全球第 7 位	财富世界 500 强 477 位	财富中国企业 500 强排行 118 位

资料来源：本研究整理。

　　为什么选取这 6 家企业？首先，本研究是针对本书的研究问题，经过理论抽样选择的 6 家企业，分属 3 个不同行业：机械行业、家电行业和汽车行业，都属于开展国际化较早的行业，这些企业也都属于中国企业国际化程度相对较高的，在全球市场上具有一定的影响力。其次，基于实际观察的情况、文献研究和案例研究方法对案例选择建议，我们在每一个行业选择两家国际化风格各异，甚至有些看似"极端"的企业作为研究对象。通常认为，对这类具有"极端"特性企业的对比研究,对于所研究问题而言,具有更好的研究价值,并且研究结论亦更具说服力(Eisenhardt, 1989)。再次,选择这 6 家企业,还有一个重要原因在于,这几家企业都是上市公司,信息相对透明,披露信息相对及时、准确、详细、丰富。最后,本书作者与这 6 家企业高层管理人员保持密切的联系,多年的合作使得获取这 6 家公司的相关资料与信息相对真实且便利,这为本研究数据来源的多样性和真实性提供了保障。

(二)案例企业的简介

1. 中联重工科技发展股份有限公司

中联重工科技发展股份有限公司(全书简称中联重科或中联)创立于 1992 年,总部位于湖南省长沙市,其前身是建设部长沙建设机械研究院,分别在深圳和香港两地上市。中联重科以混凝土输送泵起家,经过 20 多年的发展,产品范围涵盖混凝土机械、起重机械、筑路机械、环保机械、消防机械等领域,是中国机械行业的领军企业之一。中联重科曾于 2001 年收购英国保路捷公司、2008 年收购意大利 CIFA 公司,两大跨国并购奠定了其在全球市场的地位。2013 年,中联重科在全球工程机械制造商 50 强排行榜中名列全球第六。目前,中联重科的混凝土机械和起重机械两大业务版块均位居全球前两位。

2. 中国国际海运集装箱(集团)股份有限公司

中国国际海运集装箱(集团)股份有限公司(全书简称中集集团或中集)创立于 1980 年 1 月,总部位于广东省深圳市,是中国最早的一批中外合资企业之一,中集集团于 1994 年在深圳 B 股上市,并于 2012 年转至香港 H 股上市。中集以集装箱业务起家,通过自身积累和多次并购,中集于 1996 年超越了来自日本、韩国和中国台湾的竞争对手,成为全球最大的集装箱制造企业。目前,中集已发展成为一家为全球市场提供物流装备和能源装备以及相关服务的大型企业集团,主要业务涵盖集装箱、道路运输车辆、能源和化工装备、海洋工程及空港等装备的制造与服务等领域。

3. 海尔集团公司

海尔集团公司(全书简称海尔集团或海尔)创立于 1984 年,总部位于山东省青岛市。它的前身是青岛电冰箱总厂,在张瑞敏先生的领导下,海尔经过 29 年创业创新,从一家资不抵债、濒临倒闭的集体所有制小厂,发展成为全球白家电第一品牌,连续 5 年蝉联全球大型家电全球销量第一。1999 年,海尔在美国南卡罗莱纳州建立工厂,并于 2011 年收购日本三洋电机多项业务、2012 年收购新西兰家电巨头斐雪派克。目前,海尔集团的主营业务包括家电制造、家居和物流服务等领域,旗下两家上市公司,包括青岛海尔股份有限公司(A 股上市)和海尔电器集团有限公司(H 股)。

4. TCL 集团股份有限公司

TCL 集团股份有限公司（全书简称 TCL 集团或 TCL）创立于 1981 年，总部位于广东省惠州市。TCL 的前身是 TTK 公司，以生产磁带起家，业务范围涵盖电视机、手机、大家电、小家电和液晶面板等领域。TCL 集团在 A 股整体上市，TCL 多媒体和通信科技均在香港上市。TCL 于 2002 年收购德国施耐德彩电业务、2003 年收购法国汤姆逊彩电业务、2004 年收购法国阿尔卡特手机业务。2013 年，TCL 集团旗下多媒体版块 LCD 电视销量全球市场占有率达 6.5%，居全球第三位；通信版块手机出货量居全球第五；华星光电液晶面板及模组产品销量居全球第五。

5. 浙江吉利控股集团

浙江吉利控股集团（全书简称吉利汽车或吉利）创立于 1986 年，总部位于浙江省杭州市。1997 年进入汽车行业，是中国第一家民营小型汽车企业，2005 年于香港上市。2009 年，吉利汽车收购全球第二大自动变速箱器公司，澳大利亚 DSI 公司；2010 年，吉利汽车收购全球著名汽车品牌沃尔沃轿车业务，为全球瞩目；2013 年，吉利汽车又全资控股英国锰铜公司（专业出租车生产商）。经过自身积累和多次跨国并购，2012 年、2013 年吉利连续两年进入世界 500 强行列，成为全球知名汽车制造企业之一。

6. 长城汽车股份有限公司

长城汽车股份有限公司（全书简称长城汽车或长城）创立于 1984 年，前身是长城工业公司，总部位于河北省保定市。长城汽车是中国最大的运动型多用途汽车（Sports Utility Vehicle, SUV）和皮卡制造企业，于 2003 年在香港 H 股上市、2011 年在 A 股上市。长城汽车的业务范围涵盖轿车、小型 SUV、皮卡及 MPV 车型，旗下拥有哈弗、长城两个产品品类品牌。长城汽车是中国商务部、发改委授予的"国家汽车整车出口重点特大型企业"。目前，长城汽车的产品已出口到欧洲、大洋洲、非洲、中南美、中东、亚太等地区。

二、数据收集

本研究将数据收集的过程分为两个阶段，第一阶段是预调研阶段，以收集二手资料的案头工作为主，根据特定主题，在充分掌握了大量二手资料基础上，我们进行了结构化与半结构化访谈提纲的设计，并对其中一家企业进行了预调研。随后，根据预调研的反馈，本书作者组织相关人士进行了小范围研讨，收集内部意见和建议。在修改访谈提纲的基础上，我们进行第二轮的数据收集。第二次的数据收集以访谈为主，同时通过其他方式获得数据来源。

总的来说，我们在数据收集的过程中，严格参考了伊（Yin, 2003）所提出的数据收集的三大原则：（1）数据来源的多重性。由于本研究主要采用质化研究方法，因此在分析过程中注重证据链的发展和三角验证的应用。在数据收集方面，本研究注意发展多重证据来源，将通过参与观察与访谈所获得的一手资料，与公司年报、内刊、会议记录、网站数据等二手资料相结合，增强资料的说服力与可信度。（2）案例研究数据库的建立。在处理数据的过程中，建立案例数据库。（3）组成一系列证据链，将所获的数据，从多个角度进行反复比较、验证，并按时间序列及内在逻辑关系进行分析整理，形成证据链。

本研究的资料来源主要是一手资料和二手资料。由于本书作者多年来供职于《中外管理》《哈佛商业评论》（中文版）等管理类期刊杂志社，这为本研究能够访谈到企业高层管理者，收集一手和二手资料提供了极大便利，有关这些企业的访谈和相关文章也多已发在相关的媒体平台。

在一手资料方面，本书收集的资料主要是通过半结构式的访谈（正式的访谈），访谈对象主要是这6家国际化企业中的总裁、总经理等高层管理者。此外，本书作者还通过电子邮件、电话等方式与企业高层管理者联系，进一步收集了一手资料，以补充完善本研究的资料，并将最后的研究结论与之分享，以检验本书结论的正确性。访谈对象的层级涉及总经理、公司高管和业务单元内部人员。通过对数十位受访者两个阶段近70个小时的访谈，使得本研究收集到较为翔实与充分的一手资料（参见表3.7）。

此外，本研究关注的是何种因素影响中国企业的国际化进程，由于个体（如企业家、高层管理者）对企业国际化进程也有很大程度的影响，因此在与被访者多次非正式的交谈过程中，本研究还收集了大量个体对国际化进程的反应、意见以及个人经历，这类信息能够为本研究的分析提供佐证，是一种适合的方法（Thyer，2009）。

表 3.7　访谈数据来源

	案例企业	所属行业	访谈人次	访谈时长	被访者
1	中联重科	机械	9	>11 小时	总裁、总经理、市场部分管国际市场的经理等高管
2	中集集团	机械	12	>20 小时	总裁、副总裁（国际市场）等
3	海尔集团	家电	11	>16 小时	首席执行官、副总裁等高管
4	TCL 集团	家电	7	>6 小时	总裁、副总裁、总经理等高管
5	吉利汽车	汽车	6	>5 小时	总裁、海外市场及运营部等高管
6	长城汽车	汽车	9	>7 小时	副总裁、总经理、市场部等高管

资料来源：本研究整理。

在二手资料方面，除通过企业网站、新闻网站查询这 6 家企业有关国际化的相关信息外，本书还通过实地调研，获得了企业一些档案数据，如内部文档、内部报刊、会议纪要等资料。本研究通过建立多重数据来源，使多个数据源收敛于同一个事实或研究发现上，以增加研究的效度。同时，通过建立案例研究数据库，便于其他研究者的采用和分析，以增加研究的信度（参见表 3.8）。

表 3.8　其他数据来源

资料来源	主要内容	获取渠道
文献	历史资料	企业内刊、大众媒体报道，企业提供及网络检索
档案记录	历史资料	公司会议记录
直接观察	企业调研与观察记录资料	深入企业调研获取
参与性观察	现场记录	成为组织的一位工作人员，直接参与进行研究
实物证据	市场调研数据	上市公司公开数据等

数据来源：本研究整理。

此外，本研究严格遵循系统的道德标准。考虑以下四类问题：一是避免让参与者受到任何伤害；二是尊重参与者的知情权，在大多数情况下，关注参与者是否意识到自己是被观察的；三是保护参与者隐私；四是从多种渠道辨别被访者提供的信息。为避免出现任何有悖于职业道德之事，本研究通过隐去被访者的姓名，以免对其造成不必要的伤害，尊重他人隐私。

三、数据分析

由于案例写作的核心是通过访谈资料和档案数据之间的"三角检验"，以提供给所研究主题更丰富、更可靠的解释（Jick，1979），故本研究根据巴顿（Patton，2002）所提出的方法，从不同证据源，由不同评估员（研究者）对证据进行分析，以提高研究的信度。在遵循数据分析程序和技术方法的前提下，本研究采用艾森哈特（Eisenhardt，1989）建议的两步骤方法进行数据分析，即第一阶段案例内分析，第二阶段跨案例分析。本研究的数据分析过程如下：

第一阶段，利用详细的素材，对单个案例进行分析发现个案的特殊性。通过编码方法，分析单个企业国际化的全过程，并提出初步结论，再由其他研究者对材料和数据进行研读、分析，提出各自的结论，进而与初步形成的结论进行比对、验证。具体实施步骤如下：首先，由一名研究者通过整合访谈笔录和档案数据，分析这家企业开展国际化经营的全过程，得出所涉及的构念，并得出初步的结论，并列出能够证明这些结论的引用语。其次，由另外两位研究者分别对原始的访谈资料和收集的档案资料进行综合分析，形成各自的观点，以便对初步形成的结论进行检验。最后，本研究率先采纳一致的结论，对不一致的结论，再由研究者进行分析、讨论，直至和团队成员达成一致。

　　第二阶段，在分析了一家企业开展国际化经营的全过程后，本研究遵循相同的标准，对其企业开展国际化的全过程进行分析。在分析完每家企业的国际化经营过程后，本研究采用跨案例分析技术（Eisenhardt，1989），对不同行业不同企业的国际化过程进行分析，在各个案例中寻找相似的构念，并对每家企业开展国际化的全过程进行两两比对，以辨别二者之间的异同点。此外，在遵循复制逻辑的基础上，本研究精炼了早前提出的解释框架，重新检视数据以确认这些企业开展国际化是否遵循同一种模式，并使用图表以便于进行上述比较（Miles & Huberman，1994），通过大量的个案配对以突出异同。借助于图表在跨案例研究中去寻找相似的主题，从涌现的模式中，再通过复制逻辑将其简练化，并经常反复比较数据，系统验证在每个案例中的特定主题。

第四章 企业国际化进程中的网络演进

国际化网络模型将企业国际化进程中的网络演进分为三个阶段，从关系网络的构建与发展来阐述网络演变的特征，企业的国际化进程可以看作是网络演进变化的过程。本章基于中国案例企业样本和现有的网络阶段模型，归纳 6 家典型的中国企业在国际化进程中的网络演进特征，并揭示其中的演化规律。本章首先根据案例企业的国际化特征分为三个国际化阶段，再分析企业在国际化进程中的特征和变化，进一步从结构和关系两个维度揭示不同阶段企业国际化网络的变化及内在规律，明确网络演进、国际化知识和企业国际化之间的协同演进关系。

第一节 国际化进程及网络发展的阶段划分

国际化过程理论认为企业国际化进程是具有不同阶段的渐进性过程，基于不同的研究视角，企业国际化进程可以分为多个不同的阶段，本节基于中国企业国际化的实际情况，综合企业国际化程度、国际化战略和网络发展特征，将案例企业的国际化过程分为 3 个阶段，并对每个企业国际化进程的 3 个阶段进行简要说明。

一、案例企业的国际化阶段划分

根据国际化过程理论，当企业开始接触国外商业伙伴或进入国际市场开始经营时，企业国际化进程就开始了。与国际市场及商业伙伴的联系可能基于资金、技术、人力资本等生产要素，也可能基于商品和服务的中间产品或最终产品的交换，还应该包括各种海外生产经营活动。广义的国际化包括外向国际化和内向国际化两种形式，是企业与国际市场商业伙伴互动的双向过程。企业的直接或间接进出口、技术转让、国际合资合作、建立海外子公司或分公司等都属于企业国际化行为，本研究聚焦于企业的所有国际化行为，并根据企业在海外市场的投入程度和进入方式进行阶段划分。

国际化过程的理论及实证研究发展了多个阶段模型，从"3 阶段""6 阶段"国际化模型到"天生国际化""蛙跳"模型等阶段理论基本涵盖了企业国际化的所有类型和阶段（Casillas & Acedo，2013；Meyer & Gelbuda，2006）。其中最被广泛接受的是 20 世纪 70 年代提出的乌普萨拉（Uppsala）国际化过程模型（Johanson & Vahlne，1977），基于瑞典国际化企业的案例研究发现，在国际化过程的早期阶段，企业由于缺乏国际化知识而对出口不感兴趣，但是随着出口的增加和海外分支机构的扩张，企业在国际化最后阶段致力于在海外市场运营，提高资源承诺，由无意识演变成战略行动。乌普萨拉（Uppsala）国际化过程模型区分了企业国际化的 4 个不同发展阶段：（1）无意识或不规则的出口；（2）开始通过代理商出口；（3）建立海外分支机构和子公司；（4）从事海外生产和制造。约翰逊（Johanson）等人认为这 4 个阶段是"连续""渐进"的过程（Johanson & Vahlne，2006）。 企业的国际化程度可以由企业在国际市场的投入程度来衡量，通常包括两个方面的指标：一是企业在国际市场上的人力、物力、财力、技术的投入量的多少；二是企业在海外市场上各类资源投入的不可撤销程度。资源承诺根据类型不同还可以继续细分为市场资源承诺和关系资源承诺。

国际化过程模型是在 20 世纪 70 年代提出的，当时的国际市场的商品交换和信息流通条件还有限，随着全球经济一体化程度的提高和科技的迅速发展，逐渐出现了新创国际化企业和天生全球化企业等快速国际化类型，虽然以乌普萨拉（Uppsala）为代表的国际化过程模型仍然是企业国际化研究的主流理论，但其阶段划分的依据和标准已发生变化。我国企业在改革开放之后才迅速进入国际市场，因此中国企业进入国际市场的速度和阶段与瑞典企业有所不同，如案例企业中的中集集团从成立初始即开展贸易出口，又如吉利汽车在完成首次出口后的很短时间内就开设自己的进出口公司等。除了进入模式之外，企业每个阶段的战略意图和嵌入的网络发展特征都不同。根据企业不同的行业特征和战略模式，企业的国际化可以分为不同的阶段，如果依据国际化网络模型，可以将国际化及其网络演进分为 3 个阶段。因此，综合现有的研究结论和案例企业的国际化进程，根据国际化与网络演进的对应关系，本研究基于企业国际化过程模型和演进的相关研究，结合案例企业的国际化实践和战略规划，将企业国际化阶段分为 3 个阶段，并将其分别命名为初步国际化阶段、深入国际化阶段和全面国际化阶段，如表 4.1 所示。随着国际化程度的加深，具体体现为企业在国际市场的投入、进入方式、进入国家数量、海外收入占比、网络演进和国际化知识积累等指标的提高。

表 4.1 案例企业的国际化类型及阶段划分

所在行业类型	案例企业	初步国际化阶段	深入国际化阶段	全面国际化阶段
家电行业	海尔集团	1990~1997	1998~2005	2005 以后
		1990 年海尔首次出口德国 2 万台冰箱,同年获得美国 UL 认证,并进入竞争相对激烈的中东家电市场	1998 年海尔在美国建立了设计、营销和生产中心,并在美国南卡罗莱纳州建厂,同时进入沃尔玛、百思买等美国主流销售渠道	海尔宣布进入全球品牌化战略阶段,开始并购海外知名品牌
	TCL	1998~2001	2002~2005	2006 以后
		20 世纪 90 年代 TCL 开始通过承接 OEM 业务进入国际市场,海外业务以加工出口为主	2002 年收购施耐德;2003 年,TCL 与法国汤姆逊公司重组彩电、DVD 业务;2001~2004 年,TCL 的海外业务年平均翻一番,超过国内市场	在国际并购失利后开始战略转型,重组国际化业务和组织结构,深化国际化运作
汽车行业	长城汽车	1997~2004	2005~2008	2009 以后
		1997 年 10 月,第一批长城皮卡出口中东,到 2004 年皮卡、SUV 在中国同类产品中 7 年累计出口量第一	2005 年与德国博世合开发出电控高压共轨 INTEC 柴油发动机	与保加利亚利特克斯集团公司正式签署合作协议,共同投资 8000 万欧元在洛维奇市建设汽车制造厂
	吉利汽车	2003~2006	2007~2010	2012 以后
		2003 年设立国际贸易公司,同年 8 月首批吉利轿车获得叙利亚第一个订单,实现吉利轿车出口"零的突破"	2007 年开始启动乌克兰 SKD 项目,于 2010 年吉利完成对福特汽车公司旗下沃尔沃轿车公司的全部股权收购	与沃尔沃合作建立欧洲研发中心,进入价值链上游环节,国际化程度加深
重型机械	中集集团	1980~1990	1993~2001	2002 以后
		1980 年创立伊始,中集集团就确立了外向型的经营战略,是全球唯一能够提供集装箱全系列产品的供应商	中集在海外建立首家全资公司,主要以销售国际标准海运装箱和机场设备为主	中集确立了以"中美互动战略构想"为标志的海外拓展战略,组建国际化营运的跨国企业架构,打造全球公司
	中联重科	1998~2007	2008~2011	2012 以后
		1997 年,中联重科道路清扫车出口埃及,中联产品开始进入国际市场	2008 年 5 月 29 日,中联重科首家海外 4S 店落户澳洲,在布利亚布里斯班盛大开业收购意大利 CIFA 公司	2012 年 8 月 21 日,中联重科与印度 Electro Mech 公司签订合资建厂协议,这是中联重科第一个海外直接投资建厂项目

资料来源:本研究整理。

二、案例企业国际化进程的概况

（一）海尔集团

海尔集团作为中国企业国际化的典型代表，是目前国际市场上影响最大的中国家电企业。海尔的国际化大致可分为 3 个主要阶段：初步国际化阶段为1990～1997 年，海尔从向德国出口冰箱开始进入国际市场，期间通过海外经销商和进出口公司进行直接和间接的产品出口。深入国际化阶段为 1998～2005年，这一阶段海尔以海外直接投资为主，并于 1998 年开始提出国际化战略。海尔坚持"先有市场，再建工厂"的对外直接投资原则。海尔的第一家海外工厂是由海尔控股的海尔·莎保罗有限公司，1996 年在印度尼西亚雅加达成立，海尔的投资绝大部分以技术和设备形式投资，生产电冰箱、冷柜等家电产品。此后，海尔集团逐步以对外直接投资方式进入的国家和地区都是企业已有的出口市场，而且比较典型的是海尔品牌得到认可的市场，如 1998 年海尔在美国建立了设计、营销和生产中心，并在美国南卡罗莱纳州建厂。海尔集团的海外营销网络，主要由美国海尔、东南亚海尔、欧洲海尔和中东海尔组成，其国外工厂的区域分布与营销网络基本上相同，海尔集团在进入模式选择的路径安排方面总体上遵循"先易后难，逐步升级"的理念。

海尔的全面国际化阶段从 2005 年开始，这一年海尔明确启动全球化品牌战略，重点针对全球品牌推广。目前，海尔在已在全球建立了 21 个工业园、5 个研发中心、19 个海外贸易公司，在全球 17 个国家拥有近 8 万名员工，产品远销 100 多个国家和地区。2013 年 12 月，世界权威市场调查机构欧睿国际（Euromonitor）发布最新的全球家电市场调查结果显示，海尔在世界白色家电品牌中排名第一，海尔大型家用电器 2013 年品牌零售量占全球市场的 9.7%，第五次蝉联全球第一。按制造商排名，海尔大型家用电器 2013 年零售量占全球11.6%的份额，首次跃居全球第一。同时，在冰箱、洗衣机、酒柜、冷柜分产品线市场，海尔全球市场占有率继续保持第一。

（二）TCL 集团

TCL 集团的国际化大致可分为 3 个阶段：初步国际化阶段为 1998 年以前，主要以出口贸易为主。不同于海尔的"先难后易"战略，TCL 首先选择"心理距离"较近的东南亚市场，这些市场与中国文化背景相近。TCL 的深入国际化从 1998 年开始，并在 1998 年开始成立海外业务部，1999 年 TCL 在电视产品占有相对优势的越南投资办厂，逐渐进入菲律宾等国家的市场，依靠产品获得市场后再进一步培育品牌的知名度和竞争力。从 2002 年开始，TCL 采取并购的方式全面进入国际市场，在此期间 TCL 实施了几个重大的跨国并购业务，如 2002 年收购施耐德电器，2004 年收购法国汤姆逊彩电和阿尔卡特手机，TCL 的深入国际化阶段遭遇了巨额亏损、劳工纠纷等诸多障碍。

2006 年以后，TCL 开始全面国际化，依据在深入国际化阶段的经验积累，TCL 逐渐熟悉了国际化规则并储备了大量的国际化人才，对当时的国际化业务进行了全面的整合，调整了原有的组织架构，出售了部分业务，TCL 的全面国际化阶段的运作让企业获得了宝贵的国际化运作经验。从 2011 年开始，TCL 在全球范围内整合电视产业上下游资源，一方面，通过与三星签订战略合作协议，收购华星光电的面板业务等方式控制上游的原材料环节；另一方面，通过冠名"中国大剧院"等方式整合下游的营销和品牌资源，进一步拓展在全球市场的网络空间。

（三）长城汽车

长城汽车的国际化历程也分为 3 个阶段：初步国际化阶段开始于 1998 年，主要通过经销商和进出口公司进入中东等心理距离较近的国际市场，到 2004 年长城汽车的皮卡、SUV 在中国同类产品中 7 年累计出口量第一。长城汽车的深入国际化阶段从 2005 年开始到 2008 年，这一时期长城汽车开始与国外企业联合开发产品，并在国际市场建立当地组装厂，如 2005 年与德国博世联合开发出电控高压共轨 INTEC 柴油发动机，2006 年长城在俄罗斯建设的 KD 组装厂，成为首家在海外开展组装业务的中国企业，并于同年开始在南非部署战略发展，投入 900 万人民币建立 65 家统一形象的销售店。

长城全面国际化阶段从 2009 年开始，长城汽车开始增加海外直接投资力度。例如，从 2009 年开始与保加利亚利特克斯集团公司正式签署合作协议，共同投资 8000 万欧元在洛维奇市建设汽车制造厂。此后，长城汽车与德国舍弗勒集团等许多国际知名企业签署战略合作或技术合作协议，逐步拓展国际化网络。长城汽车的国际化发展，在出口量和出口金额方面已连续多年名列前茅。目前，产品已出口到欧洲、大洋洲、非洲、中南美、中东、亚太等地区，其中俄罗斯、澳大利亚、智利、南非等已经成为长城汽车的主要出口国家。长城汽车以国际化品牌发展为目标，通过 KD 工厂建设、全球网络建设、国际化赛事营销、高端市场开拓等方式开展全球业务。

（四）吉利汽车

吉利集团 2001 年才正式获得国家汽车公告，成为中国首家获得轿车生产资格的民营企业。吉利具有较快的国际化进程速度，初步国际化阶段从 2003 年开始，吉利汽车在上海设立国际贸易公司开始拓展国际市场；同年 8 月首批吉利轿车出口海外，实现吉利轿车出口"零的突破"；同年获得叙利亚第一个订单，此后吉利逐渐成为国家整车出口基地，与英国锰铜控股公司等企业合作，国际化程度逐渐深入。吉利的深入国际化阶段开始于 2007 年，乌克兰 SKD 项目正式启动，开始实现吉利汽车的海外生产；同年 CK-1 CKD 组装项目正式落户印尼，使该项目成为吉利汽车进军东南亚和全球右舵汽车市场的跳板。在深入国际化阶段中，吉利最重要的国际化行为是收购了福特汽车旗下的沃尔沃轿车，并获得了沃尔沃轿车公司 100%的股权以及相关资产（包括知识产权），国际化程度大幅提高。

吉利的全面国际化阶段开始于 2013 年，吉利控股集团宣布在瑞典哥德堡设立欧洲研发中心，整合旗下沃尔沃汽车和吉利汽车的优势资源，打造新一代中级车模块化架构及相关部件，以满足沃尔沃汽车和吉利汽车未来的市场需求。目前，吉利在中国境内已经建成了整车、发动机、变速器以及零部件的工厂，采用世界先进技术装备、制造工艺和管理体系，建成并投产了吉利国际汽车零部件工业园，全面引进了世界一流的汽车零部件企业，为吉利企业对口配套，以全球最好的企业为吉利汽车的全球化提供专业的服务。对于国际市场的进入顺序，吉利提出了"三步走"的国际市场开拓战略：第一步重点放在中东、北非、南美洲等发展中国家，意在积累经验，培养人才，打好基础；第二步迈向东欧、俄罗斯、东南亚等经济较为发达国家的市场；第三步则向欧洲、北美发达国家进军。

（五）中集集团

中集集团是我国制造业上市公司中，具有鲜明国际化特征的企业之一，不仅资本结构和资金来源实现了国际化，其主导产品的销售市场也遍及全世界的主要大型船公司。中集集团具备"天生国际化"的特点，从 1980 年创立开始就确立了国际市场导向的战略思路，不断积极开拓国际市场业务。根据国际化的程度，中集集团的国际化包括 3 个阶段。其中，第一阶段从企业成立开始到 20 世纪 90 年代初，中集集团通过国际贸易将产品销往全球，成为"国际化"企业。公司目前的主导产品是系列集装箱产品，被认为是进入成熟期和属于低端产品的干货集装箱，在世界市场的份额自 1996 年以来一直名列第一。中集集团的国际化深入阶段从 1993 年开始，中集在海外建立了首家全资公司，主要以销售国际标准海运集装箱和机场设备为主，1996 年中集在美国发行 3000 万美元商业票据，标志着中集成功进入全球最大的金融市场。在此期间中集集团构建了全球化营运体系，实现供应链、产业链和价值链的最佳整合，成为"跨国企业"。中集集团的全面国际化阶段从 2002 年开始，中集集团以全球物流运输业的品牌优势为基础，利用中集集团对制造业的先进管理经验和国际化运营平台，以海外并购为手段，组建国际化营运的跨国企业架构，打造全球品牌，争取成为真正意义上的"全球公司"。到 2006 年公司实现年出口销售额超过 40 亿美元，中集在全世界（包括中国）拥有了 40 余家全资及控股子公司，在北美等地建立了生产基地和销售服务网络。2011 年中集集团成立美国租赁公司，启动全球主流市场的融资租赁业务，标志着中集的国际化网络得到进一步扩张。

（六）中联重科

中联重科的国际化分为 3 个阶段：初步国际化阶段为 1998～2007 年，中联重科于 1998 年开始进入国际市场，首批道路清扫车开始出口埃及，这一时期主要通过出口的方式进入国际市场，完成主要市场的国际产品认证工作。深入国际化阶段为 2008～2011 年，是中联重科国际化的关键时期，2008 年中联重科首家海外 4S 店落户澳大利亚，在布利亚布里斯班盛大开业；同年 6 月收购意大利 CIFA 公司，收购完成之后，中联跃居全球混凝土机械制造商龙头地位，国际化程度快速提高。

中联重科的全面国际化阶段开始于 2012 年，当年中联重科与印度 ElectroMech 公司签订合资建厂协议，成立中联重科第一个海外直接投资建厂项目。此外，中联重科与俄罗斯马斯特集团、意大利 RIBA 公司等企业签署出口合同及合作协议，并在阿联酋、澳大利亚、俄罗斯、印度、越南等 10 余个国家成立子公司，在阿尔及利亚、南非、沙特、智利、乌克兰等 20 余个国家设立常驻机构。同时，以阿联酋、比利时等为中心，中联重科正逐步建立全球物流网络和零配件供应体系。2013 年，中联重科首个海外自建生产基地——中联重科混凝土机械公司巴西子公司正式投产，预计未来将有 60%以上的元器件实现本地化生产，本地化的成功运作也体现了企业全面国际化进展顺利。

三、构念测度与数据编码

本章案例具体的资料分析过程为：首先进行单案例的纵向研究，梳理每个企业在各个阶段的网络节点和国际化行为，分析每个案例企业在国际化的各个阶段进行的国际市场进入方式、嵌入网络类型以及所获取的国际化知识，通过关键构念编码衡量国际化和网络演化的相关指标，识别出案例企业在国际化过程中的网络发展特征；其次进行分阶段的跨案例分析，分析在各个阶段企业国际化和网络演进的特征；最后提出一个整体的过程框架模型。在整个案例分析过程中忠于数据，并由研究成员对关键构念的理解进行交叉检验，同时利用图表来促进分析。通过数据收集、分析和概念化之间的不断交叠，概念及其相互关系逐渐涌现，直至理论达到一个满意的饱和程度为止。案例研究也应尽量寻找客观数据对关键构念进行清晰和明确的测量，最大限度降低由于作者的主观认识造成的偏差。

根据企业网络的相关研究，企业社会资本是企业网络的价值体现，企业网络与社会资本存在严格的因果对应关系。因此衡量企业网络借用多位学者的研究成果，借鉴企业社会资本理论的研究对企业关系网络嵌入的维度和指标进行研究。其中关于社会资本的维度采用戈沙尔等（Nahapiet & Ghoshal，1998）的相关研究，分为结构维度、关系维度和认知维度，其中结构维度和关系维度借鉴了格兰诺维特（Granovetter，1992）的结构性嵌入和关系性嵌入的思想，将企业网络分为结构嵌入和关系嵌入两个维度，用于衡量企业的网络特征。其中，关系性嵌入主要用互动频率、亲密程度、关系持续时间以及相互服务的内容，来判定强连接或弱连接。而结构性嵌入主要采用关系连接在网络中的位置、规模和密度等测度指标。

具体而言：（1）对于网络规模测度，本研究统计与案例企业直接发生联系的网络成员类型的数量（Baum et al.，2000；Burt，1992）。（2）对于网络强度测度则测量企业间合作关系的强弱，根据李新春（2006）的相关研究，本研究界定的强连接包括非传统合约中的联合研发、联合产品开发、长期供应商、联合制造、共同标准研究以及所有的股权安排；企业间的战略合作和非传统合约中的联合营销或共享分销渠道属于较强连接；简单项目合作（如联合营销、共享分销渠道、特许经营、交互许可、技术及专利许可协议等）为弱连接（Rowley et al.，2000）；许可证经营、特许经营都属于弱连接。（3）企业网络位置中心度是指企业在网络中的位置是处于中心还是边缘。本研究使用网络伙伴的类型数量来衡量。比较正式的网络伙伴类型一般包括技术提供商、零部件供应商、客户、科研机构、行业协会、金融机构等。网络中心度在一定程度上表征企业所获得信息多元化的程度，可用节点类型数量来度量，网络节点类型可分为以下几类：供应商、生产企业、研究机构、金融机构、政府组织等（Ritter & Gemünden，2004），节点类型数量越多，表明企业的网络位置中心度越高。（4）信任程度，使用网络成员间的关系紧密程度和共同规范或规则的认可程度来进行衡量。企业间联系的种类与强弱连接的划分如图4.1所示。

根据埃里克松和弗莱彻（Eriksson，1997；Fletcher，2013）对国际化知识的分类，国际化知识分为客观性知识和国际化经验知识两大类，其中客观性知识包括市场知识和技术知识，国际化经验知识又包括国际商业知识、国际制度知识和国际化运作知识。

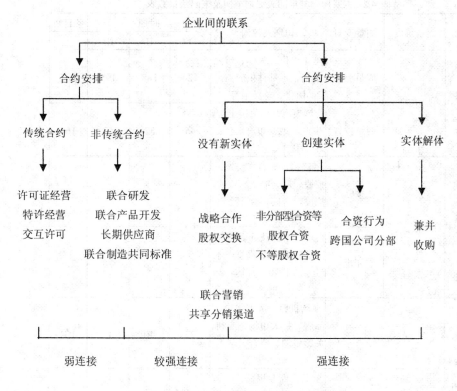

图 4.1 企业间联系的种类与强弱连接的划分

资料来源：本研究整理。

数据编码的过程首先由研究者进行整理并讨论案例资料，然后请其他 3 名本专业的博士生分别独立进行渐进式编码。编码的方法为：第一步，按照资料来源对数据进行一级编码，对来自 3 家企业的资料分别用代号进行编码（海尔集团：HE；TCL：TCL；长城：CC；吉利：JL；中集：ZJ；中联：ZL）；第二步对网络规模、连接强度、国际化知识、战略意图等构念进行二级编码，3 人同时编码一致的条目才进入构念条目库，对于意见不一致的条目，由全体成员讨论确定进入构念条目库或删除。经过第二步的编码，最终确定 1987 个二级编码条目，其中用于主要构念识别的有 1849 个，如表 4.2 所示。

表 4.2 主要构念测量的关键词举例及编码条目数表

构念	测量维度	测量变量	识别关键词	时期			条目数
				I	II	III	
网络特征	结构维度	成员类型	施工单位、大学、研究机构、零部件供应商、协会、总经销等	124	188	195	507
		网络位置	营销渠道、价值链上游、生产基地、布局配套、代工、供货等	45	52	67	164
网络特征	关系维度	连接强度	战略协议、合作研发、控股、联合制造、收购、深度、合同、合作建设、长期等	145	162	173	480
		信任程度	协作、产品认证、准入、奖励、凝聚、满意、本土化、同步、拜访、标准等	67	78	76	221
国际化特征		战略意图	市场机会、成本优势、品牌、扩大市场、专利、关键资源、整合、拿下、知名度等	27	40	37	104
		国际化经验知识	贸易、商业规则、反倾销、制度、文化、习俗、竞争者、语言、劳工政策、流程等	36	67	80	183
		进入方式	出口、合资公司、海外建厂、SKD、控股、并购等	33	44	43	120

资料来源：本研究收集整理。

由于质性材料中出现较多的同义词和具体情境下的表达含义存在差别，2位研究助理（编码者）编码时，会出现不一致的情况，对于同一人相同或相似的意思表达只计为 1 条条目，对一个意思表达但不能确定其活动内容的，需要第 3 位研究助理（编码者）决定条目的归类。为保证研究的信度，在进行编码内容分析之前，进行前测信度检验，作者从所有资料中随机抽取 10%的文本资料作为前测样本，由 3 位编码员按照编码说明，依次进行完整的三级编码。将 3 位编码员所得的前测编码结果，依据霍尔斯特（Holsti）提出的内容分析法相互同意度及信度公式进行计算。结果显示，内容分析平均相互同意度和分析者信度均大于 0.8，显示 3 位编码员归类的一致性较高，信度达到要求。

第二节　初步国际化阶段的网络演进

本节分析案例企业在初步国际化阶段的网络发展。首先归纳几家企业的国际化行为特征，主要从国际化战略意图、国际化进入方式和国际化知识获取等方面进行描述。其次重点对初步国际化阶段的网络演进特征进行描述分析，梳理每个案例企业在这一阶段的网络节点，从结构维度和关系维度两方面对网络特征进行编码分析。最后对该阶段的国际化网络演进规律进行归纳分析。

一、企业国际化的演进特征

初步国际化阶段，案例企业通过出口贸易进入国际市场，如 TCL 等企业实施的海外出口，主要是承接订单、提供组装，缺乏在上游对新技术产品的研发以及在下游的市场网络和品牌推广。

案例企业在第一阶段的国际化特征相类似，但在具体的国际市场进入方式上呈现出不同的特点。根据国际化过程模型演进的观点，企业一般会首先进入"心理距离"较近的国际市场。从实际情况来看，案例企业大多从适合各自条件的国际市场入手，采取直接或间接出口的形式进入市场，在此过程中不断提高资源承诺，增加国际化经验知识。不同的企业对"心理距离"的衡量不同，体现为在国际市场进入的次序上有所差别，如 TCL 选择与中国文化背景相近的东南亚市场，开始先进入产品已经占有优势的越南和菲律宾市场，经过树立品牌和培育品牌知名度的过程后，开始熟悉国际化规则，有步骤地向发达国家市场扩张。而海尔率先以自有品牌进入发达国家市场，一开始便把目标瞄准了美国、德国、意大利等发达国家市场，采用"先难后易"战略，在市场进入方式上主要选择出口，通过满足当地市场的质量要求和认证标准，进一步增加在国际市场上的资源承诺，实现国际化成长。

在战略意图方面，跨国公司最初投资时都有一个特定的动机，如寻求市场、资源或者技术、分散风险、战略导向等。基于不同的市场定位和战略目标，本研究的 6 家案例企业的国际化战略意图也不尽相同，海尔充分发挥国内市场的销量和品牌优势，进入发达国家市场，目的在于扩大海尔品牌的国际市场接受度和知名度，进而扩大其市场，而 TCL 更多采取 OEM 的形式，利用国外品牌和销售渠道的优势开拓国际市场，进一步扩大全球范围内的产品销量和企业的制造能力。吉利汽车和长城汽车等也以扩大市场出口为主要目标。

在国际化经验知识的获取方面，企业在初步国际化阶段，由于前期没有知识积累，企业主要获取国际化商业知识和制度知识，以及一般性客观知识，主要包括从国外客户、国际市场需求、国际合作伙伴、竞争者等与市场有关的知识，积累国际化经验。在初步国际化阶段，案例企业首先嵌入本地的社会网络和国际营销网络。初步国际化阶段企业的国际化行为及特征归纳如表4.3 所示。

表 4.3　初步国际化阶段企业的国际化行为及特征归纳

案例企业	国际化行为举例	战略意图	进入方式	国际化知识
海尔集团	采取"先难后易"的战略步骤，于 1990 年开始进入竞争激烈的中东和美国市场，通过获得欧美国家的认证抢占其市场，树立海尔品牌形象，然后再出口其他发达国家	品牌、市场销量	出口	国际商业知识、制度知识
TCL	采取"先易后难"的战略步骤，从与中国文化背景相同或相近的东南亚国家入手，从产品占有相对优势的越南，菲律宾等国市场开始，占领市场，积累国际化经验，再有步骤、有计划地向发达国家市场扩张	市场销量	出口 OEM	国际商业知识、制度知识
长城汽车	国家汽车整车出口基地企业的称号对长城汽车来说非常重要，因而这个阶段主要是出口；长城汽车进入智利市场之初，品牌知名度不高，但是在感受到长城汽车的可靠品质之后，果断地把德尔科和长城品牌紧密联系在一起共同推广	市场机会	出口	国际商业知识、制度知识
吉利汽车	吉利汽车在国际市场的运营中充分立足当地，实施本土化建设，积极利用集团的产品、技术、品牌等资源，通过与海外公司的合资、合作以及独资等模式，在多个国家建立起自己的组装生产基地、销售渠道、经销网络等	市场机会	出口	国际商业知识、制度知识

案例企业	国际化行为举例	战略意图	进入方式	国际化知识
中集集团	在住友的帮助下，中集集团迅速拿到了日本的第一宗订单，住友最终也放弃了关系紧密的韩国进道，住友与中集在中国通过合资收购、新建等方式成立了三大集装箱生产基地	市场销量	出口合资	国际商业知识
中联重科	出口方式由外贸公司转向以企业自营出口为主，由贴牌转向以企业自主品牌出口为主，主要出口地由第三世界国家转向发达和次发达国家，销售模式由直销转向代理制	市场机会	出口	国际商业知识

资料来源：本研究收集整理。

二、企业网络演化特征及编码结果

初步国际化阶段企业的主要任务是构建网络，这一阶段企业在中国市场或者通过进入国际市场与相关的网络成员建立合作关系，主要包括行业内的国际品牌企业、科研机构、行业协会、政府机构和高等院校等网络成员，根据网络成员间关系强度的衡量，企业与成员间的关系以弱连接为主。

案例企业在网络演进的具体表现上有所差异。根据对案例企业资料的编码分析发现，海尔通过行业机构、政府组织和新闻媒体等发展与网络成员间的信任，增加相互之间的共同价值观和规范认可。例如，企业参加产品和技术的国际展会，向海外经销商颁发产品经理证书，增强彼此信任程度。此阶段，海尔以嵌入全球的营销网络和社会网络为主，嵌入的环节为销售环节，如表 4.4 所示。

表 4.4　海尔初步国际化阶段网络演进编码结果

关键网络节点			结构维度		关系维度	
时间节点	网络成员	主要关联事项	成员类型	网络位置	连接强度	信任规范
1990	美国保险商试验所	UL 产品安全认证	行业协会	边缘	弱	规则、标准
1993	德国 TEST 杂志	家电质量抽奖评比第一	行业协会	边缘	弱	标准、信任低
1996	美国优质科学协会	海尔及张瑞敏获"五星钻石"奖	行业协会	边缘	弱	品牌、信任低

时间节点	关键网络节点		结构维度		关系维度	
	网络成员	主要关联事项	成员类型	网络位置	连接强度	信任规范
1997	世界家电博览会（德国）	海尔向外国人颁发产品经理证书	行业协会	边缘	弱	规则、信任低
1998	美国哈佛大学	张瑞敏应邀讲课，休克鱼入选案例	科研机构	边缘	弱	共同规范

资料来源：本研究收集整理。

　　与之相对应的 TCL 集团，从 20 世纪 90 年代初到 1997 年亚洲金融危机期间，TCL 以 OEM、ODM 模式为国外企业代工制造，进行国际贸易，这是 TCL 海外业务的基本模式。这期间 TCL 出口额得到稳步提升，实现了规模积累和品牌创立。通过代工和国际贸易，熟悉了国外企业生产标准，了解国外企业运作流程，积累了从事国际化生产和管理的经验。

　　长城汽车在国际化的初步阶段，于 1997 年建立了 200 家营销服务网络，在国内率先实行经销商代理模式。10 月第一批长城皮卡开始出口中东，开始进入国际市场。2004 年长城汽车的皮卡、SUV 在中国同类产品中 7 年累计出口量第一。在此阶段，长城主要通过经销商进行出口销售，网络成员类型少，企业处于较为边缘的位置，与网络成员的连接强度较弱，彼此之间的信任主要是契约信任，整体网络水平较低。正如受访者所说"当时中国汽车境外营销网络大部分依靠海外经销商，而这些经销商往往同时代理多个企业的品牌，加上我们的品牌弱势，售后服务网络建设整体滞后"。

　　另一家汽车行业的吉利集团在 2001 年获得汽车整车生产资格以后，在初步国际化阶段主要采取出口的方式，自 2003 年第一辆吉利汽车走出国门之后到 2007 年吉利实现汽车出口 3 万多台，年增长率 238%，出口量在中国汽车企业中排名第三，占到出口总量的 10% 至 15%。在此过程中同时与韩国大宇签订技术合作协议，增加网络成员类型和连接强度，如表 4.5 所示。

　　中联重科和中集集团的初步国际化也以出口为主，其中中集集团创立于 1980 年，由招商局轮船股份有限公司与中国集装箱集团有限公司签订合资经营"中国国际海运集装箱有限公司"总协议，成立由招商局轮船股份有限公司、丹麦宝隆洋行、美国海洋集装箱公司等投资方组成的企业，由于一开始就具备一定的国际市场资源和国际化网络，中集集团从创立起就确立了外向型的经营战略，具有较为完善的国际化网络。集装箱是中集集团的第一个冠军产品，产品遍及北美、欧洲、亚洲等全球主要的海陆物流系统，是全球唯一能够提供集装箱全系列产品的供应商，如表 4.6 所示。

表 4.5　长城汽车与吉利汽车初步国际化阶段网络演进编码结果

关键网络节点			结构维度		关系维度	
时间节点	网络成员	主要关联事项	成员类型	网络位置	连接强度	信任规范
1997	经销商代理	第一批长城皮卡出口中东	经销商	边缘	弱	产品规范
2002	韩国大宇国际株式会社	签署全面技术合作协议	生产企业	边缘	弱	产品规范
2003	叙利亚 Mallouk 公司	签署合作协议，向叙利亚出口汽车	经销商	边缘	弱	契约信任

资料来源：本研究收集整理。

表 4.6　中集集团初步国际化阶段网络演进编码结果

关键网络节点			结构维度		关系维度	
时间节点	网络成员	主要关联事项	成员类型	网络位置	连接强度	信任规范
1986	香港经销商	钢结构件和法兰盘等产品打入香港市场，实现首次盈利	经销商	边缘	弱	信任程度低
1991	日本邮船公司	获得第一批集装箱订单	经销商	边缘	弱	信任程度低
1993	日本住友集团	合资建立三大生产基地	生产企业	边缘	强	信任程度高
1996	日本住友集团	在上海合作建立国内最大冷藏箱厂	行业协会	边缘	弱	信任程度高

资料来源：本研究收集整理。

中联重科的成立和国际化时间较晚，主要的网络成员是经销商和行业协会。1997 年 8 月，中联混凝土机械有限责任公司和中联起重有限责任公司成立，中联公司迈出了产权结构改革的步伐。同年 8 月，中联的道路清扫车开始出口埃及，开始嵌入国际营销网络。这一阶段中联重科与网络成员的连接以弱连接为主，相互的信任程度较低，处于网络的边缘位置，如表 4.7 所示。

表 4.7　中联重科初步国际化阶段网络演进编码结果

关键网络节点			结构维度		关系维度	
时间节点	网络成员	主要关联事项	成员类型	网络位置	连接强度	信任规范
1997	埃及经销商	道路清扫车出口埃及	经销商	边缘	弱	信任程度低
2001	英国保路捷公司	收购	生产企业	边缘	弱	信任程度高
2003	德国质量评估机构	通过莱茵 TUV 质量管理体系认证	行业协会	边缘	弱	信任高、规则

资料来源：本研究收集整理。

三、企业网络演化特征及结果

根据案例资料的分析可知，企业在初步国际化阶段的网络发展即为国际化网络的建立阶段。总体来说，企业首先在母国本地或海外与国内外企业建立关系，通过国外企业或组织嵌入国际营销网络或生产网络，初步构建自身的网络位置。企业国际化的战略导向以获取机会为主，试探性地进入国际市场。

从嵌入的网络类型来看，案例企业嵌入的国际化网络以社会网络为主，主要嵌入全球生产网络和国际营销网络。具体而言，在进行出口及国际化经营之前，企业首先嵌入社会网络，实施机会识别，如中集集团利用原有的市场网络，获得订单机会。在国际化发展的初步阶段，尤其是没有商业网络基础的中小企业，企业家的社会网络保证了企业可以获得相应的无形信息和有形资源，通过在目标国际市场网络中发展与国外企业、研究机构、大学、政府组织等网络成员的关系，构建企业网络关系与网络位置，主要表现为进行国际化经营扩张、由国内经营走向国际经营。

从网络特征来看，结构维度方面成员类型主要包括国际市场经销商、代理商、科研结构等网络成员类型。企业处于网络的边缘地带，中心度不高。关系维度方面，企业与相关网络成员的连接强度较弱，主要是通过购销合同、技术合作协议、产品认证等发生联系，信任模式为契约信任位置，信任程度较低。

在这个阶段，企业通过与引入海外的生产设备和生产技术，获得了技术转移，逐步构建了本地制造网络。从网络规模上看，该阶段企业的国际市场网络合作对象很少，主要合作方式是向对方销售代理，或者去对方企业参观学习，或聘请对方为企业技术顾问，或技术转让，或共同解决某个技术难题，从连接强度上看均为弱连接。从网络中心度来看，还是处于该产业的边缘位置，该阶段企业与国外公司接触很少，生产技术主要来自购买国外机构的成熟技术，甚至通过国内科研院所以及一些国有企业获得。网络建立阶段演进的典型引用语和编码如表 4.8 所示。

表 4.8　网络建立阶段演进的典型引用语和编码

测量变量		典型资料举例	关键词	编码结果	
				数目	结果
结构维度	网络规模	在美国考察时，最能引起美国经销商兴趣的就是海尔遍布全球的营销网络，很多人希望利用海尔的营销网络进行合作；在目前的中国，没有一家企业能拥有像海尔这样大的营销网；海尔的营销网就是海尔品牌的世界版图（HE 11）	经销商、营销网络、合作	42	规模小
	成员类型	中集主张低成本扩张，基本上是对现有工厂实施"先承包经营，再收购"，收购中经常利用商誉、品牌等无形资产降低并购成本，很少自建新工厂（ZJ 8）	工厂、收购	33	类型数量少
	网络位置	经过 3 年的国际化整合，TCL 彩电（多媒体）在中国、新兴市场、欧洲和北美的产业布局与渠道架构基本形成（TCL 9）	整合、布局	12	全球营销网络
关系维度	连接强度	在德国 TEST 杂志一年一度的家电抽检结果报告中，海尔冰箱获得了 8 个"+"号，在受检的冰箱中名列质量第一，比德国、意大利的冰箱评价还高（HE 3）	评价	16	弱连接为主
	信任程度	长城全球换标只是长城国际化战略的一步，多年来，一直有一个祈愿，那就是在外国人提到中国汽车的时候，他们首先想到的就是长城汽车（CC 11）	认可	13	信任程度低

测量 变量		典型资料举例	关键词	编码结果	
				数目	数目
其 他	网络 导向	詹纯新看中了这个机会，更看中了宝路捷的技术、品牌和营销网络，经过一年的"放长线"战略，2001年秋在企业濒临破产之际，中联重科斥资1000万元人民币一举将其收购（ZL 14）	品牌、技术、 网络 收购	33	机会 导向
	资源 需求	这期间TCL实现了规模积累和品牌创立，通过代工和国际贸易，TCL熟悉了国外企业生产标准，了解国外企业运作流程，积累了从事国际化生产、管理经验（TCL 4）	标准、运作流 程、经验	28	市场 技术 资源

资料来源：本研究整理。

第三节　深入国际化阶段的网络演进

本节主要分析案例企业在深入国际化阶段的网络发展，首先归纳了几家企业的国际化行为特征，主要从国际化战略意图、国际化进入方式和国际化知识获取等方面进行描述，重点对深入国际化阶段的网络演进特征进行描述分析，梳理每个案例企业在这一阶段的网络节点，从结构维度和关系维度两方面对网络特征进行编码分析，最后对该阶段的国际化网络演进规律进行归纳分析。

一、企业国际化的演进特征

深入国际化阶段的企业开始采用并购、海外建厂、技术合作等方式逐渐融入国际市场，获得进一步的国际商业知识和制度知识，积累国际市场经验和特定市场知识。

案例企业在深入国际化阶段的表现差异较大。家电行业的国际化企业在这一阶段开始通过并购和海外直接投资进入国际市场。其中海尔延续"先难后易"的国际化战略，继续深入美国、欧洲和日本等发达市场，建立起研发、制造和营销"三位一体"的本土化架构。1999年海尔在美国建立了设计、营销和生产中心，并在美国南卡罗莱纳州建厂，同时进入沃尔玛、百思买等美国主流销售渠道。2002 年海尔买下了位于曼哈顿的格林威治银行的大楼作为其在美国的总部，标志着海尔在美国市场取得初步成功。TCL 在国际化初始阶段主要通过出口进入国际市场，但由于接下来的 1998 年和 1999 年发生了亚洲金融风暴，企业在出口额大幅下滑的局面下开始重新思考企业的国际化业务模式。其中最主要的表现为企业开始加速收购，期间主要包括收购汤姆逊、阿尔卡特手机、施耐德等著名企业的相关业务。

在深入国际化阶段，案例企业在并购战略上出现两种不同的国际化战略思路。海尔、长城和中集三家企业遵循渐进国际化的思路，在原有的国际化基础上逐步采取投资建厂、收购和扩大出口等战略步骤。而 TCL、吉利汽车和中联重科都有非常相似的国际化行动，即在企业快速发展和国际化的关键时期，收购行业内的知名企业和品牌，获得企业急需的技术、品牌和市场资源。如 TCL 收购汤姆逊电视和阿尔卡特手机业务，吉利收购沃尔沃汽车，中联收购塞法（CIFA）集团。这三次关键的收购被称为"蛇吞象"或"穷小子迎娶豪门公主"，被认为是中国企业深入国际化的标志性案例。

案例企业在深入国际化阶段获取更丰富的国际知识。如汽车行业的中国车企主要通过两种方式加强其研发能力：一是收购兼并海外具有研发实力的企业；二是加深和跨国汽车企业在全产业链上的合作。吉利集团经过对海外市场的系统研究、规划，提出了"三步走"的国际市场开拓战略，其中第一步重点放在中东、北非、南美洲等地的发展中国家，重点在于积累经验，培养人才。在这一阶段，企业除了获得国际商业知识、制度知识等国际化经验外，主要获得国际化经验中的本地化知识和国际企业知识。在这一阶段企业开始嵌入全球生产网络，如表 4.9 所示。

表 4.9　深入国际化阶段企业的国际化行为及特征归纳

案例企业	国际化行为	战略意图	进入方式	国际化经验知识
海尔集团	海尔显示器已经成功进入家乐福、Auchan、Media market 等专业渠道；海尔电脑与全球 500 强的企业建立战略合作关系（HE 27）	市场、品牌	出口、合资	国际市场知识、国际制知识
TCL	TCL 国际化最重要的经验之一，就是懂得了供应链竞争的真谛，现在 TCL 的供应链响应速度与供应链合作体系，至少领先国内同等企业 3～5 年，而这种竞争优势，会在未来的竞争中越来越凸显出来（TCL 36）	品牌、国际化经验	OEM 并购	国际商业知识、国际化运作经验

案例企业	国际化行为	战略意图	进入方式	国际化经验知识
长城汽车	从简单的整车贸易发展到多种形式的出口，就是说建立出口基地，或者说建立合资的组装项目，或者说在海外直接投资，各种各样的模式是对以后长期开发海外市场的各种不同路径（CC 19）	市场、生产	出口、投资	市场进入知识、国际制度知识
吉利汽车	2007 年以前吉利是做贸易，关注订单，关注能卖出多少车，那时与经销商是简单的上家与下家关系，它给钱，吉利卖东西；2007 年开始吉利是搞营销，重心转移到销售终端，关注客户需求，关注配件供应，与经销商的关系也由松散变为密切合作（JL 23）	市场、品牌	出口，并购	国际商业知识、制度知识
中集集团	满足有跨国经营经验的国际化人才需求，让中集车辆业务领导备感压力，尽管中集与国际商业伙伴的 10 年合作已经积累了一些国际经验，但是离大规模开展跨国经营的要求还相去甚远（ZJ 10）	市场、生产	出口、投资	国际化经验
中联重科	在国际化方面，建立了多个海外分公司、海外维修服务站、寻找海外代理商、参与跨国并购等各种形式，建立全球经营网络，扩大海外销售，全面进军国际市场，销售规模保持 50% 的增长（ZL 18）	市场、技术	出口、并购	国际市场进入知识、制度知识

资料来源：本研究收集整理。

二、企业网络演化特征及编码结果

在深入国际化阶段的网络演进主要体现为网络成员类型和数量的增多、与网络成员间连接强度的提高、彼此间信任程度的增加，以及对相互之间的规则规范一致性认可程度的提高。

案例企业网络演进的特征和具体表现形式不同。在案例企业的国际化实践中，海尔于 1998 年成立美国海尔贸易有限责任公司，标志着海尔进入国际化发展阶段。海尔国际化的战略目标是创造世界品牌，在这一阶段的目标是成为国际化的海尔，即以世界市场作为海尔的发展空间。海尔的国际化要求海尔的各项工作都达到国际标准，实现技术的国际化、市场的国际化、网络的国际化等。根据企业的目标和实际情况，海尔确定了"3 个 1/3"的全球化战略布局，即国内生产国内销售 1/3，国内生产海外销售 1/3，海外生产海外销售 1/3。通过这一战略，海尔将自己的生存空间延伸到世界市场。相比较第一个阶段，海尔国际化网络的最大变化是增加了网络成员类型，提高与网络成员的连接强度，增加相互之间的信任程度和规范认同，如表4.10所示。

表4.10 海尔深入国际化阶段网络演进编码结果

关键网络节点			结构维度		关系维度	
时间	网络成员	主要关联事项	成员类型	网络位置	连接强度	信任规范
1999	美国南卡罗莱纳州政府	投资建厂、美国海尔园	政府机构	中	强	信任程度高
2000	瑞士洛桑管理学院	张瑞敏演讲海尔管理创新	研究机构	边	弱	信任、规范
2001	巴基斯坦政府	全球的第二海外工业园	政府机构	中	强	规则认同
2001	意大利迈尼盖蒂公司	并购冰箱厂	生产企业	中	强	信任程度高
2002	日本三洋电器	成立三洋海尔株式会社	生产企业	中	中	信任程度高
2004	法国市场经销商	海尔品牌电脑批量出口	经销商	中	中	信任程度低

资料来源：本研究收集整理。

如表4.11所示，TCL最主要的变化是在深入国际化阶段中加大并购力度，拓展其网络规模。在国际化的深入阶段，TCL整合了国际供应链网络，TCL在并购汤姆逊过程中，全面梳理和优化了国内外生产体系与渠道体系之间关系。从网络变化的特征来看，企业加强了与网络成员的连接，相互的信任程度不断提高。企业通过网络发展获得丰富的国际化知识和经验，企业正如受访者的介绍："这次我们收获更多的是国际化的经验，包括整个工业的整合、当地团队的建设、整个渠道的沟通。我们在最近三年的国际化运营中，在风险管控和风险防范意识上已经很强了，这是因为我们经历过2004年和2005年的巨变，就像一个成长的孩子一样，'吃一堑，长一智'。"

表4.11 TCL深入国际化阶段网络演进编码结果

关键网络节点			结构维度		关系维度	
时间	网络成员	主要关联事项	成员类型	网络位置	连接强度	信任规范
1998	莫斯科地方政府	在莫斯科设立代表处，OEM方式进入俄罗斯	政府机构	边缘	弱	市场许可
2003	美国英特尔	携手"3C联合实验室"	国际企业	边缘	弱	规则、标准

关键网络节点			结构维度		关系维度	
时间	网络成员	主要关联事项	成员类型	网络位置	连接强度	信任规范
2002	德国彩电施耐德（Schneider）	收购	国际企业	中心	强	信任
2003	美国高威达（GoVideo）	收购碟机生产商	国际企业	边缘	强	信任
2003	法国汤姆逊	收购彩电业务	国际企业	中心	强	信任
2004	法国阿尔卡特公司	兼并其手机业务	国际企业	边缘	强	规则、标准
2004	法国罗朗格公司	转让 TCL 通信设备有限公司 100%股权	国际企业	中心	强	连接程度高

资料来源：本研究收集整理。

在长城汽车的国际化第二个阶段，企业开始海外生产和收购，主要是合作协议和对零部件厂商的收购。2005 年，长城汽车 10 万辆生产基地竣工开始生产哈弗汽车。同年长城汽车成为第一家进入南美最发达的国家——智利市场的汽车企业。在第一阶段的网络成员基础上，长城汽车与供应商、生产企业和研发机构建立广泛的联系，连接强度也从原来的提供零部件发展到联合开发产品，如与德国博世联合开发出电控高压共轨 INTEC 柴油发动机，与汽车天窗制造商伟巴斯特展开合作，并成为其最早的国内客户。相互的信任程度不断加深。在成员数量方面大幅增加，如在南非部署战略发展，投入 900 万人民币建立了 65家统一形象的销售店。如表 4.12 所示。

表 4.12　长城汽车深入国际化阶段网络演进编码结果

关键网络节点			结构维度		关系维度	
时间	网络成员	主要关联事项	成员类型	网络位置	连接强度	信任规范
2005	俄罗斯	签署第一个海外 SKD 项目	政府机构	边缘	弱	市场许可
2005	德国博世	联合开发电控高压共轨 INTEC 柴油发动机	国际企业	边缘	弱	规则、标准
2005	天窗制造商伟巴斯特	成为其最早的国内客户	供应商	中心	强	信任

续表

时间	关键网络节点		结构维度		关系维度	
	网络成员	主要关联事项	成员类型	网络位置	连接强度	信任规范
2006	德国科世达	为长城汽车配套供货座椅调节开关	供应商	中心	强	契约信任
2006	南非	建立了65家统一形象的销售店	经销商	中心	强	契约信任
2006	保加利亚利特克斯集团公司	正式签署合作协议，共同建设汽车制造厂	生产企业	中心	强	信任程度高
2009	达喀尔拉力赛	中国在达喀尔首次比赛。	国际组织	中心	强	信任程度高
2009	澳大利亚	成为第一家登陆澳大利亚市场的中国汽车品牌	经销商	边缘	强	信任程度高
2009	保加利亚利特克斯集团公司	正式签署合作协议，在洛维奇市共建汽车制造厂	生产企业	中心	强	信任程度高
2011	英国里卡多公司	签署战略合作备忘录	生产企业	边缘	强	信任程度高

资料来源：本研究收集整理。

除此之外，长城汽车还进一步进入行业相关的社会网络，提高网络成员对彼此规则和标准的认可。如2010年哈弗"龙腾战车"首次代表自主品牌参加国际顶级赛事，并于3月获得澳大利亚ANCAP四星碰撞成绩，参加意大利博洛尼亚车展，使长城品牌受到国际关注，提高认可度和信任程度。

如表4.13所示，在网络结构方面，吉利汽车开始大力拓展其零部件供应体系，建立遍布全球的高技术含量、高品质、高性价比的全球化零部件供应体系，实现全球化采购，吉利供应商体系建设的全球化正在深入进行，吉利集团与全球第六大汽车零部件供应商签订战略合作协议，佛吉亚集团在全球的200多家工厂特别是在新兴国家和地区的工厂，可以为吉利集团全球化战略的实施提供支持。吉利集团深入国际化的重要举措之一就是收购沃尔沃轿车100%的股份，包括其所有的品牌和技术知识产权，大幅度提高了企业的网络中心性，增强了与沃尔沃集团及其他汽车厂商的连接强度。

表 4.13 吉利汽车深入国际化阶段网络演进编码结果

关键网络节点			结构维度		关系维度	
时间	网络成员	主要关联事项	成员类型	网络位置	连接强度	信任规范
2005	英国锰铜控股公司（MBH）	签署合资合同,生产出租车	生产企业	边缘	弱	规则、标准
2006	英国锰铜汽车公司	收购,并成立上海英伦出租车公司	生产企业	中心	强	信任
2010	沃尔沃	收购沃尔沃轿车100%股份包括知识产权	生产企业	中心	强	信任程度高
2010	法国佛吉亚集团	全球战略合作协议,成立合作公司	生产企业	中心	强	信任程度高

资料来源：本研究收集整理。

中集集团的深入国际化开始时间较早,在 1993 年 5 月中国国际海运集装箱有限公司在香港注册成立,主要以销售国际标准海运集装箱和机场设备为主,并从事生产用原材料的进口、非标准多用途集装箱的销售,承接钢结构加工制作,以及产品售后服务。以销售国际标准海运集装箱和机场设备为主,并从事生产用原材料的进口、非标准多用途集装箱的销售,承接钢结构加工制作,以及产品售后服务。中集集团 1996 年在美发行 3000 万美元商业票据,标志着中集成功进入全球最大的金融市场。

除了在海外直接投资外,企业加强了与相关网络成员间的信任关系,其中中集集团北美并购项目和欧洲的并购项目非常典型,文化的融合成为海外并购成功的关键。受访者表示:"没有任何诀窍可以跨越文化的差异,中集的做法一是坚守承诺,以'信用'换取'信任';二是包容中适当整合,任何文化都必须在认同中集企业文化的前提下自我调整,一切最后以全球运营体系的成功为标准。"中集集团在广泛征集美国员工的意见后确定北美项目新公司的名字 Vanguard,商标图案也由中美共同设计,企业和产品的新形象一经推出就得到普遍的市场认同。如表 4.14 所示。

表 4.14　中集集团深入国际化阶段网络演进编码结果

时间节点	关键网络节点		结构维度		关系维度	
	网络成员	主要关联事项	成员类型	网络位置	连接强度	信任规范
1996	日本住友商事株式会社、新日本制铁株式会社、日本朝阳贸易株式会社等	出让集团持有的新会中集 10%股权，集团通过中集（香港）控股新会中集 40%股份并承包经营	国外商贸机构	中心	中	信任程度高
1997	日本住友银行，住友商社担保	中集集团获得 2500 万美元长期贷款	金融机构	中心	中	信任程度高
1997	法国兴业银行、美洲证券等金融机构	签订在美发行 7000 万美元商业票据的协议	金融机构	中心	中	信任程度高
1997	美国西南航空公司	签订 4 台机电式登机桥的订货合同，中集进入美国市场	国外客户	边缘	强	信任程度高
1999	韩国进道公司	收购	生产企业	中心	强	信任程度高
1999	韩国现代精式株式会社	成立合资公司	生产企业	中心	强	信任程度高
2000	美国专利局	获得自行设计、生产的窄体机登机桥专利	国外行业机构	边缘	弱	信任程度高

资料来源：本研究收集整理。

　　中集集团较早就已经确立了其国际化的优势地位，凭借连续 7 年占据全球集装箱产业龙头地位的强大实力，并逐步深入拓展国际化网络。中集表现出的明显特征是以资本市场为依托，充分利用自身的国际市场信誉，与 16 家世界知名银行和金融机构发展了良好的合作关系。构建起分布于全国主要港口的国际化生产体系，在此过程中集集团通过转让股份、合资等办法，吸引日本、德国和丹麦等外资参股。既保持了发展以我为主导，又可以在国际合作中吸收外方的国际经营管理经验。同时国际市场为大背景，不断提升企业管理水平、技术及创新能力，站在国际化经营的高度进行行业资源整合。在此阶段企业逐步开始整合其网络资源，嵌入包括研发网络在内的国际化网络系统，如 2005 年中集集团通过其全资子公司购买德国 Waggonbau 公司一系列冷藏集装箱制造与设计专利，自此彻底掌控了冷藏集装箱的全部技术体系。中集集团将其国际化的方向归纳为"采购国际化、生产国际化、客户服务国际化、融资国际化"等几个方面。

中联重科在深入国际化阶段开始宣布海外市场拓展全面铺开，并于 2008 年成功收购世界混凝土机械的顶级品牌——意大利 CIFA 公司。企业对收购后的国际化网络和资源进一步整合，无排斥反应，运营良好，而在收购当时，面临金融危机下欧洲经济的一蹶不振，CIFA 曾濒临绝境。中联重科并购 CIFA 获得了业界肯定，与"联想集团收购 IBM 个人电脑业务"一起被评为海外投资五大经典案例。并购为中国工程机械的发展带来了深远的影响。其全球化经营理念、创立的并购重组"中联模式"、全球市场资源的运作等都为中国工程机械注入了新的发展理念和发展空间。此后中联重科海外营销网络建设快速发展，中联重科海外业务已覆盖到全球 70 多个国家。形成了以区域经销商为主体、直销与大客户相结合的遍布全球的营销网络。

三、企业网络演化特征及结果

根据案例企业的资料分析，可以得出与初步国际化阶段不同的发展特征。企业在深入国际化阶段的网络发展即网络的拓展阶段。总体而言，原来以出口为主的企业开始通过在目标国市场设立分支机构、分公司等方式嵌入东道国市场，并与当地网络中的企业发展网络关系，原来已建立分支机构的企业则开始采取并购等国际化形式，进一步加深对目标国市场的资源承诺。企业网络拓展的类型和形式以商业网络为主，案例企业主要嵌入全球生产网络和全球营销网络，开始嵌入全球研发网络。

根据网络演进的特征进行分析可知，从嵌入的网络类型来看，案例企业嵌入的国际化网络以国际商业为主。具体而言，企业通过市场渗透增加在已有国外市场网络中的资源承诺，发展企业网络关系和位置。具体表现为企业在网络中的类型和数量增加，网络连接强度提高，逐渐进入网络中心位置，主要嵌入国际商业网络。从网络特征的结构维度来看，企业网络成员主要包括海外经销商、研发机构、国际生产企业等，并包括金融机构等资本市场上的网络成员。企业逐渐进入网络中间地带，中心度有所提高。关系维度方面，企业与网络成员的连接强度提高，主要的合作方式主要是投资建厂、合作研发、并购等形式，增加企业的国际化经验和制度知识、提高信任程度和价值观、规范的认同度。

在这个阶段，企业通过战略合作或收购获得海外的生产设备和生产技术，获得了技术转移，逐步构建了国际性的制造网络。从网络规模上看，该阶段企业的国际市场网络合作对象相比第一阶段有了大幅增加，网络导向采取了市场和技术导向并重的形式，除了发挥企业原有的成本优势之外，开始渗入当地市场，与合作者开发针对性的产品。从网络中心度来看，具有一定程度的提高。如表 4.15 所示。

表 4.15　网络拓展阶段演进的典型引用语和编码

维度	测量变量	典型资料举例	关键词	编码结果	
				数目	结果
结构维度	网络规模	长城在三年的期间里，在国外建立了非常多的销售网络，仅在俄罗斯就建了 60 家销售网络，其他国家比如罗马尼亚、委内瑞拉，每个国家都有几十个销售网络（CC 24）	销售网络	29	网络规模扩大
	成员类型	我们基本上出口 42 个国家，将近 250 多个网点，现在主要以经销商的方法来运作，增加了经销商总代理的方式来运作，不过将供应商数量从 1000 家减少至 300～500 家，力争采购成本削减 10%，2007～2009 年构建集团采购体制（JL 25）	经销商、集团采购	15	类型数量增加
	网络位置	出口方式由外贸公司转向以企业自营出口为主，由贴牌转向以企业自主品牌出口为主，主要出口地由第三世界国家转向发达和次发达国家，销售模式由直销转向代理制（ZL 31）	自营出口、代理制、品牌	33	全球营销网络
关系维度	连接强度	2007 年开始搞营销，重心转移到销售终端，关注客户需求，关注配件供应，与经销商的关系也由松散变为密切合作（JL 22）	关注、密切配合	55	连接强度提高
	信任规范	没有国际化，就没有后来管理的精细化，以前保护企业家精神更多一些，现在更注重流程和规范，哪怕牺牲一点效率（TCL 35）	规范	44	信任程度提高、共同规范
其他	网络导向	除了本地化的生产、营销架构，张瑞敏看重的是研发资源，海尔已在日本设了变频空调研发中心（HE）	生产、研发	26	机会导向
	资源需求	TCL 看重的是，第一可以进入主流市场（欧洲）；第二，对方的全球架构；第三，考虑技术升级的必要性，当时汤姆逊在 CRT 电视、模拟电视拥有全球最多的彩电专利（TCL 23）	架构、技术、专利	29	市场、技术资源

资料来源：本研究整理。

第四节　全面国际化阶段的网络演进

延续前两节的分析思路,本节分析案例企业在全面国际化阶段的网络发展。首先,归纳几家企业的国际化行为特征,从国际化战略意图、国际化进入方式和国际化知识获取等方面进行描述。其次,重点对全面国际化阶段的网络演进特征进行描述分析,梳理每个案例企业在这一阶段的网络节点和事件,从结构维度和关系维度两方面对网络特征进行编码分析。最后,对该阶段的国际化发展和网络演进规律进行归纳分析。

一、企业国际化的演进特征

在企业的全面国际化阶段,企业不再单纯依赖某一种进入方式或特定市场,而是更多地从战略层面来整体思考企业的国际化路径,通过战略协作、国际资本运作和国际化企业运营等方式全面嵌入全球战略网络,积累国际化运作经验和国际企业管理知识。

在战略意图方面,案例企业都具有清晰的国际化战略思路。以海尔为例,2005 年起,海尔开始正式实施“走出去”战略。从国际化战略阶段开始向全球化品牌战略阶段过渡。海尔将全球品牌战略称为“走出去,走进去,走上去”。经过多年的国际化探索,海尔已经逐渐在全球市场获得知名度,但是并未完全获得当地消费者的认可,成为当地的主流产品。因此,海尔在这一阶段采取“走上去”的战略,进一步提升自己,打造附加值更高的产品。海尔开始采用双品牌战略,“利用其他品牌打造海尔自主品牌,被视为海尔全球化思路上的一次标志性转变”。在纽伦堡建立了研发中心,负责开发针对欧洲消费者的产品,并聘请世界顶级的设计师,开发非常规的、具有法国、意大利、美国风格的 Casarte 高端冰箱,定位为高端品牌,“我们希望靠卓越的设计和独特元素的帮助来吸引顾客”。海尔全球化品牌战略与国际化战略阶段不同,在国际化阶段以中国为基地,向全世界辐射,而全球化品牌战略则是在每一个国家的市场创造本土化的海尔品牌。

国际化知识方面,企业主要获取国际化经验知识,除了国际商业知识和国际制度知识外,企业重点在于获得国际化运作知识,尤其是国际企业管理知识。如 TCL 的全面国际化阶段在克服上一阶段障碍的基础上,实施国际化战略的转型,重组了部分国际化业务,对企业的组织结构进行了较大幅度的调整,集中力量在管理模式上实施转型、进行管理团队调整,获得丰富的国际化运作经验。

　　在全面国际化阶段，企业具有明显的战略资源和经验获取导向，企业开始嵌入全球战略网络，具体建立起全球营销、研发和供应链网络。如长城汽车广泛与全球顶级零部件公司展开全面合作，在发动机、变速器设计和四轮驱动技术方面，与英国里卡多、美国博格华纳、德尔福、德国西门子、博世等成员形成战略合作关系，在整车设计上与法国达索、日本 YARK 等加强联系，成为长城整合全球技术资源战略的重要举措。如表 4.16 所示。

表 4.16　全面国际化阶段企业的国际化行为及特征归纳

案例企业	国际化行为	战略意图	进入方式	国际化经验知识
海尔集团	张瑞敏提出了国际化的战略，即"走出国门，与狼共舞"，这个阶段企业旨在增强国际化的核心竞争力，在全球范围内进行海尔产品、品牌和企业文化的扩张，以冲击世界 500 强和创世界化的海尔品牌为目标（HE 55）	品牌、文化	建厂、并购、出口	本地化知识、国际制度知识、国际企业管理知识
TCL	并购汤姆逊过程中的曲折历程，表明 TCL 国际化最大的阻碍其实并不是业务层面的，更多是管理模式与团队层面的（TCL 43）	市场、经验	并购、出口	市场进入知识、国际企业管理知识
长城汽车	中国自主品牌汽车相继进入转型期，在短短 4 个月内，长城汽车和 5 家顶级零部件巨头签署了战略合作协议，并展开紧密合作。向多个海外市场进军或扩张，所并购企业的全球资源可为长城汽车的海外战略提供支持（CC 38）	技术、市场	出口、合作	国际商业知识、制度知识、国际化运作知识
吉利汽车	吉利和沃尔沃将进行大规模投资汽车电驱动系统的研发与制造，更好地迎接新能源汽车时代的到来；还收购了英国电动车制造商 Emerald，继续整合全球资源，以加强对新能源汽车的研发（JL 33）	品牌、市场	合作、并购	国际商业知识、制度知识、国际企业管理知识
中集集团	以资本市场为依托，以国际市场为大背景，不断提升企业管理水平、技术及创新能力，站在国际化经营的高度进行行业资源整合，是中集集团成长为全球集装箱产业龙头的必由之路（ZJ 23）	品牌、市场	并购、合作	市场进入知识、国际企业管理知识
中联重科	在一系列多样化的并购过程中，中联重科通过对全球优势资源的消化整合，建立起竞争对手难以企及的核心竞争力，这种模式也获得了行业人士的认同（ZL 30）	市场、技术	出口、并购	国际商业知识、国际企业管理知识

资料来源：本研究收集整理。

二、企业网络演化特征及编码结果

从网络演进的特征来看，全面国际化阶段企业国际化网络进入整合阶段，企业的网络成员类型不断增加，网络规模更加扩大，除了原有的合作伙伴之外，增加了相应的社会网络的构建；网络成员间的连接强度增强或出现多边强连接的特征；企业与网络成员间的信任程度提高，并出现更多的共同价值观和运作规则、行为规范。

不同案例企业在具体的网络演进中的表现不同。海尔集团在深入国际化阶段，完成了两项重要的收购，即 2009 年海尔投资参与新西兰斐雪派克公司，2011年 10 月海尔与日本三洋电机株式会社正式签署协议，收购三洋电机多项业务。海尔已经深入嵌入全球研发和生产网络，并且逐渐提高其在网络中的中心度。海尔在广泛嵌入全球网络的同时不断提高网络连接强度，如海尔在美国的公司按照美国消费者的要求在洛杉矶进行设计，然后通过纽约直接向全美的销售网络和服务网络进行铺垫和控制，在南卡罗莱纳州的工厂能够随时将其制造出来并运到全美各地，形成"三位一体本土化"运作模式，逐步打造美国本土化的海尔。在社会网络的连接方面从战略层面发挥企业的品牌优势，2013 年张瑞敏应邀出席美国管理学会（AOM）第 73 届年会并进行主题演讲，使海尔逐渐从西方的商学院研究进入全球视野，从案例学习到理论深化多个层面与网络成员保持一致的话语规范，并寻求研究机构和其他企业的认同感。如表 4.17 所示。

表 4.17　海尔全面国际化阶段网络演进编码结果

时间节点	关键网络节点		结构维度		关系维度	
	网络成员	主要关联事项	成员类型	网络位置	连接强度	信任规范
2011	国际投资管理集团凯雷	向海尔电器提供综合渠道服务业务评估、收购机会及投资策略评估	金融机构	中心	强	信任程度高
2011	高科技联合制造业巨头霍尼韦尔	开展针对家用电器和智能控制的多项技术合作项目	生产企业	中心	弱	信任程度高
2011	意大利 BEST	在烟机产品的外观、设计、营销领域发力，同步推出新品	生产企业	中心	强	信任程度高
2010	Daty、欧尚、But 和 Conforama 等集团	进入法国零售渠道	经销商	中心	弱	信任程度高
2011	日本三洋电机	收购三洋的白电资产，研发资源	生产企业	中心	强	信任程度高
2012	新西兰的斐雪派克	全资收购	生产企业	中心	强	信任程度高
2013	宝时捷	宝时捷工业设计团队设计电器	设计机构	中心	弱	信任程度高

资料来源：本研究收集整理。

从 TCL 的网络演进的表现，企业逐渐进入企业网络的中心位置，增加了生产企业、经销商和相关行业机构的合作。与相关网络成员的连接强度加强，实施了更多的战略合作和并购策略，双方的信任程度不断提高。TCL 在全面国际化阶段开始建立全球经营架构，成为在研发、制造、销售方面居于全球领先地位的彩电生产商之一。TCL 在前期网络发展的基础上快速进入欧洲和美国的主流市场，化解了国内单一市场的经营风险，在彩电和手机业务领域形成了全球业务架构和竞争力。如表 4.18 所示。

表 4.18　TCL 全面国际化阶段网络演进编码结果

关键网络节点			结构维度		关系维度	
时间节点	网络成员	主要关联事项	成员类型	网络位置	连接强度	信任规范
2007	美国国家电视学院	美国国家电视学院艾美奖	行业机构	中心	弱	规范
2008	奇美、LG、飞利浦、三星	战略合作关系、生产液晶面板	生产企业	中心	弱	信任程度高
2009	中国台湾中强公司	生产液晶背投模组	生产企业	中心	强	信任程度高
2011	韩国三星电子	签署股权转让协议	生产企业	中心	强	信任程度高
2011	意大利多媒体、通信、家电等 9 家客户	经贸合作协议、签署 3 亿欧元的经贸项目	经销商	中心	强	信任程度高
2012	巴西当地品牌	经贸合作协议	经销商	中心	强	信任程度高
2013	美国好莱坞星光大道	冠名地标性建筑"中国大剧院"	设计机构	中心	弱	信任程度高
2013	埃及阿拉比集团	共同推出品牌彩电	生产企业	中心	强	信任程度高

资料来源：本研究收集整理。

在汽车企业实施全面国际化的阶段，从行业背景来看，我国汽车出口结构日趋合理，出口车型从商用车为主转变为乘用车为主，出口目的地从发展中国家向"金砖"国家和发达国家转移，出口方式也从简单贸易向投资建厂模式改变。实施全面的国际化发展战略是中国汽车企业这一阶段的重要内容。从案例企业的具体情况来看，长城汽车在这一阶段表现为大力拓展网络的地域和成员数量。为进一步巩固竞争优势，长城在海外多地建立了组装厂。在此期间，长城在俄罗斯、印尼、伊朗、越南、埃及、乌克兰等国，与当地合作伙伴建立了 KD 组装厂，截止到调研结束时，长城在海外的 KD 组装厂已达到 12 家，到 2015 年，海外组装厂达到 24 家，产能达 50 万辆。除了大幅增加网络合作伙伴的类型和数量外，长城汽车另一个明显的变化是加强与网络伙伴的战略协作，签署了一系列合作合资的协议。

在加强信任和发展共同规范方面，长城汽车为了能更好地满足海外市场消费者的需求和产品质量标准，设置如长城汽车技术中心等专门的研究机构对行业标准和法规标准进行持续研究，熟悉国际市场上关于汽车生产和质量的政策法规、认证标准及流程、行业发展趋势等。正如王凤英所说，"不论是中国制造还是中国车企，都面临着一个相同的问题，那就是获得海外消费的认同；可以说中国汽车缺少真正的品牌"。在这一阶段长城汽车技术中心已经构建了美、日、欧三大法规管理体系，收集了 179 个国家及目标出口市场的法规标准，与 VCA、TUV 等国际知名认证机构开展深入合作，与 30 多个国家的官方机构建立了长期联系。如表 4.19 所示。

表 4.19 长城汽车全面国际化阶段网络演进编码结果

时间节点	关键网络节点		结构维度		关系维度	
	网络成员	主要关联事项	成员类型	网络位置	连接强度	信任规范
2009	澳大利亚汽车自动变速器公司（DSI）	收购，引入 DSI 自动变速器核心技术	供应商	中心	强	信任程度高
2009	国际公共关系与传播机构 Open Europe	签署合作协议	中介机构	中心	较强	信任程度低
2009	美国江森控股有限公司	全球战略合作协议	生产企业	边缘	较强	信任程度高
2010	汽车零部件供应商博泽	提供玻璃升降器	供应商	边缘	弱	信任程度高
2011	马勒技术投资有限公司	技术中心的同步开发	生产企业	中心	较强	信任程度高

续表

时间节点	关键网络节点		结构维度		关系维度
	网络成员	主要关联事项	成员类型	网络位置	连接强度	信任规范
2011	德国博泽公司	战略合作关系	生产企业	中心	强	信任程度高
2011	瑞典奥托立夫公司	签署战略合作协议	生产企业	边缘	强	规则、标准
2011	法国法雷奥集团	签署战略合作协议	生产企业	边缘	强	规则、标准
2011	普华基础软件有限公司	在发动机电控系统方面展开合作	供应商	中心	弱	信任程度低
2011	美国天合集团	马来西亚 KD 工厂正式实现投产	生产企业	中心	强	信任程度高
2011	德尔福集团	签署战略合作协议	生产企业	边缘	强	规则、标准
2011	法国道达尔润滑油	签署合作协议开展为期 3 年的合作	供应商	边缘	强	规则、标准
2011	保加利亚政府	在欧盟建立第一家汽车 KD 工厂	政府机构	中心	强	信任、标准
2011	韩国浦项	签署战略合作协议	生产企业	中心	强	信任程度高
2011	乌克兰经销商	亮相乌克兰基辅国际车展	经销商	边缘	弱	信任程度低
2012	德国海拉集团	签署战略合作协议	生产企业	边缘	强	规则、标准
2012	德国舍弗勒集团	签署战略合作协议	生产企业	中心	强	信任程度高
2012	3M 公司	签署战略合作协议	生产企业	边缘	强	规则、标准
2012	法国达索系统公司	战略合作签约仪式	生产企业	边缘	强	规则、标准
2013	德国科世达	签署战略合作协议	生产企业	中心	强	信任
2013	保加利亚利特克斯公司	合作建设利特克斯汽车组装厂	生产企业	中心	强	信任程度高

资料来源：本研究收集整理。

除了长城汽车以外，随着"走出去"战略的深入实施，中国汽车企业对外投资步伐明显加快。以长城、奇瑞、吉利为代表的国内车企在海外市场积极布局，建新厂、扩展经销商网络或者实行合资并购等一系列举措，已将"走出去"战略继续向纵深推进。在并购沃尔沃取得成功之后，吉利集团在全面国际化阶段开始整合全球的网络资源，企业进一步拓宽了除沃尔沃之外具有关键战略资源的企业，优化其网络结构。主要的网络成员包括生产企业、金融机构、经销商等，企业的网络位置的中心度同时不断提高。

吉利在连接强度上不断提高，以英国锰铜公司为例，在深入国际化阶段吉利于 2006 年入股英国锰铜控股。随着国际化的深入，吉利进一步收购了锰铜汽车公司，并且在上海成立了英伦出租车公司，成为中国汽车批量出口到欧洲市场的一个典范。进入全面国际化阶段，吉利于 2013 年 2 月又全资收购了英国锰铜控股，对于同一个网络伙伴，连接强度和信任程度不断加强。如表 4.20 所示。

表 4.20　吉利汽车全面国际化阶段网络演进编码结果

时间节点	关键网络节点		结构维度		关系维度	
	网络成员	主要关联事项	成员类型	网络位置	连接强度	信任规范
2012	沃尔沃汽车	在瑞典哥德堡设立欧洲研发中心	生产企业	边缘	强	规则、标准
2012	埃及 GB Auto 公司	签署 CKD 供货协议及埃及总经销协议	经销商	边缘	较强	规则、标准
2013	英国锰铜控股	全资收购	生产企业	中心	强	信任
2013	法国巴黎银行	签署合作协议	金融机构	中心	弱	信任程度高
2014	英国电动车制造商	收购并整合其资源	生产企业	中心	强	规则、标准
2014	国际汽车零部件供应商博泽	签署战略合作协议，成为长期战略供应	供应商	中心	较强	规则、标准

资料来源：本研究收集整理。

中集集团的全面国际化阶段开始较早，成员类型包括生产企业、经销商、零部件供应商、金融机构、研发机构等，企业逐渐进入网络中心的位置。企业与网络成员间的连接强度逐渐增强。较为明显的是企业更多地实施收购、融资等国际化资本运作模式，在具体的商业运作和行业规范上逐步提高其他网络成员的认可程度和信任程度。如表4.21。

表 4.21 中集集团全面国际化阶段网络演进编码结果

时间节点	关键网络节点		结构维度		关系维度	
	网络成员	主要关联事项	成员类型	网络位置	连接强度	信任规范
2002	法国 BVQI 公司	颁发 ISO9000 证书	生产企业	边缘	弱	规则、标准
2003	HPA MONON 公司	签订资产购买协议	经销商	边缘	弱	规则、标准
2004	英国 Clive-Smith Cowley Ltd.	收购 60%的股权及 DOMINO 折叠箱的系列专利技术	生产企业	中心	较强	信任
2005	花旗集团和荷兰商业银行共 15 家中外知名银行	签署银团贷款协议	金融机构	中心	弱	信任程度高
2005	德国 Waggonbau 公司	签署正式协议并掌控了冷藏集装箱的全部技术体系	生产企业	中心	强	规则、标准
2007	花旗、荷兰等 11 家商业银行	2 亿美元银团贷款签约仪式	供应商	中心	较强	规则、标准
2007	泰国投资的合资公司	合资企业签字仪式	生产企业	边缘	强	规则、标准
2007	荷兰博格工业公司（Burg Industries B.V.）	间接收购 80%权益	经销商	边缘	较强	规则、标准
2007	Xinao Group International Investment Limited	收购安瑞科能源装备控股有限公司	生产企业	中心	强	信任
2008	莱佛士船业	拥有其 29.9%权益	金融机构	中心	弱	信任程度高
2009	法国巴黎戴高乐国际机场	签署旅客登机桥总包合同	生产企业	中心	强	规则、标准

时间节点	关键网络节点		结构维度		关系维度	
	网络成员	主要关联事项	成员类型	网络位置	连接强度	信任规范
2009	欧洲 LAG 技术团队	正式合作协议	供应商	中心	较强	规则、标准
2010	法国机场管理公司和荷兰史基辅集团	签订机场设备采购框架协议	生产企业	边缘	强	规则、标准
2010	巴西 Schahin 石油天然气公司	建造的半潜式钻井平台 SS Pantanal 成功交付	经销商	边缘	较强	规则、标准
2011	美国船级社（ABS）	战略合作协议签约	生产企业	中心	强	信任
2011	渣打银行	战略合作伙伴关系	金融机构	中心	弱	信任程度高
2013	中集来福士海洋工程	成为 100% 拥有的全资子公司	生产企业	中心	强	规则、标准

资料来源：本研究收集整理。

三、企业网络演化特征及结果

根据案例资料分析发现，在企业的全面国际化阶段，即网络的整合优化阶段，企业会立足全球统一战略，通过战略联盟、并购等国际化方式加深与当地市场网络的合作关系，不断协调在不同国家市场网络中的网络位置，进行企业的全球资源整合，嵌入全球营销网络、生产网络、研发网络和供应网络。

从嵌入的网络类型来看，网络整合阶段企业嵌入的国际化网络以全球战略网络为主，具体嵌入全球营销网络、全球生产网络、全球采购网络和全球研发网络。通过增加在已有国外市场网络中的关系承诺，不断发展企业网络关系和位置，进行市场渗透，具体表现为企业在网络中的类型和数量增加、网络连接强度提高、网络中心度提高，企业主要嵌入全球战略网络，主要的合作方式是投资建厂、合作研发、并购等形式，增加企业的国际化经验和制度知识、提高信任程度和价值观、规范的认同度。从网络特征来看，在结构维度方面，成员类型主要包括战略合作伙伴、科研结构等网络成员类型，企业逐渐处于网络的中心地带，搭建平台以获取并整合上下游的资源。在关系维度方面，企业与相关网络成员的连接强度加大，主要是通过并购、本地化运营等形式发生联系，网络成员间信任程度提高。如表 4.22 所示。

表 4.22　网络整合阶段演进的典型引用语和编码

维度	测量变量	典型资料举例	关键词	编码结果	
				数目	结果
结构维度	成员类型	按照美国消费者的要求在洛杉矶进行设计，然后通过纽约直接向全美的销售网络和服务网络进行铺垫和控制，南卡罗莱纳州制造出来并运到全美各地，就是这样的"三位一体本土化"运作模式，形成了一个美国本土化的海尔（HE 13）	销售、服务、本土化	67	成员类型增加
	网络规模	海尔在美的销售渠道并非直接面向消费者，而是通过中间商，其中有实网也有虚网；所谓的合作机会就是把实网跟虚网拉到一块，这需要规划，要实网、虚网、消费者以及海尔四方都赢（HE 33）	中间商、四方	37	网络规模大
	网络位置	基本上觉得已经形成了一个在世界范围内配制资源的全球性产业链（ZL 25）	全球性	22	中心
关系维度	连接强度	我们已经在零部件领域展开了一系列深度合作，在短短 4 个月内，长城汽车和 5 家顶级零部件巨头签署了战略合作协议，并拟展开紧密合作（CC 21）	深度、战略合作	23	强连接
	信任规范	最新的满意度调查显示，沃尔沃全球员工满意度达到 84%，这个令人兴奋的满意度指数充分体现了沃尔沃员工在新的所有制框架下的向心力、凝聚力和战斗力（JL 44）	满意、凝聚	44	信任程度高
其他	网络导向	长城汽车当前还在向多个海外市场进军或扩张，舍弗勒集团在全球 50 余个国家拥有 180 个分支机构，其全球资源可为长城汽车的海外战略提供支持（CC 31）	战略、扩张	20	资源
	资源需求	吉利和沃尔沃将进行大规模投资汽车电驱动系统的研发与制造，更好地迎接新一轮新能源汽车时代的到来；近日还收购了英国电动车制造商 Emerald，继续整合全球资源，以加强对新能源汽车的研发（JL 29）	资源、整合	25	战略资源

资料来源：本研究整理。

第五节　企业国际化网络的演进过程及特征归纳

通过对 6 家国际化企业的案例分析，本章归纳了企业国际化网络的演进特征及规律。根据国际过程理论和网络发展阶段模型，本章将企业的国际化网络发展分为 3 个阶段，分别对每个阶段案例企业的数据资料进行详细的编码分析，识别不同国际化阶段中的网络节点和企业国际化特征，归纳出企业国际化网络演进特征和内在变化规律。

一、网络发展阶段及网络特征演进

企业网络演化是指网络特征在网络发展的各个阶段所表现出的变化情况。本章不仅对网络演进中的网络整体发展进行了阶段界定，并进一步对网络演进过程中的特征变化规律进行了详细的分析，弄清了网络性质的变化以及网络演进的规律。本研究基于国际化过程理论，分析企业的网络发展与国际化进程的协同演进，具体分析了国际化进程中企业战略意图、国际化进入方式和嵌入网络类型等，使用网络特征在企业成长不同阶段的变化情况，来描述网络演化的路径。通过案例分析发现，与企业的国际化发展的 3 个阶段相对应，企业的网络演进可划分为网络建立、网络拓展和网络整合，共 3 个阶段。3 个网络发展阶段中企业网络的关键特征不同，本研究从结构和关系两个维度对网络发展的特征进行详细分析。

案例分析发现，在网络结构维度上的演进主要体现为网络成员类型和网络中心度的变化。网络演进过程中网络成员的类型数量从少到多，在初步国际化阶段，企业的网络成员主要包括国内外贸企业、国外经销商和国外政府机构等组织，网络成员数量较少；随着国际化程度的深入，企业网络逐渐拓展，企业开始和国外供应商、国外生产企业、研发机构等组织合作和联系，还包括中介机构、新闻媒体、高等学校等其他的相关网络成员，网络成员的类型和数量进一步增加。

结构维度的另一个变化维度是企业的网络中心度。随着国际化程度的深入，企业在网络中的位置也从边缘逐渐进入中心位置。借鉴恩斯特（Emst，2002）

的分类，根据企业所嵌入的国际化网络可以将其划分为核心企业和底层企业两类，其中底层企业包括核心企业内的分支机构、海外子公司、合资公司，以及与核心企业无产权关系的供应商、合同制造商、分销商和研发合作者等。本研究中的案例企业在初步国际化阶段，都属于网络中的底层成员，为国外知名品牌进行 OEM 生产，或有少量的自主品牌生产。案例企业几乎都跟随国外领先企业开发相应的技术和产品，不掌握关键的技术和市场资源。随着国际化程度的深入和网络的拓展，企业开始提高中心位置，进入全面国际化阶段的几家案例企业虽然没有成为恩斯特所定义的核心企业，但海尔、中集和长城等企业已经开始通过品牌来组织生产网络或利用自己的业务组织生产，已经逐渐进入制造网络的核心位置，开始决定网络的战略，掌握关键资源，并从中获取迅速的、低成本的、与企业核心竞争力互补的资源、能力和知识。

在关系维度方面，本研究从连接强度和信任程度两个维度对网络发展的变化进行分析。研究发现，企业与网络成员之间的连接强度逐渐增强，相互之间的信任程度加深。在网络建立阶段，企业与经销商等网络成员通过市场和商品交换形成连接，彼此的了解程度有限，以弱连接为主；在网络拓展阶段，企业开始通过合资和并购的形式与网络成员发生联系，采取合资建厂、收购、签订战略合作协议等方式加强网络成员间的联系。案例企业中存在与同一个网络合作对象的连接强度和信任程度逐渐加深的事例，如海尔和三洋电器最初只是商品交易，在深入国际化阶段开始共同研发，直到全面国际化阶段海尔完成对三洋的并购。同样的例子还有吉利汽车和英国的锰铜公司，从 2006 年开始入股英国锰铜股份到收购锰铜汽车公司，成立英伦出租车公司，再到 2013 年收购锰铜股份，连接强度逐渐由弱到强。

案例企业与网络成员间信任程度也表现为由低到高的递进过程。初步国际化阶段，企业间基于进出口合同的商业信任，开始接受相互的行为规范和商业规则，随着国际化程度的提高，双方开始在资本、技术和人才上进行广泛的渗透和交流，逐渐提高信任程度和规范的相互认可程度。如 TCL 通过并购后的整合以及建立能够顺利沟通的国际化人才队伍，吉利在并购沃尔沃后仍然取得员工的高满意度，海尔则更进一步进入知名研究机构和高校的视野，增进彼此的价值观认同和规范认同。

除了网络特征的结构和关系的两个维度外，根据案例资料分析还得出，企业在不同阶段的网络导向和嵌入的网络类型不同，如表 4.23 所示。企业在初步国际化阶段开始采用 OEM 或直接出口的方式进入国际网络，嵌入的网络以全球营销网络为主，并逐步开始进入全球生产网络；在深入国际化阶段，为了进一步扩大国际市场销量，企业采取并购和海外投资的方式深度嵌入国际化网络，在此阶段，企业以全球营销和全球生产网络为主，为了提高在国际市场上的竞争力，企业的网络导向以生产网络为主，并嵌入较高附加价值的价值链环节。在全面国际化阶段，企业基于获取关键战略性资源的战略思路，采取以资源网络为主的网络导向，全面嵌入全球战略网络，包括全球营销网络、研发网络、生产网络和采购网络等，以获取企业所需的核心技术、上游资源和品牌等关键性战略资源。

表 4.23   案例企业国际化网络演进归纳

国际化阶段		初步国际化	深入国际化	全面国际化
网络发展阶段		网络建立阶段	网络拓展阶段	网络整合阶段
网络演进	成员类型	少	中等	多
	网络位置	边缘	中部	中心性提高
	连接强度	弱	中等	强
	信任程度	低	较高	高
	网络导向	市场导向为主	生产导向为主	资源导向为主
	嵌入网络	营销+生产	营销+生产+研发	营销+生产+研发+采购
国际化进程	资源需求	生产技术、渠道	技术、产品	核心技术、上游资源、品牌
	进入方式	出口、投资	分支机构、并购	投资建厂、并购
	嵌入环节	低附加值生产	较高附加值环节	高附加值环节

资料来源：本研究整理。

二、网络发展与国际化知识获取的演进

企业国际化知识主要包括"客观知识"和"经验知识"，国际化过程模型认为经验性知识是国际化进程中最关键的知识（Erikson，1997）。在企业国际化经营中，不同于国内经营的基础性知识，企业不能通过简单的外部获取来得到相应的国际化经验，而必须通过国际化实践来获得。根据案例分析发现，在国际化进程中，企业随着网络的建立与发展，会逐渐获取到不同类型的国际化客观知识或经验。

根据网络研究的观点，企业在国际化经营中与网络伙伴进行合作交流，为获取特定市场的商业或制度知识提供了有效途径，企业通过与国际化网络的成

员（如供应商、生产企业、政府机构、研究机构、中介结构和经销商等组织）的连接和互动，逐渐积累相关的国际化知识，在于网络成员互动的过程中同时也积累了企业进入国际市场、实施本土化和进行国际企业管理的相关经验，例如，企业开始通过出口进入国际市场，可以获得基本的国际市场知识；随着企业开始进行投资建厂和并购，企业需要了解具体的制度知识和规则；当企业已经成功并购网络成员之后，还需要积累国际化运作的经验。在此过程中，企业的网络规模越大，连接的强度越强，企业获得国际化知识的机会也就越多，进一步促进企业积累国际化经验。与此同时，随着企业国际化知识的积累，企业的国际化程度逐渐提高，因此企业所涉及和拓展的网络规模也逐渐扩大，因此，企业网络和国际化进程之间存在"网络发展—国际化知识获取—国际化成长"的循环机制。

从国际化进程三个阶段的具体情况来看，案例企业在进入国际市场之前，已经在国内取得了良好的经营业绩，并掌握了企业经营的基础性知识，在此基础上开始接触国内的外贸公司，了解国际市场需求、产品标准和出口流程等具体的国际化知识，也逐渐与外贸公司、国外经销商建立了连接。这一阶段的国际化企业网络只有经销商等少数的网络成员类型，且成员数量较少，相互之间的连接主要是契约关系，以弱连接为主，彼此的信任程度较低，并且互不了解彼此的行为规范和规则。随着企业网络规模的扩大和连接强度的提高，企业与网络成员间的合作和互动频率加大，企业通过出口、直接投资和并购等国际化方式进入国际市场，企业进一步获得国际商业知识、国际制度知识等国际化经验知识。知识的积累使企业有机会获得更多的国际市场信息和机会，参与更多的国际化实践，进一步扩大其网络规模和网络连接强度。在此过程中，国际化商业和制度知识提高网络成员间的信任程度，并增加其共同的规则和规范。企业开始获得相应的国际化运作经验，包括市场进入知识和本地化知识。在网络整合优化阶段，企业的战略目标在于获取关键的战略性资源，而且企业开始对网络资源进行战略部署，这一阶段企业需要具备丰富的国际化运作经验，尤其是国际企业管理知识。从 TCL 遇到障碍后的战略调整以及吉利汽车的成功运作等案例事实可以看出，企业在全面国际化阶段不仅仅获得简单的市场和规则知识，更多则需要充分了解网络成员的文化和价值观，在建立较高程度的信任和共同规范的基础上进行国际化的整体协调和运作，最终实现全面的国际化。

通过对案例企业的演进过程分析，得出了企业国际化网络发展的演进过程模型，如图 4.2 所示。研究发现，不同演进阶段中企业网络特征、网络导向和嵌入的网络类型存在差异，从 3 个阶段中网络发展和国际化知识积累的过程来看，企业按照"网络演进—国际化知识获取—国际化成长"的发展路径进入国际化，几个关键要素之间相互作用、协同演进，企业的国际化进程也是企业不断获取国际化知识，建立、拓展和整合国际化网络的过程。

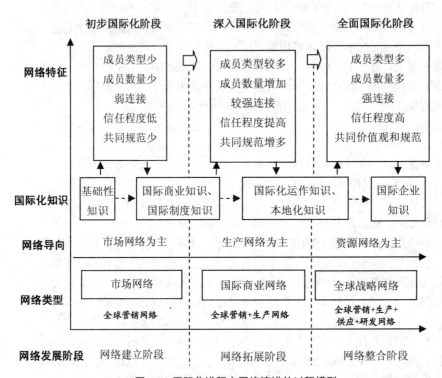

图 4.2　国际化进程中网络演进的过程模型

资料来源：本研究整理。

第五章 企业国际化进程中的网络构建机制

传统的战略管理研究认为，企业国际化是企业迫于生存压力而采取的一种被动选择。这种观点认为，企业由于生产成本、国内市场空间和竞争等原因使得企业在本土市场立足之地被大幅缩减，必须将自己的生产经营活动转移到国外，从而获得国际化利益（Calof & Beamish，1995）。然而，越来越多的研究表明，企业的国际化过程并非是被动选择，而是企业的主动战略行为，企业个体在国际化网络中是有动机的，企业行为具有创造性和反应性（Hallen，2008；Santo & Eisenhardt，2009）。本章致力于回答企业如何通过主动的战略选择以构建网络，并发掘不同网络演进路径中的不同构建机制。具体而言，本章将首先探讨 6 家企业的网络演进模式的差异性及其驱动因素，随后还将探讨这些不同模式的不同构建机制。

第一节 国际化进程中企业网络演进的模式分类

上一章内容在梳理企业国际化进程的基础上，探讨了国际化企业网络演进的过程。本节将在此基础上进一步分析、整理相关素材，挖掘 6 家国际化案例企业网络演进的差异性，梳理国际化进程中企业网络的不同演进模式，并分析不同演进模式背后的企业网络战略意图及国际化经验的驱动作用。

一、企业网络演进的两种模式

根据前文的论述，随着国际化进程的不断推进，企业的网络特征也不断变化。总体来看，6 家企业的网络均呈现出网络规模由小向大，网络位置由边缘向中心的转变，网络连接模式也由单一的连接模式向双元型连接模式转变。然而，在共性的背后，也存在着差异性。

具体而言，在深入国际化阶段，虽然 6 家企业网络都实现了扩张，但新发展的主要网络成员的类型和信任模式存在差异，TCL、吉利和中联三家企业在此阶段致力于建立与竞争对手、中介机构其他组织、政府部门的联系，此阶段3 家企业选择以声誉信任为主要的信誉模式；而海尔、长城和中集在此阶段却努力与供应商、其他产业企业、分销商、顾客等建立关系，并选择认知信任为主要的信任模式。如表 5.1、表 5.2 所示。

表 5.1　TCL、吉利和中联企业网络演进特征

网络特征	国际化阶段		
	初步国际化阶段	深入国际化阶段	全面国际化阶段
网络规模	小	中	大
成员类型	销售商、利益相关者、顾客	竞争对手、中介机构其他组织、政府部门	供应商、其他产业企业、分销商、顾客
网络位置	较弱	中等	较强
连接强度	弱连接为主	强连接为主	强弱均衡
信任模式	契约网络信任	声誉网络信任	复合信任

资料来源：本研究整理。

表 5.2　海尔、长城和中集企业网络演进特征

网络特征	国际化阶段		
	初步国际化阶段	深入国际化阶段	全面国际化阶段
网络规模	小	中	大
成员类型（主要发展的网络成员类型）	销售商、利益相关者、顾客	供应商、其他产业企业、分销商、顾客	竞争对手、中介机构其他组织、政府部门
网络位置（网络中心度）	较弱	中等	较强
连接强度	弱连接为主	强连接为主	强弱均衡
信任模式	契约网络信任	认知网络信任	复合信任

资料来源：本研究整理。

　　同时，在全面国际化阶段，6 家企业新发展的网络成员类型也存在差异。TCL、吉利和中联三家企业在此阶段主要建立与供应商、其他产业企业、分销商、顾客等网络成员的关系；相反，海尔、长城和中集在此阶段则努力与竞争对手、中介机构其他组织、政府部门发展联系。

　　为了更深入地挖掘 6 家企业两种网络演进模式的内在差异性，本部分从网络演进目的、网络嵌入重点、网络演进过程 3 个方面，重新审视这 6 家企业的

网络演进过程。研究表明，在初步国际化阶段，6 家企业的网络演进特征基本相同，初步国际化阶段网络演进目的均是嵌入到国际化网络中，企业需要将业务发展到国际市场，因而网络嵌入重点是嵌入到海外销售网络和海外供应网络中。在此过程中，6 家企业均采用契约式的关系嵌入模式以实现网络嵌入过程。

不同的是，在国际化发展的中后期，6 家企业的网络演进呈现出了明显的差异。TCL、吉利和中联 3 家企业在深入国际化阶段的网络演进目的是实现网络的快速扩张，采取的手段均是通过并购的方式快速把握国际市场机遇，网络嵌入的重点是声誉网络和合作竞争网络，例如 TCL 并购汤姆逊和阿尔卡特、吉利并购沃尔沃、中联重科收购 CIFA 等，通过并购，3 家企业快速建立了国际声誉与合作网络，实现了网络演进的突变式的快速发展。随后，在全面国际化阶段，TCL、吉利和中联 3 家企业的网络演进目的是实现网络的全面发展，通过实现已有网络资源的全球范围整合，以实现营销网络与技术合作网络的深度嵌入。例如，TCL 重新划分了企业在全球的业务范围和业务合作，深入整合了汤姆逊和阿尔卡特的深度资源；而吉利汽车也同沃尔沃联合建立了瑞典研发中心，并即将实现吉利汽车和沃尔沃轿车的同平台的研发制造。

与此相反，海尔、长城和中集 3 家企业，在深入国际化阶段的网络演进体现出了渐进变化的特征，网络演进目的是通过深化网络关系建立优势网络，采取的手段是通过发展关系或直接投资夯实国际化网络基础，网络嵌入的重点是营销网络和技术合作网络。以海尔为例，海尔秉持的原则是"先有市场，后有工厂"，首先打入海外的销售渠道，然后设立海外工厂与研发中心，完善供应商的合作关系，逐渐深化与其他企业的合作，并没有采用收购等快速的网络扩张手段。随后，在全面国际化阶段，海尔、长城和中集 3 家企业的网络演进目的在于通过提升网络地位、获取网络声誉进一步发展网络，网络嵌入的重点在于声誉网络和技术合作网络，网络演进过程是通过海外建厂、并购等方式快速把握国际市场机遇。海尔在此阶段开始并购三洋等品牌，并建立大量工厂；长城企业在长期坚持磨炼内功基础上，也在印度、泰国等地建立工厂，在乌克兰投资实验室。

根据普雷斯科特等（Koka & Prescott，2008）的观点，网络演进路径可以划分为两种模式：主导型和创业型。主导型国际化网络演进路径的内在逻辑是，企业通过网络战略形成企业在网络中的主导地位，或者通过与其他主导企业建立联系，这有助于企业推进其网络战略日程的实施，从而实现网络的演进。创业型国际化网络演进路径强调企业在网络中的创业地位，通过与合作伙伴建立广泛的联系获取大量的、多样化的、非重复的信息，进而实现网络演进。借鉴此观点，本研究的 6 家案例企业的网络演进模式可以分为主导型和创业型两种，其中 TCL、吉利和中联 3 家企业的网络演进体现出主导型的特点，例如在深入国际化阶段，TCL 并购了汤姆逊和阿尔卡特，吉利企业并购了沃尔沃轿车，而中联重科收购了意大利著名的重工企业 CIFA。通过这些收购策略，3 家企业均在国际化的中期，快速获得了良好的网络地位。相反，海尔、长城和中集 3 家企业在国际化深入阶段，均通过缓慢嵌入的策略实现网络渗透，并通过多样化的网络关系来获取网络信息，为后一阶段的网络演进奠定基础，满足创业型网络演进的特征。两种网络演进模式的路径分析如图 5.1 所示。

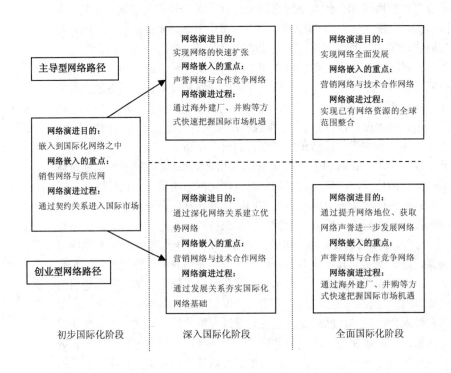

图 5.1　两种网络演进模式的路径分析

资料来源：本研究设计。

二、两种演进模式的驱动因素分析

对于网络演进的驱动因素的解释有很多，多数学者从资源依赖理论和社会嵌入理论解释关系的形成机理，认为公司之间关系的演化引致了网络的演化

（Gulati & Gargiulo，1999）[①]，网络演进具有路径依赖的特点。然而，最近的研究表明，网络的演进也会表现出"突变"的特点，即企业通过主动的网络行为与网络战略可以改变网络地位与网络结构。约翰逊等（Johanson & Vahlne，2009）认为，知识学习与经验是企业网络演进的重要驱动因素，经验知识的学习不仅能够帮助国际化企业深化与现有企业的关系，还有助于国际化企业发现和利用内外部网络中的机遇。同时，企业行为具有创造性和反应性（Hallen，2008；Santo & Eisenhardt，2009），企业可以通过选择适宜的战略，通过企业内部战略与外部战略的匹配以促成企业网络演进。本部分研究将国际化经验和企业网络战略意图作为企业网络演进的驱动因素，下面将详细探讨这两类要素对主导型和创业型网络演进模式的驱动作用。

对于国际化经验和网络战略意图，我们借鉴部分学者（Hilmersson & Jansson，2011；Sirén et al.，2012）的研究。希尔默松等（Hilmersson & Jansson，2011）认为企业进入国际市场时会面临外部劣势，最重要的劣势是企业真实拥有的和企业在海外运作所必须具备的知识是有差距的（Petersen et al.，2008）。企业可以通过学习来获取三类经验知识来减少外部劣势带来的影响，第一种经验知识类型是国际化知识，是非特殊性的国际化经验；第二类经验知识涉及社会和制度知识，也可以说是市场知识；第三类是东道国市场网络关系的知识。有学者（Sirén et al.，2012）认为，企业的联盟网络行为包括机遇搜寻和优势搜寻，机遇搜寻是指企业寻找当前战略范围以外的商业机遇，而优势搜寻则是在当前战略范围内通过提升企业已有资源和能力以提升企业的竞争优势（Sirén et al.，2012）。

（一）主导型网络演进路径的驱动因素分析

案例分析显示，国际化进程中企业的网络战略意图和国际化经验是其网络演进的重要驱动因素，不同的企业演进路径中，驱动要素的作用机制也有所不同，如表 5.3 所示。主导型网络演进路径中，在初步国际化阶段，企业的网络战略意图是进入国际市场，与此同时，企业的一般国际化经验是企业网络演进的关键要素。

在深入国际化阶段，采用主导型网络演进路径企业的战略意图体现为机遇搜寻，即寻找当前战略范围以外的商业机遇，具有跨越式的发展特征，直接表现为企业的战略并购或者战略投资，例如 TCL、吉利和中联重科在此阶段均采用机遇搜寻的战略意图。TCL 于 1999 年和 2004 年期间，分别进行了 3 次大的并购，目的在于提升企业声誉、迅速打入国际市场以及短期内提升自主品牌价

---

① Gulati, R., Gargiulo, M. Where do inter-organizational networks come from? [J].American Journal of Sociology, 1999,104: 177–231.

值。作为汽车行业的后发者，吉利也选择了跨越式的发展路径以实现赶超，快速收购了英国的锰铜公司和沃尔沃汽车公司，其网络扩张的战略意图为机遇搜寻。中联在此阶段也主要采用并购与战略投资等机遇搜寻的扩张手段，旨在通过跨越式发展快速实现国际扩张，具体体现为从 2001 年开始的一系列并购，包括并购英国保路捷公司以及意大利企业的并购。总之，3 家企业在此阶段均采用机遇导向型的发展，完成"蛇吞象"的壮举，试图通过快速的扩张完成跨越式发展。另外，在此过程中国际化经验是其演进中的另一个关键驱动因素，商业网络经验是指企业与国外网络伙伴合作过程中的经验知识，希尔默松等（Hilmersson & Jansson，2011）认为商业网络经验是企业化解不确定性的最关键的经验知识，并购与战略投资具有很大风险，通过商业网络经验的积累，企业才有底气去进行跨越式发展战略。例如 TCL 的并购是基于与汤姆逊和阿尔卡特的长期合作关系的基础上，对被并购方有着长期了解。而吉利企业和中联重科的并购得益于它们与国内外金融机构的深入合作。

表 5.3　两种网络演进模式的驱动因素分析

企业类型	网络演进驱动要素	国际化阶段		
		初步国际化阶段	深入国际化阶段	全面国际化阶段
主导型网络演进 • TCL • 吉利 • 中联	网络战略意图	进入市场	机遇搜寻	优势搜寻
	网络经验	国际化经验	商业网络经验	复合经验
	网络演进特征	渐进式演进	跨越式演进	渐进式演进
	典型例证	OEM、争取订单	并购行业知名品牌、合作建立研发中心	整合网络资源、搭建平台、品牌管理
创业型网络演进 • 海尔 • 长城 • 中集	网络战略意图	进入市场	优势搜寻	机遇搜寻
	网络经验	国际化经验	本土化经验	复合经验
	网络演进特征	渐进式演进	渐进式演进	跨越式演进
	典型例证	OEM、争取订单、海外建厂	渗透国际市场、建立完善渠道、布局全球供应链	并购优质品牌、建立全球研发中心、网络全球人才

资料来源：本研究整理。

　　TCL、吉利和中联重科 3 家企业经历深入国际化阶段的跨越式发展以后，全面国际化阶段的网络演进体现出了渐进式发展的特征。在此阶段，3 家企业的网络演进目的在于进一步实现、巩固上一阶段建立的网络优势，在其过程中，企业的网络战略意图与网络经验是其网络演进的关键驱动因素。在此阶段，3 家企业的网络战略意图均体现出优势搜寻的特征，即在当前的业务范围内建立优势，例如 TCL 于 2007 年宣布进入"由量向质"的战略发展阶段，通过全球资源整合进一步完善现有的网络关系。吉利在此阶段也提出实行由"挑战者"向"领导者"转变的战略，提出要进一步整合全球资源实现本地化制造。同样，中联重科也提出"越是本地化就越是全球化"的口号，力图通过整合现有国际化网络，提升已有的竞争优势，加深国际化程度。通过上述优势搜寻的战略意图，3 家企业进一步实现了网络的演进。与此同时，国际化经验也是此阶段网络演进的关键驱动因素，企业前期积累的国际化经验是此阶段网络演进的前提，优势搜寻涉及深入国际市场，在提升本地化的同时，进一步整合企业网络资源。企业前期积累的当地商业经验能够帮助企业融入当地市场中，开发适宜的产品、融入当地渠道并深化与供应商的关系，而已有的商业网络经验能够更好地促进企业与现有网络伙伴的合作，有助于企业进一步提升企业网络位置，建立信任与网络声誉。

　　（二）创业型网络演进路径的驱动因素分析

　　与创业型网络演进模式相同，在初步国际化阶段，主导型网络演进模式中，企业的网络战略意图为进入国际市场。与此同时，企业的一般国际化经验是企业网络演进的关键要素。

　　而在深入国际化阶段，创业型网络演进模式体现出了独有特征，网络演进的驱动要素也有所差异。在此阶段海尔、长城和中集 3 家企业均采用了优势搜寻的网络战略意图，采用渐进式的网络演进过程，当地网络经验也成为这 3 家企业网络演进的重要驱动因素。具体来看，海尔此阶段的主要目标是发展本土化的渠道网络，并通过建立海外工厂进一步建立竞争优势。长城在此阶段也体现出了"稳扎稳打"的特点，如长城企业总裁所说："我们没有享誉全球的品牌，也没有股神的投资，我们要做的是通过优良的品质，逐渐巩固海外市场。"中集的网络战略意图也具有同样的特征，虽然天生具有国际化优势（招商局背景），也在全球多个地区实现了布点，但中集此阶段的网络战略主要集中在通过提升产品的本土化，增加产品销量，稳步占领全球市场。总之，3 家企业均采用了优势搜寻的战略意图，通过渐进式演进的途径，逐渐在国际市场上站稳了脚跟，为下一步的网络演进奠定了坚实的基础。与此同时，当地商业经验的获取也是此阶段网络演进的重要驱动作用。中国企业由于先天因素导致国际化过程非常艰难，尤其是采用渐进式发展路径，"低质低价"的标签始终伴随着中国企业。

　　在海外产品推广的崎岖道路上，中国企业也积累了大量的当地商业经验，例如海尔进入美国市场渠道、长城的俄罗斯市场开拓、中集的本土化产品开发等过程，都为企业积累了大量的当地市场经验，这为3家企业的网络演进奠定了基础，是3家企业进一步发展当地销售网络、完善供应体系的重要驱动要素。

　　在全面国际化阶段，海尔、长城和中集3家企业均采用了机遇搜寻的网络战略意图。在此阶段，前期坚实的国际化成果积累为3家企业提供了"量变到质变"的发展机遇，网络演进也体现出了跨越式发展的特征。国际化机遇成为3家企业网络演进的关键词。海尔致力于建立全球家电行业的领导地位，通过并购迅速打入日本和欧洲市场；长城企业通过了欧洲RRR与WVTA产品认证（国内企业唯一一家），并提出"3个研发中心""4个产品实验室"的全球战略布局，力图发力国际市场；中集也在长期积累的基础上，在美国成立中集租赁美国公司，购买德国Waggonbau公司专利技术。总之，3家企业均进入了网络扩张的快速期，机遇寻求的网络战略意图指引企业网络快速演进。另外，上一阶段国际化网络经验的积累，也是本阶段网络演进的重要驱动因素。一方面，商业网络经验的积累，增强了企业实施跨越式发展战略的信心，也为企业战略计划的完善提供了重要保障；另一方面，当地商业经验有利于企业更好整合当前网络关系，为企业网络快速扩张之后更好整合资源提供了动力。中国企业的软肋之一就是国际化经验的缺乏与国际化人才的匮乏，因而网络经验的积累，不仅有助于企业提升下一步网络战略的制定与实施的效率，而且为后续网络扩张培养了大量优秀人才，因而是重要的驱动因素。

第二节　主导型网络构建机制分析

　　本节从战略构建的角度探讨企业如何通过适应性选择行为实施网络战略。在前文研究基础上，通过深入挖掘案例素材，在资料整理与数据编码的基础上，深入探讨主导型网络的在各个国际化阶段的构建机制，寻找主导型网络构建的内在逻辑，在进行理论对比的基础上，提出研究结论与现实启示。

一、变量衡量及编码过程

（一）变量衡量指标选择

　　本研究将从4个方面考量国际化企业网络构建机制，包括嵌入方式选择、关系运作策略、资源承诺决策和信任方式构建。同时，组织学习与网络能力也是网络构建的重要影响变量，下面将详细论述变量选择及其测量指标构建过程。

1. 嵌入方式选择。通过嵌入全球价值链（GVC）参与国际市场竞争，是跨国公司整合全球资源构建国际竞争力的主要途径。根据杰里菲等（Gereffi & Lee，2012）、许晖（2014）的研究，网络嵌入方式不仅包括价值链上游、价值链下游的嵌入，还包括全新网络的嵌入。因而本书将从嵌入价值链上游、嵌入价值链下游和嵌入新网络3个方面来衡量嵌入方式选择。

2. 关系运作策略。借鉴约翰逊等（Johanson & Mattsson，1988）、郑准和王国顺（2010）的研究，本研究将关系运作策略分为关系建立、关系延伸、关系渗透和关系整合4种类型。关系建立是指企业与国外企业建立关系，通过国外企业联系嵌入全球生产网络，初步构建自身网络位置；关系延伸是指把企业网络位置延伸至目标国家市场网络当中实现跨国经营；关系渗透是指企业进一步加深对目标国家当地市场的关系承诺，发展企业在目标市场上的网络关系位置；关系整合是指国际化企业在多国经营的基础上立足全球统一战略，不断协调在不同国家市场关系网络中的网络位置进行企业全球资源整合。

3. 资源承诺决策。能够将资源正确匹配和运用到特定领域的企业能够获得更好的绩效，也就是说，资源能够被用来提高企业某种能带来更高绩效的能力，是企业为了提升自身的效率和效益而用来创造并实施战略的基础。在部分学者（Daugherty et al.，2001；Barney，1991）的研究基础上，我们将国际化企业资源承诺决策分为管理资源承诺、产品资源承诺和资金资源承诺3种。

4. 信任方式构建。史密斯等（Smith & Lohrke，2008）将创业网络赖以建立的信任分为情感信任（affective trust）和认知信任（cognitive trust），并认为创业网络中信任的形成与发展可以分为3个阶段：情感信任阶段、认知信任形成阶段和认知信任提升阶段。本研究认为情感信任和认知信任均是社会网络研究的范畴，基于本研究的目的，应该加入契约信任作为补充。因而本研究认为契约信任、情感信任和认知信任是企业国际化网络构建过程中的的3种基本的信任模式。

5. 网络能力。本研究借鉴默勒等（Moller & Halinen，1999）、徐金发等（2001）的研究，认为企业网络能力是关于企业发展和管理外部网络关系的能力，应该从战略、关系和过程3个层次，定义网络能力的3个维度：网络愿景能力、网络构建能力和网络整合能力。网络愿景能力是指企业识别外部网络关系，影响其他核心主体并预测网络潜在演化方向的能力；网络构建能力是指焦点企业发展、协调和控制整个网络（包括供应商网络、客户网络和研发网络等）的能力；网络整合能力是指实现、优化和协调二元关系的能力。

（二）数据编码方法及结果简介

本研究采用数据编码和归纳的方法对资料进行分析和整理，这种方法能够从大量的定性资料中提炼出主题，有助于更好地论证本书的命题。首先需要对资料的来源进行编码，对于二手资料统一编码为 SH（i），将来自 TCL、吉利、中集、海尔、长城和中联的二手资料分别编码为 SH（1）、SH（2）、SH（3）、SH（4）、SH（5）、SH（6）。对于一手资料，将来自 TCL 的不同被访者的访谈资料分别编码为 Ti（i=1, 2,…,7），例如对 TCL 总裁的访谈数据编码为 T1，副总裁的访谈数据编码为 T2。同样的方法，将来自吉利的不同被访者的访谈资料分别编码为 Ji（i=1, 2,…,7）；将来自中集的不同被访者的访谈资料分别编码为 ZJi（i=1, 2,…,7）；将来自海尔的不同被访者的访谈资料分别编码为 Hi（i=1, 2,…,7）；将来自长城的不同被访者的访谈资料分别编码为 Ci（i=1, 2,…,7）；将来自中联的不同被访者的访谈资料分别编码为 ZLi（i=1, 2,…,7）。

在确定了资料来源以后，需要将一手资料和二手资料进行整合，并对其进行进一步的编码和整理。在本研究中，我们采用内容分析的方法对数据进行编码，内容分析是一种对具有明确特征的传播内容进行的客观、系统和定量的描述性研究技术。我们首先对本研究的关键概念进行了界定，确定了这些概念的内涵维度；其次委托两个博士生全面整理、通读案例资料，从重要句子和短语中找到反映以上概念的词语，进行独立的渐进式编码；最后两名成员一起讨论存在差异的编码条目，直至对存在差异的条目达成共识。

本研究关键概念的相关词语如表 5.4 所示。

表 5.4　关键概念的相关词语举例及条目数

概念	维度	相关词语举例	条目数
嵌入方式选择	嵌入价值链上游	共同研发、设立研发中心、专利、技术许可……	539
	嵌入价值链下游	销售渠道、供应链关系、分销商、零售商……	463
	嵌入新网络	并购、投资、建厂、研发中心、新市场、新技术……	418
关系运作策略	关系建立	获取订单、打入市场、进入渠道、建立合作……	411
	关系延伸	合作机会、渠道扩张	377
	关系渗透	深化合作、战略联盟、合作研发、整合资源、搭建平台……	340
	关系整合	供应链整合、客户管理、业务整合	516

概念	维度	相关词语举例	条目数
资源承诺决策	管理资源承诺	广告宣传、顾客需求、产品推广、文化整合、社会责任、本土化运作、市场调研……	579
	产品资源承诺	出口、产品质量、订单保障……	352
	资金资源承诺	独资、并购、投资、上市、出售……	557
信任方式构建	契约信任	合同、订单、代工、出口、质量保证……	335
	认知信任	声誉、本土化、品牌推广、相互信任、行业标准……	363
	情感信任	文化冲突、品牌宣传、公益活动、领导人接见……	330
网络能力	网络愿景能力	网络感知、网络识别、网络定位、机会识别……	448
	网络构建能力	关系优化、关系协调、合作关系、建立关系、网络控制……	371
	网络整合能力	分配整合、避免冲突、协调、协同效应、资源整合、网络布局……	475

资料来源：本研究整理。

二、初步国际化阶段主导型网络构建机制及网络能力的影响作用

本部分主要从嵌入方式选择、关系运作策略、资源承诺决策和信任方式构建4个方面来探讨主导型网络的构建机理，其中嵌入方式选择与资源承诺决策涉及网络构建的"硬件"设计，而关系运作策略与信任方式构建属于网络构建的"软件"设计，4个要素共同主导了主导型网络的演进。同时，还需要考虑网络能力在网络演进中的关键作用，网络能力的强弱影响了企业网络构建的过程（Moller & Halinen，1999），在不同的网络演进阶段，企业网络能力的作用机制也有所差异。

（一）初步国际化阶段主导型网络构建机制

对于主导型网络企业来讲，在其初步国际化阶段均选择通过嵌入价值链下游的方式构建初步的国际化网络。中国企业具有国际化的先天劣势，国际化初期并不了解国际市场，但是由于全球产业链的转移，众多跨国公司有将产品制造环节转移到发展中国家的需要。凭借成本优势，许多中国企业都采用OEM或者承接订单的形式迈出国际化的第一步。对于本研究的3家企业来讲，TCL

的国际化就是通过 OEM 的方式展开，成功进入了俄罗斯市场，在本阶段的后期，为了绕开政策限制，TCL 选择在海外投资建厂，以寻求海外市场扩张；吉利在国际化初期阶段成立了"海外贸易公司"，通过获取订单的形式开展国际化，2007 年吉利同样选择在海外开展 SKD 项目，成立汽车组装厂；中联重科也采用了同样的方式进行国际化，通过设备租赁公司、承接订单、参加国际展会等多种方式实现产品外销。

初步国际化阶段，TCL、吉利和中联 3 家企业，均采用产品承诺和资金承诺为主的资源承诺模式。在初步国际化阶段，3 家企业尚不具备海外直接销售渠道和研发中心，不需要渠道维护、供应链管理和品牌推广等管理承诺手段，产品承诺是其最重要的资源承诺手段，国际化初期企业需要保证产品的质量，以便为后期国际化发展奠定良好开端，部分企业还致力于挑战海外市场的质量认证体系，中联重科于 2003 年通过德国莱茵 TUV 质量管理体系认证，保证了其产品能够进入欧洲市场。此外，资金承诺也是 3 家企业此阶段的重要资源承诺方式，在此阶段后期的国际化过程中，3 家企业均采用了海外合资或者投资的方式力图扩大海外销售范围，究其原因，主要是规避贸易障碍。由于整机出口与零部件出口税率存在的巨大差异，吉利和中联均选择了在海外设立组装车间或生产车间。

关系运作策略方面，案例数据及编码结果表明，此阶段 3 家企业主要集中在建立关系的阶段。网络关系是网络成员之间互动的基础，网络的形成过程离不开关系的构建，在国际化发展初期，3 家企业均积极寻求与海外企业的合作机会。比如，吉利企业设计了上海国际贸易公司；中联重科常年参加多个国际展会，并于 2004 年随国务院总理参加欧盟投资贸易研讨暨洽谈会；TCL 在进行代工生产的同时，积极寻求与其他企业的合作。此阶段的关系建立主要分为 2 种类型：一种是寻求海外订单，力争与海外顾客、分销商建立直接合作关系；另一种是通过合作的形式与同类企业合资在海外投资建厂。国际化初期，3 家企业均致力于增加贸易额、扩大出口规模，因而它们更大程度上会在意网络成员间"关系数量"而不是"关系质量"。

信任方式构建方面，案例数据及编码结果表明，此阶段 3 家企业主要采用契约信任的阶段。对于中国企业来讲，20 世纪末期"低质低价"的标签几乎如影随形，是其在国际化过程中的一个重要羁绊。众所周知，网络成员之间的信任关系发展是一个循序渐进的过程，而具有先天劣势的中国在建立信任的过程中存在众多挑战。在此阶段，缺乏信誉和声誉基础的 3 家案例企业均采用契约信任的方式建立网络信任。国际化初期，3 家企业通过争取海外订单并圆满完成订单以获取网络伙伴的信任。而在本阶段的后期，它们通过与海外企业合作建立工厂或并购海外工厂,但由于案例企业与当地网络成员之间并无充分了解,当地市场环境也并不熟悉,认知信任与情感信任还无从谈起。需要注意的是,契约信任也需要企业努力构建,许多中国企业的海外折戟均是由于盲目出口,而不注重契约信任的维护。

（二）初步国际化阶段网络能力对主导型网络构建过程的影响

网络能力对企业发展外部合作关系有重要影响作用。案例数据与编码结果表明,在初步国际化阶段,网络构建能力对主导型网络演进过程有重要影响作用,网络构建能力主要涉及如何发展战略关系网络、怎样进入网络、通过何种方式进入网络等问题,这决定了企业与其他组织间发生联系的最终效果。

其一,网络构建能力体现为开发外部合作关系的能力。3家企业在此阶段的网络关系开发途径有所不同。TCL是通过前期代工生产获得大量的海外信息,通过合作建立了外部工厂;吉利是通过贸易公司建立与海外公司的贸易关系,随后通过合资与海外建厂的形式扩充了企业网络;中联重科通过设备租赁公司、承接订单、参加国际展会方式构建初步的销售网络。虽然3家案例企业所采用的网络开发路径有所差异,但3家企业均体现出了较强的网络开发能力,从而有效地保证了网络构建过程。

其二,网络构建能力还体现在网络联结能力上。网络联结的主要任务是根据企业发展的需要或特定的目标来推动网络关系的有效推进,也包括为建立网络关系而进行的必要的人员配置。在此阶段,3家企业的网络联结能力对其网络构建同样具有重要作用。TCL在国际化之初就曾大规模地组织企业员工突击学习外语,在企业网络快速扩张时,有效保证了网络构建与演进的速度;吉利企业在国际化发展初期采用了"曲线救国"的策略,通过在海外合资建厂,避开贸易壁垒,体现了较强的网络联结能力;中联设立的海外租赁公司是基于顾客需求,从企业利益与顾客承受能力两方面出发,有效地建立了与顾客的联系。

总之,在网络演进的初期阶段,TCL、吉利和中联3家企业均采用嵌入价值链下游,运用关系建立的关系运作策略,采用产品投入和资金投入的资源承诺策略,通过契约式信任搭建网络。在此过程中,企业的网络构建能力是保证企业网络构建的有效机制。条目数与典型引语如表5.5所示。

表 5.5 初步国际化阶段主导型网络构建机制

变量	表现形式与典型条目数		变量对网络构建影响的典型引语
嵌入方式选择	嵌入价值链下游	78	• 1998 年,TCL 通过品牌代理和 OEM 方式进入俄罗斯 SH（1） • 2003 年吉利汽车获得叙利亚第一个订单 SH（2） • 2006 年 12 月总价值超过 1 亿元的 66 台中联汽车起重机陆续出口印度 SH（3）
	嵌入价值链上游	25	
	嵌入全新网络	17	
关系运作策略	关系建立	69	• TCL:"订单,那时候主要是争订单,这个行业竞争比较激烈,没有订单谈什么国际化" T3 • 吉利:"我们很早就建立了贸易公司,主要是打通与海外的关系" J8 • 中联:"展销会、博览会这些我们都要去,再一个就是获得认证,有了这些客户就放心了" ZL4
	关系延伸	31	
	关系渗透	26	
	关系整合	40	
资源承诺决策	产品承诺	71	• TCL:"刚开始国际化,我们主要做 OEM,因为对海外不了解,需要一个过程" T3 • 吉利:"国家汽车整车出口基地企业的称号对我们来说非常重要,因而这个阶段咱们主要是出口" J7 • 中联:2005 年 7 月,中联重科泵送机械产品 CE 认证工作完成,从而取得了进入欧盟市场的准入证 SH（3）
	资金承诺	33	
	管理承诺	19	
信任方式构建	契约信任	101	• TCL:"刚走出国门的时候,产品质量是一个挑战,产品不合格就没人和你做了" T2 • 吉利:"吉利一向很注重国际化,但刚开始的时候合作关系比较简单,仅仅是交易关系" J9 • 中联:"获得当地的认证是必备的,这是一种保障,否则人家凭什么相信你" ZL10
	情感信任	37	
	认知信任	42	
网络能力	网络构建能力	89	• TCL:"刚开始没想太多,也没太多布局,哪里有机会就去哪里,先争取订单,后来我们才想去并购或者什么" T2 • 吉利:"贸易公司那时候全权负责我们的海外业务,也算是搭建网络吧,那时候重点还是量,数量得上去" T1
	网络愿景能力	21	
	网络整合能力	41	

资料来源：本研究整理。

三、深入国际化阶段主导型网络构建机制

（一）深入国际化阶段主导型网络构建机制

进入国际化深入阶段，TCL、吉利和中联等 3 家主导型网络演进企业，均采用了激进式的网络构建模式，在嵌入模式上，3 家企业均选择使用嵌入新网络的方式实现网络关系的快速扩张。要想快速地嵌入到全新的网络关系中，并购无疑是最好的选择，案例数据整理及编码结果显示，3 家企业在此阶段均将主要精力集中在跨国并购上。TCL 在此阶段并购了汤姆逊与阿尔卡特公司，成功嵌入欧洲的家电研发网络与销售网络中，短时间内实现了网络的扩张；同时，吉利也于 2009～2010 年，成功收购了澳大利亚 DSI 公司与沃尔沃轿车，获得了大量的全新网络关系；中联重科所在的重工行业存在产能过剩的情况，因而相对于绿地投资，并购也成为其重要的网络扩张路径，此阶段中联进行了多次跨国并购，2008 年对 CIFA 公司的并购更是为其国际化网络注入了新的活力。简言之，主导型网络的 3 家企业均是以机遇导向，通过并购迅速扩展国际化网络，需要注意的，3 家企业的并购对象均是各自行业中的知名企业，通过并购还能迅速提升 3 家企业的网络地位和网络声誉，对其进一步拓展网络有巨大的推动作用。

资源承诺方面，3 家企业采用资金投入、管理投入的混合承诺方式，在国际化初级阶段，3 家企业是以产品投入为主、资金投入为辅，而在此阶段，资金投入成了最重要的资源承诺方式。快速扩张的国际化网络需要大量的资本支持，是否有融资能力是企业海外并购的前提。案例数据显示，3 家企业在此阶段的资源承诺主要体现在资金投入上，除了 TCL 采用股权置换方式并购外，吉利和中联均借助国内外的金融机构的帮助。另外，在此阶段管理投入也是 3 家企业重要的资源承诺模式，跨国并购的风险主要体现在管理风险上。TCL 起初遇到的挫折很大程度上就是由于管理整合过程中的问题造成的。相比之下，吉利和中联均很注重管理方面的投入，吉利通过重新建立清晰的治理结构、进行变革管理、加强沟通等方式，使沃尔沃在并购次年就实现盈利。同样，通过一系列的管理投入，中联重科实现了与并购方的成果、风险共担，以及共同利益体的打造，实现了网络资源的充分整合。需要强调的是，在此阶段 3 家企业除了并购之外，仍有其他的资源承诺方式，但是数据编码显示其他的资源承诺方式对于此阶段网络演进作用的条目数相对并不明显。

关系运作策略方面，此阶段 3 家企业均主要采用关系延伸策略，关系延伸是指把企业网络位置延伸至目标国家市场网络当中实现跨国经营。案例数据表明，3 家企业此阶段均采用激进式网络构建方式，成功打入多个海外市场，关

系延伸策略的应用是重要保障。有趣的是，相对于其他中国企业而言，这 3 家企业并没有将新兴市场作为主导市场，而是通过关系延伸成功进入了欧洲发达市场，TCL 通过并购法国企业进入欧盟，吉利通过并购进入了英国、澳大利亚和北欧市场，中联重科也是通过关系渗透的策略扩张欧洲市场网络。通过上一阶段的关系建立过程，3 家企业积累了大量国际化经验以及国际商业网络信息，这些积累对此阶段的国际化网络构建有重要作用，在主导型网络战略意图的指引下，3 家企业并没有选择关系渗透等缓慢的关系运作策略，而是审时度势，均将目光转向发达市场，关系延伸的策略是它们最合适的选择。

信任方式构建方面，案例数据及编码结果表明，此阶段 3 家企业主要采用情感式信任方式。相对于上个国际化阶段，本阶段 3 家企业均采用了更为高级的国际化经营手段，均通过并购或者直接投资的形式进行市场拓展。然而，由于缺乏本土化经验，并且与当地的商业网络接触较少，因而 3 家企业需要通过情感投入同当地商业网络建立关系。情感式信任首先体现在与本企业当地员工的情感式信任构建，其次还体现在与当地社区和政府的情感投入。例如，TCL 越南市场上设立"TCL 越南青年基金会"，每卖出一台彩电提取 5 元人民币作为基金，每年组织一次越南优秀青年代表到中国学习、考察；吉利在收购沃尔沃后，提倡融合文化、相互学习、共同提高，通过组织员工家庭联谊会等活动，使沃尔沃员工满意度一度达到 84%；中联秉持"包容、共享、责任"的态度处理与被并购企业的关系，并积极同当地政府保持关系，2010 年意大利总统还曾亲自为中联颁奖，极大地提升了中联的网络影响力。总之，情感式信任构建使 3 家企业在快速构建网络的同时，迅速提升了企业与当地网络成员的信任程度，提升了 3 家企业的网络资源获取能力。

（二）深入国际化阶段网络能力对主导型网络构建过程的影响

案例数据与编码结果表明，在深入国际化阶段，网络愿景能力对主导型网络演进过程有重要影响作用。网络愿景能力是指企业识别外部网络关系，影响其他核心主体并预测网络潜在演化方向的能力。

其一，网络愿景能力体现在企业寻找、获得合作伙伴信息，以及评估合作伙伴的能力。3 家企业均将国际化定位为企业发展的重要战略目标，因而十分注重国际化信息以及合作伙伴信息的搜集，通过前期合作、贸易公司建立、国际展会、商业情报购买等多种途径，3 家企业积累了大量的商业网络信息。3 家企业均选择将行业领先企业视为其合作对象，并对合作伙伴的能力有充分的了解，通过合资及并购等手段与目标企业建立了紧密的合作，实现了企业与合作伙伴的资源互补。此阶段，商业信息的全面、深度获取是 3 家企业此阶段网络构建的主要保障之一。

其二,网络愿景能力体现在企业对其在网络中地位和能力的一种自我认识和评估,主要内容是基于企业长期发展战略制定未来发展目标和在网络内部处理事务的基本原则。TCL 对其国际化网络战略有充分、细致的规划,集团在国际化之初,认真审视并思考了"先有舞台还是先有演员"的问题,基于长远发展的考虑,TCL 确定了通过快速网络构建搭建国际化舞台的策略,通过与行业领先者建立关系构建企业在海外商业网络中的主导地位;吉利也具有明确的战略规划能力,"低质低价"的初期国际化策略使其国际化过程步履维艰,而通过并购沃尔沃可以使其在短期内快速提升品牌形象和认知度,收购沃尔沃也被认为是"千载难逢的机遇";无独有偶,中联对其定位非常明确,由于行业产能过剩,只有通过并购才能实现快速扩张,并购对象也被界定为:行业技术领导者,通过并购中联研发能力快速提升,品牌知名度也逐渐上升。

由此可见,此阶段中 3 家企业的网络愿景能力,对其网络构建过程有重要的影响作用。虽然此阶段网络构建能力与网络整合能力的作用也有所体现,但是从编码结果来看,网络愿景能力更为重要,如表 5.6 所示。

表 5.6 深入国际化阶段主导型网络构建机制

变量	表现形式及条目数		变量对网络构建影响的典型引语
嵌入方式选择	嵌入全新网络 嵌入价值链下游 嵌入价值链上游	101 34 67	• TCL:海外并购为 TCL 搭建了一个更大的事业舞台,这对 TCL 的长远发展将起到支持作用 SH（1） • 吉利:"2008 年以后我们开始实施战略转型计划,之前吉利汽车的售价比较便宜,带来的联想就是质量不好"J1 • 中联:"聚变和裂变是我们的基本策略,聚变是指我们会寻求国际范围内的竞争对手,这个竞争对手一定具有品牌、渠道和技术上的优势,把两个企业合并在一起"ZL2
关系运作策略	关系延伸 关系建立 关系渗透 关系整合	152 70 45 63	• TCL:"TCL 与汤姆逊合资的意义,不仅仅体现在缔造出一个最大的彩电企业,而是在于提供了一个国际化的思路,一种突破国际化瓶颈的方法"T1 • 吉利:"吉利接下来的发展目标,是迅速实现国际化,如何快速的推进呢?沃尔沃的出现我们认为是一个重要的机会"J2 • 中联:"我们的目标就是有实力的竞争对手,通过并购打入新的市场,整合他们的优势技术"ZL4

续表

变量	表现形式及条目数		变量对网络构建影响的典型引语
资源承诺决策	资金承诺 管理承诺 产品承诺	142 94 29	• TCL："刚开始的挫折不是资金，主要是管理方面的问题，内部管理问题都把我们困扰住了，没时间想经营的问题"T1 • 吉利："我们与进出口银行有长期协议，并购虽然投入很大，但是也没有太大资金压力"J7 • 中联："在并购的过程当中，我们利用了比较多的外部力量，在这个并购过程当中，我们是以高盛、联想的鸿毅投资、意大利政府圣保罗银行和中国的国开行成立的一个私募基金"ZL2
信任方式构建	情感信任 契约信任 认知信任	89 47 31	• TCL：它的领军人物在巴黎宣讲"中国制造"，使一向挑剔的法国人都乐于坐下来倾听SH（1） • 吉利：李书福特别推崇的著名社会学家费孝通先生的十六字箴言，即各美其美、美人之美、美美与共、天下大同，认为只有尊重彼此的个性与特色，相互成就携手才能并进SH（2） • 中联："中联始终坚持以一种'包容、共享、责任'的姿态融入全球竞争中，主动去尊重、理解和适应全球各地的文化，实现与当地政府、企业和客户的共赢，并勇于担当应尽的责任，这种理念将始终贯穿于中联重科全球化竞争的每一个细节中"ZL5
网络能力	网络愿景能力 网络构建能力 网络整合能力	178 62 74	• TCL："国际化最短路径"理论，即一个企业具备一定国际化基础之后，适时引进新的资本力量，借助外力推动国际化加速发展，可以节约国际化时间成本SH（1） • 吉利："价格优势不再能使汽车企业持续发展，所以我们抛弃价格竞争，尝试从多方面来提升品牌形象和认知度"T4 • 中联："绿地投资会形成跟当地竞争者之间的紧张关系，从而使我们无法借鉴他们积累起来的经验"ZL4

资料来源：本研究整理。

四、全面国际化阶段主导型网络构建机制

（一）全面国际化阶段主导型网络构建机制

案例数据表明，在深入国际化阶段主导型企业网络构建的主要任务是拓展国际化网络、打入国际化市场，而在全面国际化阶段，主导型企业网络构建的主要任务是进一步整合网络资源、深化国际化程度。在不同的国际化阶段，3家企业的网络构建也体现出了不同的特征。

嵌入方式选择方面，3家企业采用了多种策略并行的嵌入模式，不仅通过直接投资和并购等激进方式进一步嵌入到新网络中，而且通过加深合作和拓展关系的策略嵌入到价值链的上下游。总体而言，此阶段3家主导型企业均采用渐进式的嵌入方式构建网络，通过渐进式网络构建，加深其在价值链上下游的嵌入度，进一步整合资源，迅速提升企业的竞争力。TCL在经历了国际化挫折后痛定思痛，通过减少网络关系数量，增强网络关系质量的策略扭亏为盈，通过整合资源与管理变革增强了企业在研发网络和渠道网络中的话语权；吉利在经历了多年发展后，提出变"走出去"为"走进去"，通过设计欧洲研发中心、推广 PPM 值的供应商管理方法等手段提升企业网络嵌入度，并强调先从沃尔沃汽车"贴身"学习开始，进一步深化国际化成果；中联重科也提出"越是本土化，越是全球化"的口号，力图在技术、市场、品牌、资本4个维度上实现与国际的全面对接。

资源承诺方面，3家企业均体现出以管理资源投入为主的承诺方式。在经历了产品投入和资金投入为主的国际化阶段后，3家主导型企业进入了国际化发展的"深水区"。在此阶段，企业需要通过优秀的管理能力，协调冲突、提高效率、敏捷反应，实现全球范围内的资源整合。在此阶段，仅通过产品投入和资金投入已无法保证企业的网络构建效率，因而此阶段管理资源投入成为企业资源承诺的主要方式。例如，TCL 将此阶段命名为"TCL 鹰的重生"，通过聘请全球知名的职业经理人，通过建立与推行具有 TCL 特色的、具有竞争力的"三力一系统"，提升企业的管理能力以推进企业的网络演进；吉利在此阶段开始关注合作研发、企业营销、终端销售、供应商关系，通过深化网络关系力图提升企业网络嵌入程度与网络地位；中联重科在此阶段首先提速了营销网络的建设过程，并加强与供应商、研发伙伴的合作，通过提升本土化程度加深国际化。

关系运作策略方面，此阶段3家企业主要采用关系整合策略，关系整合是指国际化企业在多国经营的基础上立足全球统一战略，不断协调在不同国家市场关系网络中的网络位置进行企业全球资源整合。案例数据表明，3家企业在此阶段均具有明确的关系整合战略，通过一系列的管理变革与创新，进一步提

升了企业在海外商业网络中的地位与中心度。TCL 提出了"三力一系统"的关系整合管理策略，通过建立新欧洲业务中心、实施"无边界集中"的离岸经营模式、开发 VIP 客户等策略，重新界定了网络成员关系；吉利通过详细的市场调研，重新布局了全球市场结构，并通过设计欧洲研发中心、推行供应商管理系统、筹划吉利和沃尔沃共同研发平台等策略实现了关系整合；中联重科提出要在"技术、市场、品牌、资本 4 个维度上实现与国际的全面对接"，快速推进了海外营销网络的建设，确立以欧洲为中心的全球研发体系，整合全球研发资源开发高水平的本土化产品。

信任模式选择方面，在经历了契约信任和情感信任的阶段，3 家企业已经建立了良好的国际市场信任基础，信任模式也重新回到了"理性"信任的阶段。3家企业在此阶段均致力于整合全球资源、提升品牌认知度，在上一阶段网络位置与网络中心度提升的基础上，他们均选择通过提升认知信任程度，进一步提升网络声誉与知名度。TCL 在此阶段赞助多个国际赛事，在产品设计和创新方面也屡获殊荣；吉利通过实施"服务先行"的理念积累顾客口碑与销售商信任；中联也通过推行"本土化产品"的实际行动，向顾客和商业网络传递自身的品牌价值。

（二）全面国际化阶段网络能力对主导型网络构建过程的影响

案例数据与编码结果表明，在全面国际化阶段，网络整合能力对主导型网络演进过程有重要影响作用，网络整合能力关注网络内部多重的合作关系，目的是协调和整合多元关系的保持和开展，避免中心企业陷入不必要的冲突，并利用处于网络中心位置的信息优势和位置优势获取收益。

其一，网络整合能力体现在网络组合能力上，涉及企业如何建立商业网络体系，并在商业网络中合理分配资源。TCL 在此阶段为了进一步整合全球网络资源对其内部观念、体系、系统、流程都做出了升华和改变，通过实现业务精简和资源整合，进一步确立了企业的核心业务；吉利将原有的全球四大市场升级为七大市场，设立瑞典研发中心辐射全球，并尝试高度整合沃尔沃与吉利的研发资源。

其二，网络整合能力还体现在网络重构能力上，涉及企业需要在机遇与挑战出现的时候，相对应地迅速调整网络结构与成员合作模式，并重新确立网络资源分配方式。TCL 在面临危机的时刻，大刀阔斧地做出了改革，大幅缩减了欧洲业务中心的工作与人员、撤销了欧洲各国的仓库，通过实行"无边界集中"的离岸经营模式重新整合了资源；中联重科提出以市场为导向，以本地化为特征，提出通过在全球范围内进行资源整合及优化配置，构建完整产业链，以实现转型升级。

资源整合阶段是国际化企业的必经阶段，企业是否具有足够的网络整合能力也成为决定国际化成败的关键要素。虽然网络构建能力、网络愿景能力对企业网络构建的作用在此阶段也有所体现，然而编码数据显示，网络整合能力的作用更为显著，如表 5.7 所示。

表 5.7　全面国际化阶段主导型网络构建机制

变量	表现形式与典型条目数		变量对网络构建影响的典型引语
嵌入方式选择	嵌入全新网络 嵌入价值链下游 嵌入价值链上游	89 94 108	• TCL："给自己的定位是一位务实的创新者，我们求的不是惊天动地的产业革命，而是具备灵活运用先进科技与技术的能力，将技术迅速产品化并推广到市场上" T2 • 吉利："以前我们是做贸易，关注订单，2008 年开始我们是搞营销，重心转移到销售终端，关注客户需求，关注配件供应，与经销商的关系也由松散变为密切合作" SH（2） • 中联：中联重科的全球战略迈向了新的阶段，中联重科正以市场为导向，以本地化为特征，在全球范围内进行资源整合及优化配置，构建完整产业链 SH（3）
关系运作策略	关系整合 关系渗透 关系延伸 关系建立	239 64 72 54	• TCL："大力开发欧洲潜在的 VIP 客户，并通过有实力的大客户的营销体系在泛欧洲地区继续扩大 TCL 品牌影响力，像家乐福、Dixon、欧尚等大零售商" T3 • 吉利："以前我们的步子比较快，这个阶段呢我们要慢一点，要重新调理一下，比如说供应链要整合吧，销售渠道也要重新设计" J8 • 中联：2011 年上半年，中联重科海外营销网络建设快速发展，形成了以区域经销商为主体、直销与大客户相结合的遍布全球的营销网络 SH（3）
资源承诺决策	管理承诺 资金承诺 产品承诺	197 76 54	• TCL："比如，波兰生产基地生产和交付产品，而波兰工厂的零配件则由中国这边提供，在这个流程中间，大部分的库存就不存在了，成本大量节约了" T3 • 吉利："它形成了国际化的知识管理体系，这个很重要，你都必须要有一个国际化的知识管理体系来管理，比方说我们都在一个国际化的共同的平台上工作，你的知识流将会流动，你的品牌宣传要点能够在全球范围内很快地流动" J3 • 中联："原来我们是中国做自己的研发，欧洲做自己的研发，现在是由欧洲研发作为整个团队，来管理中联重科混凝土所有的研发，制造平台也开始统一整合" SH（3）

续表

变量	表现形式与典型 条目数		变量对网络构建影响的典型引语
信任方式构建	认知信任 情感信任 契约信任	89 49 34	• TCL："在 TCL 未来 3～5 年的品牌战略中，要透过对消费者生活的细微洞察，求新求变，在产品设计上别出心裁，让消费者感动"T1 • 中联：针对北美市场的需求而量身订制，多样化的产品能够满足不同复杂工况的需求，而为突破南美市场而来的 3 款土方机械则覆盖了美洲市场不同层次的需求，是中联重科进军美洲的又一利器 SH（3）
网络能力	网络整合能力 网络愿景能力 网络构建能力	167 87 41	• TCL："跨国并购就意味着拿别人的旧机器，不要指望给它加加油，小修小补，机器就能高效运转，而是要有决心，把系统重新梳理"T1 • 中联："我们还有一个很重要的、统一的采购平台，因为我们有大量的、共性的、战略性的物资需要采购，包括我们最重要的液压件，这样的产品两家整合在一起，采购谈判力度强了很多"ZL6

资料来源：本研究整理。

第三节　创业型网络构建机制分析

本研究从战略构建的角度探讨企业如何通过适应性选择行为实施网络战略。在前文研究基础上，通过深入挖掘案例素材，在资料整理与数据编码的基础上，将深入探讨创业型网络的在各个国际化阶段的构建机制，寻找创业型网络构建的内在逻辑，在进行理论对比的基础上，提出研究结论与现实启示。

一、初步国际化阶段创业型网络构建机制

同前文一致，本部分主要从嵌入方式选择、关系运作策略、资源承诺决策和信任方式构建 4 个方面来探讨创业型网络的构建机理，其中嵌入方式选择与资源承诺决策设计到网络构建的"硬件"设计，而关系运作策略与信任方式构建属于网络构建的"软件"设计，4 个要素共同主导了创业型网络的演进。同时还需要考虑网络能力在网络演进中的关键作用。

（一）初步国际化阶段创业型网络构建机制

案例数据及编码结果表明，在初步国际化阶段创业型企业的网络构建过程与主导型企业的网络构建过程无太大差距。通过嵌入价值链下游的方式构建初

步国际化网络，采用产品承诺和资金承诺为主的资源承诺模式，选择关系建立的关系运作方式，信任方式也主要体现为契约信任。

对于网络嵌入方式的选择，3 家企业均采用嵌入价值链下游的嵌入方式。国际化初期，在党中央政策引导与企业自身诉求的指引下，3 家创业型案例企业均具有强烈的产品出口诉求，凭借成本优势，中国企业多能轻松找到国际订单的形式从而迈出国际化的第一步，由于缺乏国际化经验，网络嵌入模式主要体现在嵌入到下游顾客网络与分销网络中。海尔在此阶段主要借助国际权威机构的产品质量和企业资质认证，在获得了国际认可的同时，成功实现了产品出口；对于长城汽车，随着 1997 年第一批长城皮卡出口中东，也标志着其国际化的开始；中集于 1992 年也开始了国际市场的拓展，其生产的机场旅客登机桥（6台）中标香港启德机场。

资源承诺方面，由于国际市场经验的缺乏，3 家企业尚不具备海外直接销售渠道和研发中心，不需要渠道维护、供应链管理和品牌推广等管理承诺手段，产品承诺是其最重要的资源承诺手段，3 家企业的共同特征是，均采用了严格的质量控制标准，并积极寻求挑战海外市场的质量认证体系。需要强调的是，与主导型企业相比，创业型企业在此阶段并没有过多的海外资金投入。

关系运作策略方面，案例数据及编码结果表明，此阶段 3 家企业主要集中在建立关系的阶段。与主导型网络演进企业相似，创业型网络演进企业在此阶段也积极寻求与海外企业的合作机会。具体的关系建立策略包括：建立贸易公司、参加国际博览会和展销会、通过国际认证、搜集海外市场与顾客的信息等策略。由于在此阶段 3 家企业均缺乏国际化经营经验，网络地位与网络声誉也处于劣势，因而在关系运作上较为被动，缺乏话语权和谈判能力。因而，通过关系建立策略扩大网络关系规模似乎也成了这些企业的唯一选择。

信任方式构建方面，案例数据及编码结果表明，此阶段 3 家企业主要采用契约信任的信任构建方式。国际化初期阶段，中国企业具有外来者劣势，缺乏网络地位与网络声誉，因而只能通过契约信任的方式建立网络信任，获得网络成员的认可。契约信任是最基础的信任模式，契约信任如不存在，认知信任与情感信任也无从谈起。需要强调的是，同 3 家主导型网络演进企业相同，海尔、长城和中集注重对契约信任的维护，为它们进一步的国际化拓展打下了良好的基础。

（二）初步国际化阶段网络能力对创业型网络构建过程的影响

同主导型网络演进企业相似，国际化初期阶段海尔、长城和中集 3 家企业的网络能力主要体现在网络构建能力上，网络构建能力主要涉及如何发展战略关系网络、怎样进入网络，以及通过何种方式进入网络等问题。

网络构建能力主要体现为开发外部合作关系的能力，3 家企业在此阶段的网络关系开发途径有所不同。海尔的网络开发策略最为丰富，通过积极参与国际博览会和展销会、寻求企业资质和产品质量的海外认证、建立与当地政府和海外媒体的联系等多种手段拓展网络合作关系，网络开发能力较强；长城的产品定位非常明确，聚焦于皮卡与 SUV 市场，在此市场上长城具有质量与技术优势，凭借其优异的品质和相对低廉的价格，长城得到了大量的海外订单；中集集团具有招商局的背景，并且其产品具有天生国际化的性质，相对于其他两家企业来讲，其积累的国际化经验及国际化知识更为丰富，因而也具有很强的关系开发能力。

总之，海尔、长城和中集三家企业的网络演进初期阶段，3 家企业均采用嵌入价值链下游，运用关系建立的关系运作策略，采用产品投入和资金投入的资源承诺策略，通过契约式信任搭建网络。在此过程中，企业的网络构建能力是保证企业网络构建的有效机制，如表 5.8 所示。

表 5.8　初步国际化阶段创业型网络构建机制

变量	表现形式与典型条目数		变量对网络构建影响的典型引语
嵌入方式选择	嵌入价值链下游	89	• 海尔：1990 年，海尔产品通过了美国 UL 认证，标志着海尔走向国际市场的思路已经开始付诸实施 SH（4）
	嵌入价值链上游	12	• 长城：2004 年，皮卡、SUV 在中国同类产品中 7 年累计出口量第一 SH（5）
	嵌入全新网络	21	• 中集：1992 年，机场旅客登机桥(6 台) 中标香港启德机场，标志着中国大型机场地面设备首次进入国际市场 SH（6）
关系运作策略	关系建立	101	• 海尔：1996 年 6 月，海尔获得美国优质科学协会颁发的"五星钻石奖"，海尔集团总裁张瑞敏个人被授予五星钻石终身荣誉 SH（4）
	关系延伸	41	
	关系渗透	10	• 长城："国际化我们一向稳扎稳打，这是长城的风格，长城从一开始就很注重国际市场，也在密切关注各种商业机会" C4
	关系整合	5	• 中集："中集盘子比较大，刚开始也是通过各种信息寻求海外订单，响应国家号召走出去" ZJ4
资源承诺决策	产品承诺	139	• 海尔：1994 年，海尔超级无氟电冰箱参加世界地球日的展览，成为唯一来自发展中国家的环保产品 SH（4）
	资金承诺	56	• 长城："有很多中国企业出去以后只注重价格战，不注重质量，搞得大家都不信任中国产品，俄罗斯对中国企业搞了个碰撞试验，结果很多都不合格，但长城通过了" C5
	管理承诺	28	

变量	表现形式与典型条目数		变量对网络构建影响的典型引语
信任方式构建	契约信任 情感信任 认知信任	98 24 31	• 海尔："当时英国《金融时报》在评选好像是亚太地区最具信誉的企业吧，海尔进入前十位，名列第七" H3 • 长城："中国产品的口碑不好，人家听说是中国品牌，甚至会退货，所以刚开始很难，我们只有做好产品，一个单子一个单子做" J9 • 中集："中集在诚信这方面没有问题，我们也不搞投机倒把，想的就是扎扎实实把市场基础打好" ZJ10
网络能力	网络构建能力 网络愿景能力 网络整合能力	117 28 39	• 海尔：海尔参加了在德国科隆举行的世界家电博览会，海尔向外国人颁发产品经销证书的消息，不仅使中国人在国际市场上扬眉吐气，更标志着海尔品牌已经在国际市场开始崭露头角 SH（4） • 长城："长城主要靠产品质量取胜，性价比高，然后我们也花很大工夫进行市场开拓，所以成绩还行" C1 • 中集：由国际标准化组织 TC/104 集装箱标准技术委员会与下属的专家工作组分别在荷兰的鹿特丹和海牙召开集装箱标准会议，公司楼良鸿总工程师作为中国代表团副团长参加了会议 SH（6）

资料来源：本研究整理。

二、深入国际化阶段创业型网络构建机制

（一）深入国际化阶段创业型网络构建机制

在深入国际化阶段，与主导型网络演进企业相比，创业型网络演进企业更注重发展多样化的网络关系与不重复的网络信息，通过渐进式的更为稳妥的方式提升国际化程度。因而，创业型网络演进企业在此阶段的网络构建特征与主导型网络演进企业差别较大。下面将详细论述海尔、长城和中集的国际化网络构建过程。

进入深入国际化阶段，海尔、长城和中集等 3 家创业型网络演进企业，均采用了渐进的网络构建模式。在嵌入模式上，3 家企业均选择使用同时嵌入价值链上游与下游的方式，实现网络关系的稳步扩张。海尔自 1999 年起，相继在美国、巴基斯坦、欧洲、日本、印度、越南等地设立工厂，进入美国前 10 大连锁店、欧洲前 5 大连锁店、日本前 10 大连锁店，同时在美国、日本等地建立设计研发中心，逐步实现当地研发、采购、制造、配送、销售；长城汽车也于 2005 年开始在智利、俄罗斯、南非等地相继建厂，并与德国博世等业内知名企业合作研发，

并积极获得市场认证；中集集团也与日本住友商社、瑞典 STORA 公司建立合作关系以拓展海外市场，同时还在美国设立海外融资租赁公司，积极寻求价值链的全面嵌入。简言之，创业型网络的 3 家企业均采用渐进式的网络演进策略，通过嵌入到价值链上下游网络中，稳步提升了企业海外市场运作能力。

资源承诺方面，3 家企业采用管理投入、资金投入的混合承诺方式。编码数据显示，在国际化初级阶段，3 家企业是以产品投入为主、资金投入为辅，而在此阶段，资金投入成了最重要的资源承诺方式。此阶段，虽然 3 家企业在海外设厂、建立渠道、合作研发中投入大量资金，但是其资源承诺重点仍体现在管理投入方面。例如，海尔在进入美国市场以后，一直在致力于"三位一体"运作模式的构建，首先要通过企业文化传播使美国员工接受海尔文化，然后通过管理变革与整合管理实践，实现在洛杉矶设计、南卡罗莱纳州生产、纽约销售的商业网络，整个过程人力物力投入巨大。长城汽车在布局海外商业网络的同时，也十分注重通过管理资源投入整合网络资源，长城在此过程中总结出一整套管理模式，例如成熟的产品推广策略体系以及最终形成的 5 个产品版本。需要强调的是，在此阶段 3 家企业除了管理投入和资金投入之外，仍有其他的资源承诺方式，但是数据编码显示其他的资源承诺方式对于此阶段网络演进作用的条目数并不明显。

关系运作策略方面，此阶段 3 家企业均主要采用关系渗透策略。关系延伸是指企业进一步加深对目标国家当地市场的关系承诺，发展企业在目标市场上的网络关系位置。案例数据表明，3 家企业此阶段均采用渐进式网络构建方式，深入嵌入到海外商业网络中，关系渗透策略的应用是重要保障。例如，海尔刚开始与三洋合作仅仅是互换市场资源，随后逐渐演变为共同研发，并最后通过并购的方式进行完全融合，在此过程中海尔借助于三洋的商业网络平台，逐步整合并构建自身网络，这是典型的关系渗透策略；长城企业在此阶段也通过关系渗透策略构建网络，例如通过与博世的合作关系，逐渐发展为同博格华纳、德尔福以及法雷奥等 10 余家顶级零配件配套集团保持战略合作；中集凭借其前期的网络关系，也在逐渐加深与其他企业的合作，逐渐拓展了其网络嵌入的深度与广度。关系渗透策略为 3 家企业的本土化运作提供了巨大帮助，也为后一阶段跳跃式网络构建奠定了坚实的基础。

信任方式构建方面，案例数据及编码结果表明，此阶段 3 家企业主要采用认知式信任方式。经历了上一阶段的国际化经验积累，此阶段 3 家企业均建立了良好的契约信任基础，因而它们采用开发本土化产品和进入当地渠道的方式提升与网络合作伙伴的认知信任关系。例如，海尔选择在日本银座广场投放商业广告，并赞助北京奥运会与美国 NBA 职业联赛以提升企业形象与产品认知度；长城企业致力于通过一系列产品认证体系提升产品认知度，如主动进行汽车碰撞实验，并委托权威第三方机构进行调研。相对于契约信任，认知信任需要更多的感情基础与认知基础，因而需要长时间的构建过程，但这种信任一旦形成，会帮助企业提升形象，有助于企业网络地位与网络中心度的提升。

（二）深入国际化阶段网络能力对创业型网络构建过程的影响

案例数据与编码结果表明，在深入国际化阶段，网络整合能力对主导型网络演进过程有重要影响作用，网络整合能力关注网络内部多重的合作关系，目的是协调和整合多元关系的保持和开展，并利用处于网络中心位置的信息优势和位置优势获取收益。

如何平衡国际化与本土化之间的关系一直是企业国际化过程中的难题，尤其在本土化阶段，国际化企业往往会面临众多国际化管理难题，此时网络整合能力显得尤为重要。需要强调的是，在此阶段，3 家企业均采用了渐进式的网络演进战略，并均提出要加大本土化运作程度。凭借出色的网络整合能力，3 家企业均实现了海外商业网络资源的成功整合。例如，海尔在进入美国、日本等发达国家市场时，成功整合了这些市场上先进的研发技术以及有潜力的人才资源。同时，海尔在各地市场上的产品有很大差异，然而各地的研发中心却能够很好地共享资源，海尔研发、生产和物流的整个价值链也有较高的效率。长城在产品本土化的过程中同样强调网络整合能力，比如董事会魏建军曾一再强调："长城需要充分应用平台化战略，推出能开拓高端市场、打响中国品牌的优质产品。"这种理念在管理实践中不断得到强化。

资源整合阶段是国际化企业的必经阶段，企业是否具有足够的网络整合能力也成为决定国际化成败的关键要素。虽然网络构建能力、网络愿景能力对企业网络构建的作用在此阶段也有所体现，然而编码数据显示，网络整合能力的作用更为显著，如表 5.9 所示。

表 5.9　深入国际化阶段创业型网络构建机制

变量	表现形式与典型条目数		变量对网络构建影响的典型引语
嵌入方式选择	嵌入价值链下游 嵌入价值链上游 嵌入全新网络	129 210 43	• 海尔：此后，海尔又相继在美洲、欧洲、南亚、中东非、亚太、东盟搭建了 6 个本土化海外中心，在全球拥有 28 个制造基地，进入美国前 10 大连锁店，进入欧洲前 5 大连锁店，进入日本前 10 大连锁店 SH（5） • 长城：长城在俄罗斯建设的 KD 组装厂成为首家在海外开展组装业务的中国企业，同年，与德国科世达合作，科世达为长城汽车配套供货座椅调节开关 SH（5） • 中集：1994 年 11 月 10 日，中集集团将其在南通中集顺达 10%的股份转让给日本住友商社 SH（6）

变量	表现形式与典型 条目数		变量对网络构建影响的典型引语
关系运作策略	关系渗透 关系建立 关系延伸 关系整合	154 62 43 76	• 海尔："海尔在越南、印度等地都实现了本土化运营，即实现了本土化设计、制造和营销，这提升了其把握并满足用户需求的速度和能力"H3 • 长城："长城汽车花很大精力做海外市场的前期研究和认证，到2005年后国际部研究市场的人数就达到了85人，主要工作是寻找合作伙伴与进入海外市场的一些工作"C3 • 中集：瑞典STORA公司运输及采购高级副总裁考察南通中集顺达公司，并签订了特种箱公司的第一批超宽特种箱订单SH（6）
资源承诺决策	管理承诺 资金承诺 产品承诺	121 89 28	• 海尔："员工的高本土化率首先让海尔成为了地道的美国公司，其次就是渠道……要通过三位一体本土化运作模式，形成了一个美国本土化的海尔"H9 • 长城："由于长城汽车国际部战略聚焦以及规模的扩张，部门结构随之变化，不再简单按照国家来划分区域，而是按照市场的重要程度划分，同时，人员设置也发生了变化，长城汽车国际部从1998年五六个人负责的援外项目开始，到如今已近300人"C7
信任方式构建	认知信任 契约信任 情感信任	91 24 33	• 海尔："海尔的品牌宣传要加强软广告的传播，从欧洲的消费文化观察，欧洲消费者更容易接受软广告的方式，这对海尔及其他中国企业都是一个很好的机会"H4 • 长城："获得了欧盟最严格、最权威的COP证书，通过了澳大利亚ADR认证，海湾地区GCC认证，南非SABS认证，俄罗斯GOST认证"C9 • 中集："由深圳中集天达公司为法国戴高乐国际机场生产的登机桥，通过了法国巴黎机场管理局（ADP）的初检"ZJ7
网络能力	网络整合能力 网络构建能力 网络愿景能力	109 28 39	• 海尔："海尔的本土化程度还是挺高的，尤其是美国和日本，盘子大了，这里头还有一个问题，如何整合资源，海尔一直在用管理变革和文化建设的方式解决这个问题"T2 • 长城："长城汽车将继续坚持聚焦战略，通过品类聚焦，将品牌做强；充分应用平台化战略，推出能开拓高端市场、打响中国品牌的优质产品"C1

资料来源：本研究整理。

三、全面国际化阶段创业型网络构建机制

（一）全面国际化阶段创业型网络构建机制

案例数据表明，在深入国际化阶段创业型企业网络构建的主要任务是打入并完善当地商业网络，实现本土化布局。而在全面国际化阶段，创业型企业网络构建的主要任务是实现网络构建"量变到质变"的飞跃，完成全球市场布局。在不同的国际化阶段，3家企业的网络构建也体现出了不同的特征。

嵌入方式选择方面，3家企业采用了多种策略并行的嵌入模式，不仅通过并购等激进方式进一步嵌入到新网络中，而且通过直接投资嵌入到价值链上游网络中。在此阶段，3家企业的本土化经营和商业网络经验均已十分充足，企业有信心、有能力提速国际化网络构建进程，提升品牌形象。海尔在此阶段开始使用海外并购的方式构建新网络，通过借助其他成熟品牌的影响力与资源，快速提升海尔的国际形象，收购三洋和斐雪派克就被视为海尔全球化思路上的一次标志性转变；长城在此阶段提出了"海外市场的重要性高于国内市场"的口号，国际化进程明显提速，在保加利亚、越南、塞内加尔、厄瓜多尔、伊朗、印度和泰国等多地设立工厂，并借助达喀尔拉力赛等国际知名赛事提升企业品牌价值；中集集团也通过收购方式进入高端装备产业——船舶产业，并将其确立为公司最重要的战略产业之一。

资源承诺方面，3家企业均体现出以资金投入和管理投入为主的承诺方式。在经历了产品投入和管理投入为主的国际化阶段后，3家主导型企业进入了国际化发展的快速成长期。在此阶段，快速扩张的国际化网络需要大量的资本支持，是否均有融资能力是企业海外并购的前提。案例数据显示，3家企业在此阶段的资源承诺主要体现在资金投入上。另外，在此阶段管理投入也是3家企业重要的资源承诺模式，跨国并购的风险主要体现在资源整合和风险管理上。海尔的"吃休克鱼"并购策略广为人知，但是首次并购海外知名企业也需要重视其中存在的风险；长城汽车在快速布局海外市场的同时也需要实现全球资源的快速和合理的整合；中集并购船舶制造企业也具有巨大风险，并购后的整合也需要巨大的管理资源的投入。需要强调的是，在此阶段3家企业除了上述两种投入以外，仍有其他的资源承诺方式，但是数据编码显示其他的资源承诺方式对于此阶段网络演进的作用并不明显。

关系运作策略方面，此阶段3家企业主要采用关系整合策略，关系整合是指国际化企业在多国经营的基础上立足全球统一战略，不断协调在不同国家市场关系网络中的网络位置进行企业全球资源整合。案例数据表明，3家企业在此阶段均具有明确的关系整合战略，通过一系列的管理变革与创新，进一步提

升了企业在海外商业网络中的地位与中心度。例如，海尔在并购三洋之后，起用原公司大量员工，利用当地技术优势和销售渠道，保留了品牌原有的特质，在此基础上注入海尔的资源与文化，同时，海尔还通过整合三洋和海尔自身的资源，在日本设立了变频空调研发中心；长城在此阶段开始关注合作研发、企业营销、终端销售、供应商关系，通过深化网络关系力图提升企业网络嵌入程度与网络地位；中集在此阶段的特点是"以我为主，全球合作"，例如中集开发了全球资源集成管理系统，通过关系整合，实现了资源的有效利用。

信任方式构建方面，案例数据及编码结果表明，此阶段 3 家企业主要采用情感信任方式与认知信任的双重模式。本阶段海尔与中集，均采用并购的方式实现网络扩张，由于企业与当地的商业网络接触较少，因而 3 家企业需要通过情感投入同当地商业网络建立关系，情感信任首先体现在与本企业当地员工的情感信任构建，其次体现在与当地社区和政府的情感投入。同时，认知信任也是此阶段的重要信任构建方式，海尔与中集借助其收购品牌在当地商业网络与顾客心目中的地位拓展市场、构建企业网络；长城通过一系列的品牌推广策略，构建与商业网络及消费者的认知信任关系。总之，情感信任构建使得 3 家企业在快速构建网络的同时，也迅速提升了企业与当地网络成员的信任程度，提升了 3 家企业的网络资源获取能力。

（二）全面国际化阶段网络能力对创业型网络构建过程的影响

案例数据与编码结果表明，在深入国际化阶段，网络愿景能力对主导型网络演进过程有重要影响作用，网络愿景能力是指企业识别外部网络关系，影响其他核心主体并预测网络潜在演化方向的能力。

其一，网络愿景能力体现为企业寻找、获得合作伙伴信息，以及评估合作伙伴的能力。此阶段，创业型网络演进企业处在国际化提速发展期，因而十分关注国际市场信息及合作伙伴信息。海尔凭借其多年的海外市场经验及与网络成员的多年合作关系，对并购对象的选择十分精准，并购目标十分明确；中集在 6 家企业中是最早进行国际市场开拓的企业，因而也最了解海外市场，丰富的国际化经验能帮助企业衡量每一次重大战略决策中存在的风险；长城与众多国际顶级的汽车零件供应商有良好的长期合作关系，因而在选择战略合作伙伴时，也能做出相对合理的决策。

其二，网络愿景能力体现为企业对其在网络中地位和能力的一种自我认识和评估，主要内容是基于企业长期发展战略制定未来发展目标和在网络内部处理事务的基本原则。海尔具有很强的网络认识能力，并购三洋和斐雪派克的目的更多地聚焦在利用它们的品牌影响力开拓当地市场，尤其体现在日本市场的开拓，日本的消费者钟爱本国产品，排斥其他海外品牌，并购三洋可以通过其高端品牌提升海尔产品的市场接受度。中集对自己的定位也十分明确，其原有的竞争优势为其下一步的国际化提供了信心，因而它的网络战略定位为通过占据网络中心地位整合网络资源。

由此可见，此阶段中 3 家企业的网络愿景能力对其网络构建过程有重要的影响作用，虽然此阶段网络构建能力与网络整合能力的作用也有所体现，但是从编码结果来看，网络愿景能力更为重要，如表 5.10 所示。

表 5.10 全面国际化阶段创业型网络构建机制

变量	表现形式与典型条目数		变量对网络构建影响的典型引语
嵌入方式选择	嵌入全新网络 嵌入价值链上游 嵌入价值链下游	147 117 39	• 海尔：此次增持是海尔全球化品牌战略发展的重要步骤之一，海尔对斐雪派克成功增持后，将能够与斐雪派克携手为中国消费者乃至全球消费者提供真正满足用户不同需求的产品和解决方案 SH（4） • 长城：除了与奥托立夫在安全领域的合作外，长城汽车先后还与全球多家顶级供应商建立深化合作 SH（5） • 中集："我们将来会加大战略性产业的布局力度，比如向海洋设备投资，研发方面也会加大" ZJ6
关系运作策略	关系整合 关系建立 关系延伸 关系渗透	93 55 38 41	• 海尔："除了本地化的生产、营销架构，张总看重的是研发资源，海尔已在日本设立了变频空调研发中心" H3 • 长城："未来长城汽车将继续坚持聚焦战略，通过品类聚焦，将品牌做强，充分应用平台化战略，推出能开拓高端市场、打响中国品牌的优质产品" J8
资源承诺决策	资金承诺 管理承诺 产品承诺	161 120 31	• 海尔："在海尔与旗下品牌斐雪派克的跨国厨电研发平台上，以及和 Elica 研发设计团队共同开发，使得用户需求和世界一流的资源可以高效无缝对接，持续开发满足用户需求的高端差异化产品" H3 • 长城："除了印度工厂外，3 月底长城汽车宣布，计划投资 3 亿美元在泰国建立独资工厂" C7 • 中集：并购全球领先的气体工程总承包商德国 TGE 气体工程公司，成为中国唯一掌握大型 LNG 接收站核心技术的企业 SH（6）
信任方式构建	情感信任 认知信任 契约信任	98 79 31	• 海尔："日本市场不好做，并购三洋的子品牌，就是要先从情感上让日本人更多地接受海尔，这么多年了，其实我们自己的品牌推广的还是慢" T2 • 长城："要想改变人们对中国产品的看法是不容易的，长城怎么做呢，两套办法：一是要有权威的质量认可；二是要做好售后服务" J1

续表

变量	表现形式与典型 条目数		变量对网络构建影响的典型引语
网络能力	网络愿景能力 网络构建能力 网络整合能力	95 34 45	• 海尔：利用其他品牌打造海尔自主品牌，被视为海尔全球化思路上的一次标志性转变 SH（4） • 长城："我们民族品牌要走出国门，在海外建立长久的品牌形象和长久的销售模式，对 KD 组装必不可少，组装建厂等必不可少，我们从 2011 年投入更大资源进行 KD 组装，在全球布局" T4 • 中集："并购是中集常用手段，但是每一次并购的目的都很明确，都是与总部的战略规划相关的" ZJ4

资料来源：本研究整理。

第四节　讨论与结论

以上几节内容详细论述了 6 家案例企业的两种不同类型网络构建机制，本节将通过原样复制和差别复制的方式，进一步探讨这两种机制的异同及其蕴含的不同构建逻辑。在此基础上，通过与文献和企业数据的反复对话过程，最终得出本章的研究结论。

一、国际化进程中两种企业网络构建模式的对比分析

（一）企业网络构建过程的原样复制研究

根据伊（Yin，2003）的研究，复制逻辑类似于进行多次实验，包括原样复制（literal replications）和差别复制（theoretical replications）。原样复制是指两个案例由于具有相同的实验条件而获得相似的结果，差别复制是指两个案例由于具有不同的实验条件而获得不同的结果。作为探索性研究，即使是差别复制也应尽量保证实验条件（即控制变量）大体相同，从而有助于识别某个真正引起差别结果的情境变量。

本研究在选取案例企业之初就十分注重控制实验条件，案例选取采用理论抽样的方式，两种网络演进模式的 6 家企业分别来自家电、汽车和重工行业，并且同行业中的 2 个企业国际化初始时间相差不大、行业特征相同、进入市场区别不大、海外贸易额差额可接受、盈利能力相差不大，这为本书理论研究过程中进行原样复制和差别复制提供了保障。

在前文分析的基础上，可以得到两种网络演进路径的网络构建模式中有众

多相似之处，如图 5.2、图 5.3 所示。

第一，6 家企业在国际化初期阶段所采用的网络构建机制几乎相同，均采用嵌入到下游网络、产品投入、关系建立和契约信任的网络构建方式，并且在此过程中企业网络构建能力是网络构建过程中的最重要的网络能力。

第二，随着国际化进程的不断推进，企业网络构建模式均出现了从低级到高级的特点。在国际化初期均采用嵌入到下游网络的网络嵌入方式，而随着国际化的深入发展，6 家企业要么采用全面嵌入，要么采用嵌入新网络的方式嵌入海外网络。在国际化全面发展阶段，6 家企业均同时采用嵌入新网络和价值链全面嵌入的策略，嵌入方式选择上均体现出由易至难的特点。资源承诺方面，6 家企业均由最开始的产品投入发展到后期的资金投入和管理投入的承诺模式，尤其是在国际化全面发展阶段，管理投入成为 6 家企业的主要承诺方式。在关系运作方面，6 家企业均体现出由"关系建立"到"关系拓展"再到"关系整合"的发展特点。信任方式选择方面也由初期的契约信任发展到后期的认知信任和情感信任的高等级信任模式。

第三，虽然两种不同演进模式的网络路径有所差异，然而基本构建要素并无差异。例如，企业网络发展到最终阶段，6 家企业均经历了价值链全面嵌入和嵌入新网络的过程；资源承诺方面，虽然每个阶段重点不同，但是均采用了产品、资金和管理投入的策略；关系运作方面虽然有不同特征，但是 6 家企业均采用了关系建立、关系拓展和关系整合等策略；信任方式选择也均涵盖了契约信任、认知信任和情感信任 3 种类型。

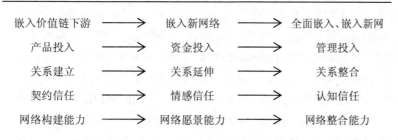

主导型演进模式的网络构建

嵌入价值链下游	→	嵌入新网络	→	全面嵌入、嵌入新网
产品投入	→	资金投入	→	管理投入
关系建立	→	关系延伸	→	关系整合
契约信任	→	情感信任	→	认知信任
网络构建能力	→	网络愿景能力	→	网络整合能力

图 5.2　国际化进程中主导型演进模式的网络构建过程分析

资料来源：本研究设计。

创业型演进模式的网络构建

嵌入价值链下游　━━━▶　　全面嵌入　　━━━▶　　全面嵌入、嵌入新网

产品投入　━━━▶　管理、资金投入　━━━▶　　资金、管理投入

关系建立　━━━▶　　关系渗透　　━━━▶　　　关系整合

契约信任　━━━▶　　认知信任　　━━━▶　　　情感信任

网络构建能力　━━━▶　网络整合能力　━━━▶　　网络愿景能力

图 5.3　国际化进程中创业型演进模式的网络构建过程分析

资料来源：本研究设计。

（二）企业网络构建过程的差别复制研究

差别复制相当于是在保证实验条件的基础下，挖掘案例企业的不同发展路径。在前文分析的基础上，通过案例企业对比，挖掘两种不同网络构建机制的差异性。我们采用 3 种方法来实现差别复制过程：首先，采用组间对比的方式，将同一行业的两家企业进行编码数据对比分析，分析其网络构建过程中的差异性；其次，采用组内对比的方式，分别分析两个不同类型小组中组内成员网络演进的相似性；最后，在整合了差异性与相似性之后，回归文献重新进行理论与数据的对话，得出最终结论。

根据对案例数据的反复对比，发现两种不同类型演进模式的网络构建机制有所差异。可以利用图 5.4 进行说明，图中主要呈现了网络构建要素与网络特征之间的关系，如果两者之间的关系有足够的条目数作支持，则通过上图中的箭头直接呈现出来。网络构建过程可以分为两个主要维度：网络范围和网络中心度，从图 5.4 可以得到，主导型网络构建是先通过扩张网络范围，然后提升网络中心度的路径实现的。相反，创业型网络构建是先通过提升网络中心度，随后扩张网络范围促成网络演进的。在此过程中，不同的网络构建要素对网络演进的作用机制也有所差异，例如，采用价值链全面嵌入、管理投入、关系渗透与认知信任策略更有助于提升企业的网络中心度，而采用嵌入新网络、资金投入和关系延伸策略更有助于扩张企业的网络范围。

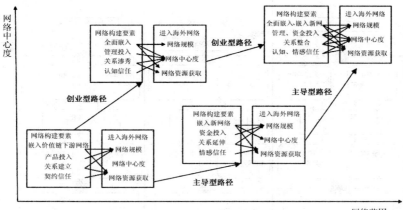

图 5.4　两种网络构建模式的差别性复制

资料来源：本研究设计。

二、本章研究结论

本章致力于回答企业如何通过主动的战略选择构建网络，并发掘不同网络演进路径中的不同构建机制。具体而言，本章探讨了 6 家企业的网络演进模式的差异性及其驱动因素，以及不同模式的不同构建机制，如图 5.5、图 5.6 所示。

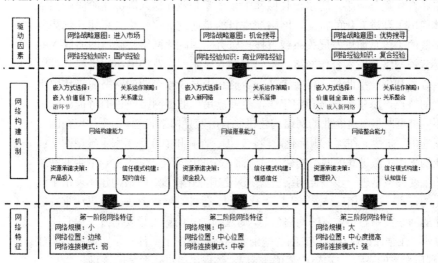

图 5.5　主导型网络构建机制

资料来源：本研究设计。

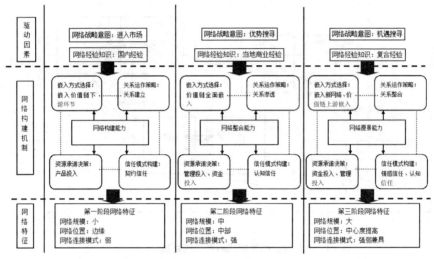

图 5.6　创业型网络构建机制

资料来源：本研究设计。

　　研究结果表明，6 家企业的网络演进呈现出了明显的差异。TCL、吉利和中联重科 3 家企业在国际化深入阶段的网络演进目的是实现网络的快速扩张，采取的手段均是通过并购的方式快速把握国际市场机遇，网络嵌入的重点是声誉网络和合作竞争网络。海尔、长城和中集 3 家企业在深入国际化阶段的网络演进体现出了渐进变化的特征，网络演进目的是通过深化网络关系建立优势网络，采取的手段是通过发展关系或直接投资夯实国际化网络基础，网络嵌入的重点是营销网络和技术合作网络。本研究的 6 家案例企业的网络演进模式可以分为主导型和创业型两种，其中 TCL、吉利和中联 3 家企业的网络演进体现出主导型的特点，海尔、长城和中集 3 家企业满足创业型网络演进的特征。

　　不同类型网络演进企业的网络构建机制有所差异，这种差异主要体现在国际化发展的中后阶段。在深入国际化阶段，TCL、吉利和中联等 3 家主导型网络演进企业均采用了激进式的网络构建模式，而在全面国际化阶段，主导型企业网络构建的主要任务是进一步整合网络资源、深化国际化程度，网络构建体现出了渐进变化的特点。与此相反，在深入国际化阶段，创业型网络演进企业更注重发展多样化的网络关系与不重复的网络信息，通过渐进式的更为稳妥的方式提升国际化程度，而在全面国际化阶段，创业型企业网络构建的主要任务是实现网络构建"量变到质变"的飞跃，完成全球市场布局，体现出激进式变化的特点。

第六章　研究结论及研究展望

本书的研究目的是探讨中国企业国际化进程中的网络演进及其构建机制。研究通过规范的案例研究方法，对案例企业的国际化阶段进行了阶段划分，详细描述了企业在各个阶段的国际化特征；梳理案例企业网络演进的关键节点，从结构维度和关系维度两个方面详细展现企业国际化进程中的网络特征变化及其演进过程。根据案例分析归纳出企业国际化网络演进的两种模式和具体路径，在此基础上，进一步对每个阶段的网络构建机制进行了剖析。在本章中，研究者进一步提炼总结了相关研究结论，以及对国际化企业的管理启示，并指出了本研究的不足之处及未来的研究方向。

第一节　研究结论及管理启示

企业国际化的过程即是网络发展的过程，国际环境中日益复杂和动态变化的情境，使企业面临更严峻的管理挑战。与之相应，企业国际化的理论研究逐渐由"企业—环境"视角向"企业—网络"视角发展。根据环境和自身发展阶段，企业会主动调整网络结构和网络发展战略，形成有利于企业战略意图和知识积累的网络环境，以促进企业实现国际化成长。对于企业网络演进规律和构建机制的研究，对处在关键时期的中国企业国际化而言，具有重要的研究价值。本节综合第四章和第五章的研究结果，概括总结出本研究的结论，并提出相应的管理启示。

一、研究结论

本研究以我国企业为主要研究案例，在归纳企业国际化和网络发展特征的基础之上，全面系统地研究了网络与企业国际化成长的关系，深入剖析了网络构建机制。通过理论演绎、案例研究等一系列研究方法，明晰了企业国际化网络演进的阶段划分、国际化特征、国际化知识的获取和积累，提出了两类网络构建模式，以及各自的网络构建机制。根据前述的实证研究结果，本研究得出以下结论。

　　第一，企业国际化网络发展具有特定的发展阶段性特点及演进规律，在建立、拓展和整合 3 个不同的演进阶段，国际化网络具有不同的特征和导向。本研究根据对典型行业的 6 家案例企业的分析，将企业的国际化进程划分为初步国际化、深入国际化和全面国际化 3 个发展阶段，从结构维度和关系维度对不同阶段的网络发展特征进行了分析，其中结构维度包括网络成员类型和规模两个衡量指标，关系维度包括连接强度和信任程度两个衡量指标。具体而言，初步国际化阶段企业的主要任务是建立网络，这一阶段企业在本土市场或者通过进入国际市场与相关的网络成员建立合作关系，主要包括行业内的国际品牌企业、科研机构、行业协会、政府机构和高等院校等网络成员，根据对网络成员间关系强度的衡量，企业与成员间的关系以弱连接为主。深入国际化阶段和网络拓展阶段，企业通过在目标国市场设立分支机构、分公司等方式嵌入东道国市场，并与当地网络中的企业发展网络关系，案例企业嵌入全球生产网络和全球营销网络。网络特征的变化具体表现为企业在网络中的类型和数量增加，网络连接强度提高，网络成员间逐渐提高信任程度和价值观、规范的认同度（Carboni & Ehrlich，2013）。在网络整合优化阶段，企业加深与当地市场网络的合作关系，不断协调在不同国家市场网络中的网络位置，进行企业的全球资源整合。网络整合阶段企业嵌入的国际化网络以全球战略网络为主，嵌入全球营销网络、全球生产网络、全球采购网络和全球研发网络。通过增加在已有国外市场网络中的资源承诺，发展企业网络关系和位置，进行市场渗透，具体表现为企业在网络中的类型和数量增加、网络连接强度提高、逐渐进入网络中心位置以及主要嵌入国际商业网络，合作方式以投资建厂、合作研发、并购等形式为主，并提高信任程度和对价值观、规范的认同度。

　　第二，国际化知识与网络发展之间相互影响，协同演进，企业按照"网络演进—国际化知识获取—国际化成长"的路径不断深入国际化。研究发现，根据对国际化知识的分类，不同国际化阶段中企业获取和积累的国际化知识类型不同，这与弗莱彻等（Fletcher et al.，2013）、冯永春（2015）的研究结论相一致。具体而言，知识是企业进行国际化的基础，企业根据相应的国际化知识开始建立和发展国际化网络，在网络演进与国际化初始阶段主要获得国际化商业知识和制度知识。在深入国际化阶段，随着企业网络规模的扩大和连接强度的提高，企业与网络成员间的合作和互动频率加大，企业通过出口、直接投资和并购等国际化方式进入国际市场，企业进一步获得国际商业知识、国际制度知识等国际化经验知识。在全面国际化阶段，企业在上一阶段获取的国际化经验的基础上，开始全面整合其国际化网络资源，主要获取国际化运作知识中的本地化知识和国际企业管理知识，并在具备一定国际化经验知识的基础上，进一步促进企业的网络发展。与此同时，随着企业的网络规模逐渐越大和连接强度的增加，企业获取国际化知识的机会和途径也逐渐增加，这进一步促进了企业获取和积累新的国际化知识。几个关键要素之间相互作用，协同演进，形成企业网络和国际化进程之间的循环机制。因此，企业的国际化进程也是企业不断获取国际化知识，建立、拓展和整合优化国际化网络的过程。

第三，通过理论推演与案例数据对比，本研究发现，企业网络演进存在创业型网络演进路径和主导型网络演进路径这两种不同的演进路径，并识别了这两种网络演进路径的驱动机制。案例数据整理和编码显示，6 家企业存在两种不同的网络演进模式，本研究从网络演进目的、网络嵌入重点、网络演进过程 3 个方面探讨了两种演进路径的内在差异。借鉴普雷斯科特等（Koka & Prescott，2008）的研究，本研究认为 6 家企业的网络演进路径可以划分为两种模式：主导型和创业型。主导型国际化网络演进路径的内在逻辑是：企业通过网络战略形成企业在网络中的主导地位，或者通过与其他主导企业建立联系，从而实现网络的演进。创业型国际化网络演进路径强调企业在网络中的创业地位，通过与合作伙伴建立广泛的联系获取大量的、多样化、非重复的信息，进而实现网络演进。TCL、吉利和中联 3 家企业的网络演进体现出主导型的特点，3 家企业均通过与网络中心企业建立联系，在国际化的中期快速获得了良好的网络地位，并以此为基础实现进一步的网络演进。相反，海尔、长城和中集 3 家企业在国际化深入阶段均通过缓慢嵌入的策略实现网络渗透，并通过多样化的网络关系获取网络信息，为后一阶段的网络跨越式发展奠定基础。与此同时，本书还剖析了两种网络演进路径的驱动因素，发现网络战略意图和国际化经验是决定网络演进差异的关键驱动因素。对于主导型网络演进路径来讲，其网络战略意图呈现出"进入市场—机遇搜寻—优势搜寻"的渐变过程，在其网络演进的中期，商业网络经验的获取至关重要；而创业型网络演进路径的战略意图体现为"进入市场—优势搜寻—机遇搜寻"的渐变过程，在此网络演进的中期，本土化经验更为重要。

第四，由于在嵌入方式、资源承诺、关系策略、信任方式和网络能力等方面策略运用的不同，主导型企业与创业型企业的网络构建机制存在明显差异。虽然主导型与创业型演进路径的网络构建机制有相同之处，例如国际化初期阶段网络构建机制十分相似、企业网络构建模式均体现了从低级到高级的特点等，但案例数据的差异复制研究结果显示，在国际化的中后期两种路径的网络构建模式在嵌入方式、资源承诺、关系策略和信任方式上差异明显。在深入国际化阶段，主导型网络企业采用嵌入新网络、资金投入、关系延伸和情感信任为主的网络构建方式，网络能力更多地体现为网络愿景能力，网络演进呈现出渐进式演进的特点；创业型网络企业则采用价值链全面嵌入、管理与资金投入、关系渗透和认知信任为主的网络构建模式，网络能力主要体现在网络整合能力上，网络演进呈现出跨越式演进的特点（Vasilchenko & Morrish，2011）。在国际化全面发展阶段，主导型网络采用价值链全面嵌入与嵌入新网络的双元模式，并结合管理投入、关系整合和认知信任为主的网络构建模式，网络整合能力体现得更为明显，网络演进呈现出渐进式发展的特点；而创业型企业采用价值链全面嵌入与嵌入新网络的双元模式，以及资金与管理投入、关系整合和情感信任的复合式网络构建模式，网络能力更多地体现为网络愿景能力，网络演进呈现出跨越式发展的特点（Felzensztein et al.，2015）。虽然两种类型的网络演进路径不同，网络构建机制也有所差异，但是两种网络演进模式均经历了渐进式发展与跨越式发展的阶段。

二、管理启示

本研究从理论上扩展了中国国际化企业国际化进程中的阶段发展及网络特征，探索了不同网络模式的驱动因素和构建机制，并在这一框架中引入了国际化知识获取等关键变量，丰富了现有企业国际化的研究思路，因此，本研究相关结论对于我国国际化企业的海外营销实践具有一定的指导意义。为了在国际市场竞争中取胜，企业应积极主动地适应需求变化，要主动掌握网络认知能力和网络构建能力，清楚企业国际化发展与网络演进间的关系，掌握网络演进的特征和规律，找到发展网络的关键要素，进一步促进企业的国际化进程。本书研究结论能给中国企业国际化实践带来以下几点启示：

1. 网络已成为企业实现国际化的必要途径和形式，中国企业应该不断融入国际市场的产业网络、国际商业网络、社会网络以及全球战略网络，积极与国际市场中的企业、政府、科研机构、金融机构、中介机构及其他组织建立较为良好的关系。在嵌入或发展网络的过程中，企业不仅应该拓宽相联系的网络成员类型和数量，还应加强与网络伙伴的连接强度和信任程度。企业需要加强网络管理意识，不断总结企业网络发展的过程规律和目前的网络形态，根据企业的战略目标和资源条件，采取具有针对性的网络发展策略，最终构建全球性的战略网络，以获得国际化所需的资源。其中最重要的是，要帮助企业获得国际化市场信息和国际化经验知识。特别是对于中国中小企业来说，依托本地社会网络和国际商业网络，再进一步拓展进入全球战略网络，促进国际化业务开展更是一种可行的途径。

2. 在构建和发展网络过程中注重国际化知识的获取和积累。研究发现，国际化知识是企业形成和发展网络的基础，有效的国际化知识和经验有助于企业发现网络嵌入机会和加强网络连接，同时，网络的拓展和演化进一步促进知识的获取。但是，在不同的国际化阶段或网络发展阶段，企业所需和所获得的国际化知识不同。因此，需要企业根据网络发展的现状和目标，采取有效的学习策略，最大效率获取国际化知识。在此过程中，企业还应加强自身的知识管理，尤其是根据国际化知识的不同，分别使用不同的组织结构和管理方式。总的来说，我国企业不仅要重视网络构建，更要重视网络与知识的协同变化，把国际化知识的获取和积累看作提升自身竞争力的一种有效途径，并努力借助各种途径，不断巩固和提高国际市场竞争力。

3. 网络演进具有路径依赖性，我国国际化企业需要根据国际化战略定位及国际化经验基础，选择适当的网络演进路径。本研究的案例数据显示，尽管在全面国际化阶段 6 家企业的网络特征基本一致，但路径选择却差异较大。国际化企业网络呈现出"跨越式演进—渐进式演进"与"渐进式演进—跨越式演进"的两种不同策略，在企业国际化经营过程中，企业需要根据自身的战略定位及国际化经验选择不同的网络演进路径。网络战略是企业国际化网络扩张的基础，机遇导向的企业往往可以通过"跨越式演进—渐进式演进"的路径实现演进。在此之前，企业需要积累海外商业网络经验，TCL 的海外网络扩展的失败很大程度上归因于商业网络经验的不足。而以优势导向为主的企业，可以选择"渐进式演进—跨越式演进"的网络演进路径，渐进式网络演进策略需要企业具有本土化国际化经验，本研究中的 3 家创业型网络构建的企业均采用本土化的国际化策略，充分积累经验后，再采用跨越式演进的策略。总之，在网络构建时，国际化企业需要分析企业的优劣势，在合理定位的基础上选择适当的网络演进策略。

4. 企业在推进国际化的过程中，需要注重企业网络的构建，不同国际化阶段，网络构建的策略也应有所不同。国际化进程中企业网络能够帮助企业化解外来者劣势，不仅能够为企业提供许多资源、信息和机遇，还能为企业化解制度距离带来的不良影响，因而企业需要注重网络构建过程的管理：其一，在网络演进的不同阶段，企业需要选择不同的网络嵌入方式、资源承诺模式、关系运作机制和信任构建方式。嵌入方式和资源承诺模式决定了企业的网络结构与网络规模，而关系机制与信任方式决定了企业的网络信誉程度、网络地位及网络影响力。在不同的网络战略下，不同的网络构建方式会产生不同的效果。其二，网络构建要素并不是完全独立的，企业需要注重综合策略的应用，形成合力以促进企业网络演进。嵌入方式与资源承诺共同决定了企业网络的"硬件"，而关系运作和信任构建共同决定了企业网络的"软件"。因此，在网络构建的过程中，企业应该兼顾上述要素。另外，在此过程中，相对应的网络能力的开发也至关重要。

第二节　研究局限及未来研究方向

尽管本研究在理论上扩展和弥补了现有研究的不足，并提出了一些创新性的观点，但是由于个人能力和研究条件所限，仍然存在一些局限。本节指出了研究中的局限性和改善的期望，并提出了可供参考的进一步的研究方向。

一、研究局限

企业的国际化进程即国际化网络构建和演进的过程，这一认识已经得到了研究者的广泛认同，但由于企业国际化网络的结构和变化非常复杂，对企业国际化实践的数据获取和整理也存在诸多困难，因此，对于企业国际化网络演进和构建的研究仍然具有一定的挑战性。本研究通过对案例内和跨案例的分阶段、分类型的详细分析，已经初步揭示了企业国际化网络演进的规律和关键因素的作用机制，并解决了其中的部分问题，但本研究也认为这些发现只是初步的。由于所研究问题的复杂性和条件限制，本研究还存在许多局限，需要在今后的研究工作中进一步深入探讨和完善。总的来说，本研究在研究内容和研究方法具体实施的过程中，还存在以下不足：

第一，本研究基于国际化理论和网络发展阶段模型，在对案例资料进行质性研究的基础上，识别了国际化企业网络演进阶段和演进规律，描述网络发展的原有维度，并据此结合现有的资料和编码表现出新的网络发展特征，但对于网络发展的阶段界定还存在其他的特征变量和指标，本研究对每个发展阶段的网络特征的描述可能不是最全面和准确的界定。在未来研究中，可以进一步深入挖掘现有资料或进行补充调研，丰富和细化对网络阶段的特征描述和演进规律的阐释。

第二，在样本企业的选取方面，本研究秉着典型性和便利性的原则，选取了3个行业中的6家国际化企业，虽然选择的行业和企业都是我国企业国际化的代表，但毕竟不能涵盖我国企业国际化的整体发展情况，对整体制造业国际化企业经营实践的代表性，也可能存在一定的偏差。今后在研究中可以选择不同行业的企业进行跨案例研究甚至对比研究，以提高质化研究的信度和效度，夯实理论构建的基础。

第三，识别出企业国际化成长中关系网络发展的主要驱动因素和构建因素具有重要的实践意义,但本研究仅仅聚焦于企业层面。正如里特尔(Ritter,1999,2003)等所指出的那样,由于网络自身的复杂性,影响网络构建与演进的因素同样是繁杂的,我们无意也很难识别出全部影响因素。另外,在企业之间和个体之间等层面对企业网络的影响因素还考虑不足,尚有一些重要的影响因素需要进一步识别和对其加以解释。

第四,本研究采用的案例研究方法虽然能够有效地揭示企业网络演进及构建的内在作用机理,然而由于案例样本的不足与理论抽样方法本身的限制,本研究的普适性会受到一定的影响。虽然本研究采用了多种措施以提高普适性(例如,通过数据与理论的不断对话得到螺旋式的结论;将本研究结论反馈给案例企业并同其他行业中的企业对比以实现反复印证),然而,还需要在未来的理论研究与企业实践中,通过更大样本的考量,来进一步检验本研究的结论。

二、未来研究方向

本研究已经初步揭示了中国企业基于网络的国际化成长阶段和演进规律,解释了两种网络模式在不同阶段的驱动因素和构建机制。针对前文所述的研究局限,以及目前的理论研究进展,本研究认为,可以在以下方面再进一步深化和拓展:

第一,考虑到知识对国际化网络演进和构建的影响,本研究重点探讨了在国际化发展与网络演进的协同变化中知识的关键作用,研究关注于企业内部因素,强调了"国际化知识—网络演进"是企业国际化进程的重要条件,但是还需要再深入考虑的问题是,在当前复杂多变的国际市场环境中,企业如何发挥战略选择和组织学习的主动性和关键作用,通过调整学习方式来获取关键经验知识,以及网络的演进如何促进企业的组织学习和国际化知识获取等,这些都是企业面临的迫切需要解决的问题。因此,未来的研究中可以考虑组织学习等战略要素,进一步揭示网络演进、国际化发展与国际化知识之间的内在机制。

第二,本研究中所揭示的国际化进程中企业的网络战略意图和经验是其网络演进的重要驱动因素,不同的国际化网络模式中,驱动要素的作用机制也有所不同。实际上,从外部机制入手,不同的行业在发展水平、竞争强度和市场特征等方面,以及发达国家市场和新兴市场的制度和文化等层面,都存在着较大的差异,这些背景因素直接影响了企业国际化网络的形成及发展。因此,在未来的研究中可以就不同行业类型和进入市场类型进行具体分析比较,研究和探讨是否还存在其他外在驱动因素,是否会影响网络发展和构建机制,争取最大程度贴近企业国际化的客观实际。

第三,本研究深入探讨了国际化进程中企业网络演进及其构建机制,然而,对企业网络与国际化绩效的关系未进行探讨。在当前动荡的国际环境下，网络成为获取国际化优势的重要途径，已有的研究认为企业可以通过获取网络资源以提升企业海外市场适应性，然而具有怎样网络特征的企业更具适应性？企业如何通过网络提升适应性？对于这些问题，仍缺乏相对合理的解答。未来的研究可以从个体、企业或集群等多个层面，探讨企业网络与市场适应性的关系，构建更为系统、合理的国际化网络理论。

第四，本研究主要采用了纵向的跨案例研究设计，质化研究有助于提高对关键概念的理解，但鉴于混合方法的优势，在未来的研究中，可以利用这种研究方法对现有变量关系继续挖掘，考虑解释性的混合设计，即在现有研究的基础上，进一步构建精炼的关系模型，通过进行大规模的样本收集进行量化研究，详细解释变量之间的关系，以期得出更具说服力的研究结论，构建更具一般性和普适性的关系模型。

附录 A 企业访谈指南

访谈说明：本访谈指南仅作为访谈过程中的关键问题提示，根据具体企业的特点，需要在访谈过程中进行追问。另外，根据采访对象的不同，问题的侧重点也应有所不同。

主要问题：

1. 请您简要介绍一下贵公司在开展国际化经营方面的情况。如果让您做一个划分，贵公司的国际化可以分为哪几个阶段？划分的依据是什么？

2. 贵公司是从哪一年开始与国外企业开展合作的？合作方来自哪里？当时主要有哪些方面的合作？采取什么样的合作形式？

3. 贵公司第一次与国外企业或机构的合作持续到什么时候？贵公司从与国外公司的合作中得到了什么或学到了什么？在首次合作中，对方获得了什么？

4. 在您看来，第一次与国外企业的合作，对后来的对外合作以及国际化战略与经营产生了什么影响？

5. 您认为与国外企业或机构的联系与合作是否重要？重要性体现在哪些方面？

6. 贵公司一般会以什么样的方式，通过何种渠道与外部建立联系或关系？是否有一定的选择标准？

7. 贵公司的产品第一次销往海外市场是什么时候？销往海外哪些国家？订单是通过什么渠道获得的？当时是通过什么渠道销往海外市场的？

8. 贵公司第一次在海外设立分支机构是什么时候？在哪里设立？这些机构主要承担什么职能？

9. 贵公司第一次在海外建厂是什么时候？在哪里建厂？通过什么方式建立的？当时在该地区建厂的动机和目标是什么？

10. 贵公司第一次在海外开展并购行为是什么时候？并购的动机和目的是什么？采取什么样的并购方式？

11. 贵公司为了拓展国际市场，什么情况下会采取并购的方式？什么情况下会采取直接投资建厂的方式？

12. 在贵公司的国际化进程中，有哪些具有重要意义的时间点或关键事件？这些时间点或关键事件给贵公司的国际化战略带来了什么影响？

13. 目前与贵公司开展合作的国外机构有哪些类型？分别有多少家？这些机构分别来自哪些国家和地区？

14. 目前贵公司的产品销往哪些国家和地区？在这些国家和地区中，发达国家和发展中国家，以及欠发达国家各占多大比重？这种比重是如何变化或调整的？将来有什么规划？

15. 目前在贵公司的业务收入中，来自海外市场的比重多大？这种比重是如何变化或调整的？将来有什么规划？

16. 在与国外企业或机构合作的过程中，遇到的障碍有哪些？是如何解决的？是否有至今依然无法解决的问题？

17. 在什么情况下，贵公司可能会增加在海外的投资？在什么情况下，贵公司可能会收缩在海外的投资？

18. 在您看来，什么样的合作伙伴是值得信任的？什么样的合作伙伴是难以信任的？是否有一定的评判标准？

19. 根据您的经验，开展国际化经营可能的风险有哪些？由于对外合作可能带来的来自国际市场的风险，贵公司是否有一套防范的办法？

20. 根据贵公司与国外企业或机构的合作的实际情况，在什么情况下，贵公司可能会具有更多话语权？在什么情况下，可能会不具有或很少具有话语权？

21. 贵公司是否会有意识地去调整与合作伙伴的关系？一般会采取什么样行为或策略？通常情况下，这些行为或策略是否奏效？

22. 贵公司是否会不断调整合伙伙伴的组成结构？在什么情况下会考虑调整？在什么情况下会选择一般维护？

23. 对于客户的客户，或者供应商的供应商，贵公司是否也会有意识地去主动了解信息，或主动联系？

24. 贵公司是否会有意识地去经营企业网络，采取一定的行动或策略去影响或改变网络环境中的其他个体？

25. 在您看来，什么样的企业网络环境是比较理想的？什么样的企业网络环境可能是比较糟糕的？糟糕的企业网络环境会给企业带来什么样的危害？如何改善？

附录 B 案例企业大事记

1. 中集集团

年份	主要事件
1979 年	5 月 24 日，招商局代表与宝隆洋行及美国海洋货箱公司三方就筹建集装箱厂事宜在宝隆洋行香港分行进行了洽谈
	10 月 16 日招商局轮船股份有限公司、丹麦宝隆洋行、美国海洋集装箱公司三方在香港签订合资经营意向书
1980 年	1 月 14 日，招商局轮船股份有限公司与中国集装箱集团有限公司签订合资经营"中国国际海运集装箱有限公司"总协议
	12 月 8 日美国海洋集装箱公司将一切权利、头衔和利益转让给宝隆洋行，退出合作
1981 年	1 月 24 日，中国国际海运集装箱股份有限公司破土动工
1982 年	5 月 3 日，生产出第一台集装箱；9 月 22 日正式投产
1983 年	3 月 25 日，Triton 公司副总裁访问中集集团
	4 月 14 日 香港 IEA 副总经理、Unicon 公司副总裁参观中集集团
1984 年	6 月 14 日，来自全国 14 个开放港口城市的参加经济特区会议代表参观中集集团
1985 年	10 月 24 日，在南海酒店举行第十次董事会
1986 年	8 月 27 日，董事会决定暂停集装箱生产，转产多种经营，转产后由招商局方单独承包管理
	9 月 宝隆洋行管理人员全部撤出，由招商局集团派出管理人员
	11 月 经营出现历史性转折，转产的钢结构件和法兰盘等产品打入了香港市场，实现首次盈利
1987 年	7 月 1 日，中国远洋运输总公司参股，公司改组为三方合资企业
	7 月 11 日，第十五次董事会在深圳蛇口举行，会议确认了中集集团的经营方针："以生产集装箱为主，兼搞多种经营"
	11 月，恢复集装箱生产
1988 年	5 月，承包港机厂的经营管理，承包期三年
	8 月，承接广东大亚湾核电站 1 万平方米钢结构制作
	9 月，一分厂建成投产，主要进行多种经营生产

年份	主要事件
1989 年	11 月 10 日，注册资本增加到 1000 万美元（以各方股东分得利润增资），增资后合资三方股份比例不变
1990 年	6 月，注册资本增加至 1000 万美元，三家股东持股比例不变
	8 月，日本住友商社访问中集集团
1991 年	10 月 26 日，韩国宪政议会会长（前国防部长）等一行三人访问中集集团
	12 月 10 日中集集团董事、丹麦宝隆洋行（香港）有限公司董事长应邀来公司讲学
1992 年	5 月 19 日，由中集集团（占股 51%）、香港惠航船务有限公司（占股 25%）、国家交通投资公司（占股 24%）合资成立的中集机场设备公司举行奠基典礼
	8 月 11 日，机场旅客登机桥（6 台）中标香港启德机场，标志着中国大型机场地面设备首次进入国际市场
	10 月 26 日，由国际标准化组织 TC/104 集装箱标准技术委员会与下属的专家工作组分别在荷兰的鹿特丹和海牙召开集装箱标准会议，中集集团总工程师作为中国代表团副团长参加了会议
1993 年	5 月，经外经贸部批准，中翔有限公司在香港注册成立，这是中集集团在海外建立的首家全资公司
	10 月，"中翔有限公司"更名为"中国国际海运集装箱（香港）有限公司"
1994 年	1 月 13 日，中集集团试制的国内第一台折叠箱通过试验，获得法国船级社颁发的合格证书
	3 月 23 日，中集 B 股在深交所挂牌交易
	4 月 8 日，中集 A 股在深交所挂牌交易
	7 月 7 日，中集集团收购南通顺达集装箱有限公司 72% 股权
	11 月 10 日，中集集团将其在南通中集顺达 10% 的股份转让给日本住友商社
1995 年	3 月 22 日，上海中集冷藏箱有限公司合资合同在上海波特曼酒店签约，项目总投资额 5000 万美元，注册资本 2800 万美元，合资各方分别为中集集团（占股 70%）、香港 FIORENS（占股 20%）、上海罗南农工商总公司（占股 8%）、德国 GRAFF（占股 2%）
	5 月，马士基 Erik Hansen 等采购、技术部门负责人考察南通顺达公司
	10 月，经国家工商局批准，集团正式更名为"中国国际海运集装箱（集团）股份有限公司"

续表

年份	主要事件
1996 年	4 月 23 日，中集新增发行的 3000 万 B 股在深交所上市
	4 月 29 日，中集在美国发行 3000 万美元商业票据，标志着中集成功进入全球最大的金融市场
	4 月，中集香港公司与日本住友商社签订协议，向住友商社出让其持有的上海中集冷藏箱有限公司 5%股权
	5 月 26 日，CRONOS 高层代表团一行五人来南通中集顺达公司访问
	5 月 29 日，上海中集冷藏箱公司签署 2000 万美元总期限为 4.5 年的银团贷款协议，参加银团的有中国、荷兰、德国、新加坡、日本 5 国的 6 家商业银行
	6 月 5 日，新加坡 NOL 箱东访问中集
	6 月 28 日，中集集团商业票据第二期 2000 万美元在美国成功发行
	7 月，集团对新会中集实行产权重组，中集（香港）公司分别与日本住友商事株式会社、新日本制铁株式会社、日本朝阳贸易株式会社及香港亨美投资有限公司签订协议，分别出让集团持有的新会中集 10%股权；集团集装箱产销量达到 19.9 万标准箱，首次超过韩国进道、现代精工集团，上升至世界第一位
1997 年	3 月 20 日，中集集团获 2500 万美元长期贷款，由日本住友银行提供，日本住友商社担保
	4 月 23 日，中集集团与法国兴业银行纽约分行等 6 家银行组成的银团及美洲证券等金融机构在美国纽约签订在美发行 7000 万美元商业票据的协议
	6 月 4 日，Gateway 副总裁参观南通中集顺达公司
	7 月 28 日，Triton 租箱公司副总裁访问南通中集顺达公司
	7 月 29 日，Amficon 租箱公司董事总经理访问南通中集顺达公司
	9 月 24 日，南通中集第一台日本铁路箱(JR 箱)样箱制造成功
	10 月 24 日，日本 JR 铁路货物运输公司董事副部长一行考察南通中集顺达公司 JR 箱生产线及 JR 样箱
	11 月 21 日，中集天达与美国西南航空公司在达拉斯正式签订 4 台机电式登机桥的订货合同，为中集天达进入美国市场揭开了序幕
	12 月 18 日，柬埔寨银路木业有限公司成立，杜峰任董事长兼总经理

续表

年份	主要事件
1998 年	1 月，中集天达机场设备打入美国市场
	1 月 25 日，中集集团与 8 家国际知名银行组成的银团贷款签字仪式在深圳举行
	3 月 2 日，美国民航界负责设备采购的 19 位高层管理人员考察天达空港
	3 月 9 日，Crowley 副总参观南通中集顺达公司
	4 月 11 日，董事会通过关于投资苏里南、柬埔寨木业项目的决议
	6 月 30 日，上海中集内燃发电设备公司完成 100 台冷箱专用发电机组出口北美的合同
	9 月 18 日，GE Seaco 董事局主席及随行人员访问中集，参观了中集集团重机及南方中集
	10 月 12 日，中集集团董事会一行 8 人，考察了柬埔寨的木业投资环境，并于 14 日拜会柬埔寨王国首相洪森
	10 月 26 日，瑞典 STORA 公司运输及采购高级副总裁考察南通中集顺达公司，并签订了特种箱公司的第一批超宽特种箱订单
	10 月 29 日，中国进出口银行行长一行参观考察南通中集顺达公司
	12 月 1 日，全球集装箱多式联运展览会 1998 年会在荷兰鹿特丹举行，中集集团派出了以总裁为首，集团市场事业部、技术发展事业部、中集香港公司及下属各箱厂人员参加的大规模代表团
	12 月 3 日，中集集团与现代精式株式会社、胶州市经济技术开发区签订了合资合作的原则协议
	12 月 18 日，法国船级社东亚区总代表、中国区集装箱部总经理访问中集集团，参观了南方中集
	12 月，集团通过中集香港公司获得位于苏里南的 30 万公顷为期 20 年的森林开采权及位于柬埔寨 31.546 万公顷为期 25 年的森林开采权

续表

年份	主要事件
1999 年	1 月 6 日，中集集团、韩国现代精工、胶州经济技术开发区、香港中集四方在青岛市胶州宾馆举行成立合资公司协议签字仪式
	2 月 5 日，中集集团与中国进出口银行在北京签订了总额为 8 亿元人民币的出口卖方信贷协议
	3 月 9 日，WILHELMSEN LINE 副总一行参观新会中集
	4 月 9 日，Zim-Line 公司副总裁一行参观新会中集
	4 月 14 日，HANJIN 装备管理次长及韩国船级社中国代表处总经理李基宅参观新会中集
	4 月 20 日，上海中集冷箱开发并开始生产澳洲 MACFIELD 公司的第一批 46 英尺超长、超高、超宽特种铁路冷藏钢箱
	6 月 3 日，上海中集冷箱与德国 Waggonbau 公司就关于生产冷藏箱的八项专利及超大容积箱事宜分别签订两份专利许可协议
	6 月 3 日，南通特种箱公司第一批 224 台 STORA 箱发运离港，运往瑞典哥登堡
	9 月 8 日至 10 日，中集集团总裁一行参加了在澳大利亚墨尔本展览中心举办的 National Freight Congress & Transport Expo
	10 月 8 日，荷兰鹿特丹市市府官员一行 7 人，来到上海中集参观
2000 年	5 月 22 日，中集集团总裁、副总裁一行应邀参加了 STORENSO 公司在瑞典哥登堡的滚装码头举行的"基本港"启动仪式和庆祝晚会，中集集团因在该项目中表现突出而被 STORAENSO 公司赠予奖品
	9 月 20 日，中集天达自行设计、生产的窄体机登机桥（Passenger Boarding Bridge For Narrow Body Aircraft）专利申请在美国专利局获得审查通过
	11 月 13 日，中集集团与英国 UBHI 签订"战略合作联盟协议暨技术转让协议"
2001 年	10 月，集团获得 P&O Nedlloyd 的 14500 台冷藏集装箱订单，该订单是中集集团迄今为止所有业务里接获的最大一张订单，同时也是业内最大的单张订单。
	11 月 13 日到 15 日，2001 年全球集装箱多式联运展览年会（Intermodal）在德国第一大港口城市汉堡召开，中集集团总裁应邀在年会作了题为 New century, New challenges，New opportunities 的演讲
2002 年	12 月 16 日，获得世界五大认证公司之一的法国 BVQI 公司颁发的 ISO9000 证书
2003 年	5 月 20 日，中集集团与 HPA MONON 公司签订资产购买协议，共支付 450 万美元购该公司相关资产

续表

年份	主要事件
2004 年	2 月 12 日，中集集团与中国进出口银行签署 15 亿美元的出口买方信贷合作协议
	2 月，深圳中集专用车基地第一辆出口美国的集装箱运输半挂车样车下线
	3 月 16 日，集团收购了英国 Clive-Smith Cowley Ltd.60%的股权，拥有了 DOMINO 折叠箱的系列专利技术
	6 月 4 日，中集集团与以花旗集团和荷兰商业银行作为牵头行、花旗集团作为簿记行、共 15 家中外知名银行参与认购的 1 亿美元银团贷款协议在深圳正式签署生效
	12 月 20 日，深圳中集专用车有限公司生产的第一批出口日本的集装箱运输专用车正式起运装船
2005 年	5 月 2 日，中集集团通过其全资子公司，就购买德国 Waggonbau 公司一系列冷藏集装箱制造与设计专利签署了正式协议
2006 年	3 月 20 日，由深圳中集天达公司为法国戴高乐国际机场生产的登机桥，通过了法国巴黎机场管理局（ADP）的初检，成功接驳了第一个航班，标志着中国制造的大型机场地面设备首次进入欧洲中心市场并投入运行
2007 年	5 月 25 日，中集集团 2 亿美元银团贷款签约仪式在深圳举行，该项银团贷款由花旗银行和荷兰商业银行作为牵头行，共计 11 家中外知名银行参与认购
	6 月 5 日，中集集团在泰国投资的合资公司中集车辆（泰国）有限公司在泰国曼谷举行了合资企业签字仪式和新闻发布会，标志着中集东南亚的营运基地正式开始运作
	6 月 26 日，中集集团间接收购荷兰博格工业公司（Burg Industries B.V.）80%权益的交易，分别获得中国、德国和荷兰政府有关部门批准
	7 月 30 日，中集集团与 Xinao Group International Investment Limited 达成协议。
2008 年	2 月 14 日，比利时国王参观了 Bree 市的企业代表 CIMC-BURG 旗下的 LAG 公司
	3 月 12 日，中集集团与烟台莱佛士船业有限公司签定收购协议，上述交易完成后，中集集团将拥有莱佛士 29.9%的权益并成为该公司的第一大股东；并购全球领先的气体工程总承包商德国 TGE 气体工程公司，成为中国唯一掌握大型 LNG 接收站核心技术的企业

续表

年份	主要事件
2009 年	3 月 16 日，国家开发银行与中集集团签署开发性金融合作协议
	5 月 26 日，以中集天达为总包方的项目联合体与法国巴黎机场公司（ADP），正式签署了法国巴黎戴高乐国际机场第一航站楼 T58 机位 A380 项目和第四卫星航站楼（S4）项目旅客登机桥总包合同
	8 月，由中集半挂车研究院和欧洲 LAG 技术团队联合倾力打造的 LAG 第二代侧帘车（G2）正式下线
2010 年	5 月 28 日，中集西澳公司中标必和必拓西澳铁矿项目 5 年营地房的独家战略供应合同
	9 月 24 日，中集天达与法国机场管理公司和荷兰史基辅集团签订机场设备采购框架协议
	11 月 12 日，为巴西 Schahin 石油天然气公司建造的半潜式钻井平台 SS Pantanal 成功交付
2011 年	1 月，中集租赁美国公司成立，启动全球主流市场融资租赁业务
	3 月 4 日，中集集团与美国船级社（ABS）战略合作协议签约
	4 月 10 日，中集来福士交付为巴西 Schahin 石油天然气公司建造的第二座深水半潜式钻井平台 SS Amazonia
	4 月 27 日，中集集团与澳大利亚第三大铁矿石生产商 FMG 签署了一份价值 6000 万澳元的营地房项目合约
	7 月 1 日，中集来福士与 United Faith Group Limited 公司签订了两条 50000 吨级多功能半潜船建造总包合同
	7 月 12 日，渣打银行与中集集团签署战略合作协议
2013 年	2 月 8 日，经新加坡高等法院批准，中集集团拥有 100%股权的中集海洋工程控股有限公司完成对中集来福士海洋工程（新加坡）有限公司其余股份的收购，自此，中集来福士成为中集海洋工程 100%拥有的全资子公司
	7 月，15 台联合卡车 6×4 重型自卸车和 5 台 6×4 重型牵引车缓缓驶出联合卡车总装车间，即将驶向玻利维亚，标志着联合卡车正式进军国际市场

2. 中联重科

年份	主要事件
1992 年	9 月 28 日，中联重科的前身——长沙高新技术开发区中联建设机械产业公司正式挂牌成立
1993 年	7 月，开发生产了第一代混凝土输送泵
1994 年	1 月，原长沙建机院混凝土机械研究室、机械厂成建制并入中联公司，中联公司从此有了自己的研发队伍和生产基地
1995 年	3 月，原长沙建机院中起公司成建制并入中联公司，建筑起重机械成果开始纳入中联产业化范围
1996 年	7 月，经建设部批准，长沙建设机械研究院与中联公司形成了"一套班子，两块牌子"的运行机制，中联公司下属混凝土机械、起重机械、专用车辆、营销等 4 个分公司
1997 年	8 月，中联混凝土机械有限责任公司和中联起重有限责任公司成立
	8 月，道路清扫车出口埃及，中联产品开始走出国门
1998 年	8 月，公司正式开通国际互联网站，向全球发布公司信息
1999 年	3 月，将中联环卫机械分公司分离，成立长沙高新技术产业开发区中标实业有限公司
	8 月 8 日，长沙中联重工科技发展股份有限公司正式注册成立
2000 年	7 月 5 日，公司通过 ISO9001 质量体系认证
	7 月 30 日，中联泵独立完成亚洲第二高度建筑澳门观光塔的全部混凝土泵送任务
	10 月 12 日，"中联重科" 5000 万股 A 股股票在深交所隆重上市
2001 年	11 月 23 日，中联重科正式收购英国保路捷公司
2002 年	8 月 30 日，公司 ISO9001/ISO14001 质量环境一体化管理体系启动
	12 月 21 日，中联重科承债式兼并湖南机床厂
2003 年	7 月 24 日，中联重科通过德国莱茵 TUV 质量管理体系认证
	9 月 23 日，中联重科收购中标实业全部经营性资产
	10 月 10 日，越南共产党代表团参观中联重科
2004 年	2 月 16 日，"中标牌" 清扫车销往欧洲
	3 月 29 日，中联集团亮相 BAUMA 2004，开启国际化之旅
	5 月，中联重科随国务院总理参加欧盟投资贸易研讨暨洽谈会
2005 年	4 月 11 日，中联集团召开发展战略工作会议，确立了以"专业化、股份化、国际化"为核心内涵的"核裂变"战略在中联集团发展进程中的重要地位
	7 月，中联重科泵送机械产品 CE 认证工作完成，从而取得了进入欧盟市场的准入证

续表

年份	主要事件
2006 年	3 月 2 日，中联重科 79 台塔式起重机陆续出口非洲安哥拉，创国内塔机单项产品出口最大单
	5 月，中联以 4.97 亿美元的年度收入挺进 2005 年度全球工程机械 33 强
	12 月，总价值超过 1 亿元的 66 台中联汽车起重机陆续出口印度，创我国汽车起重机单一品种、单一机型出口的新纪录
2007 年	4 月 23 日，中联重科携全系列产品亮相德国 BAUMA 2007 展
	5 月 17 日，中联 117 台环卫产品出口加纳，创我国环卫产品单笔出口最大单
	7 月，中国首批 70 家国际信用企业问世，中联重科获国际信用最高级别 5A-A。
	12 月 3 日，中联重科品牌统一正式启动，"中联"成所有产品统一品牌，"浦沅""中标"淡出市场
	12 月 4 日至 7 日，品牌统一后的中联系列产品首度亮相 2007 COEXPO 亚洲工程机械博览会
2008 年	3 月 11 日，中联重科产品亮相美国拉斯维加斯
	5 月 29 日，中联重科首家海外 4S 店落户澳大利亚，在布利亚布里斯班开业
	6 月，中联重科收购意大利 CIFA 公司，收购完成之后，中联跃居全球混凝土机械制造商龙头地位
	6 月 26 日，欧盟法国、芬兰、德国、波兰、英国、奥地利 6 国总领事访问中联
	6 月 30 日，中联重科生产的完全自主知识产权的 QUY 600 履带式起重机出口印度
2009 年	3 月，中联重科"ZOOMLION"商标被司法认定为中国"驰名商标"，成为中国工程机械行业唯一一家中、英商标分别被认定为"驰名商标"的国际化企业
	3 月 16 日，中联重科融资租赁（中国）有限公司揭牌，成为国内厂商系租赁公司中第一家进行全球运作的企业
	4 月，融合中联、CIFA 技术优势的我国首台六节臂 50 米泵车问世
	4 月 29 日，中联重科融资租赁公司在澳大利亚签订国内融资租赁公司海外融资租赁业务第一单，标志着中联融资租赁全球服务体系正式启动
	5 月 29 日，中联重科融资租赁（澳大利亚）有限公司正式开业，成为首家在海外注册的中国融资租赁公司
	9 月 28 日，CIFA 品牌正式登陆中国市场
	12 月 3 日，中联重科与奔驰签订 2009 年全球专用底盘采购第一大单，以近 3 亿元购买 360 台奔驰底盘
	12 月 17 日，CIFA 供应链中国基地在中联重科麓谷工业园建成投产

年份	主要事件
2010 年	4 月 19 日，中联重科携 CIFA 子品牌及家族全体成员，整体亮相第 29 届德国宝马展
	6 月 3 日，公司最大规模海外营销人才入职培训开班，为公司的国际化战略布局迈出坚实的一步
	7 月，中联重科以 30.41 亿美金的销售额，进入全球工程机械前十强
	10 月 20 日，中联重科 110 台环卫车远销沙特
	11 月 29 日，10 台中联 100 吨履带起重机出口印度，开创单品种批量出口海外新纪录
	12 月，意大利莱昂纳多委员会将 2010 年度"莱昂纳多国际奖"授予中联重科董事长
	12 月 23 日，中联重科 H 股在香港成功上市
2011 年	2 月，中联重科被纳入摩根士丹利资本国际（MSCI）中国指数
	3 月 7 日，詹纯新董事长在美国哈佛大学进行了题为《中国企业融入国际的新姿态》的专题演讲
	5 月 20 日，中联重科荣获德国 TüV 莱茵集团颁发的 CE 证书和北美证书，成为国内同行业首家同时完成履带吊和汽车吊欧美认证的起重机械制造商
	6 月 21 日，中联重科买断国际社会公认的塔机高端专家德国 JOST 平头塔系列产品的全套技术，迅速实现了从中国领先到国际领先的跨越
2012 年	4 月 28 日，中联重科与俄罗斯马斯特集团签署 20 亿卢布（约合 4.28 亿元人民币）的授信合作协议，用于房地产项目的开发建设以及购买中联重科的各种工程机械
	5 月，中联重科排名全球工程机械制造商第七位
	8 月 21 日，中联重科与印度 ElectroMech 公司签订合资建厂协议，这是中联重科第一个海外直接投资建厂项目
	8 月，中联重科 350 台 ZE230E 履带式挖掘机出口中东
	10 月 9 日，中联重科与意大利 RIBA 公司签署合资建立"高碳材料有限公司"协议
2013 年	4 月 15 日至 20 日，中联重科携系列产品参展第 30 届德国宝马展
	6 月 19 日，"2013 年全球工程机械制造商 50 强排行榜"发布，中联重科排名第六
	12 月 20 日，中联重科收购全球干混砂浆设备第一品牌德国 M-TEC 公司

3. 海尔集团

年份	主要事件
1984 年	10 月 23 日,青岛电冰箱总厂和德国利勃海尔公司签约引进当时亚洲第一条四星级电冰箱生产线
1985 年	厂长张瑞敏提出了"起步晚,起点高"的原则,制定了海尔发展的"名牌战略","砸冰箱"事件成为海尔历史上强化质量观念的警钟
1986 年	德意志联邦共和国驻华大使从北京专程到青岛电冰箱总厂考察
1987 年	在世界卫生组织进行的招标中,海尔冰箱战胜 10 多个国家的冰箱产品,第一次在国际招标中中标
1988 年	海尔冰箱在全国冰箱评比中以最高分获得中国电冰箱史上的第一枚金牌
1989 年	海尔冰箱逆市提价 12%,以质量和服务赢得了市场
1990 年	海尔产品通过了美国 UL 认证,标志着海尔走向国际市场的思路已经开始付诸实施
1991 年	在全国首次驰名商标评比中,海尔被评为"全国十大驰名商标"
1992 年	2 月,建立了海尔工业园
	9 月,通过 ISO9001 国际质量体系认证,标志着海尔已成为合格的世界级供应商
1993 年	在德国 TEST 杂志一年一度的家电抽检结果报告中,海尔冰箱获得了 8 个＋号,在受检的冰箱中名列质量第一名
1994 年	海尔超级无氟电冰箱参加世界地球日的展览,成为唯一来自发展中国家的环保产品
1995 年	5 月 22 日,海尔集团搬迁到新落成的海尔工业园,拉开了海尔创世界名牌的序幕
	7 月,原红星电器有限公司整体划归海尔集团,海尔以"吃休克鱼"的方式,通过输入海尔文化,盘活被兼并企业,使企业规模不断扩展
1996 年	6 月,海尔获得美国优质科学协会颁发的"五星钻石奖",海尔集团总裁张瑞敏个人被授予五星钻石终身荣誉
1997 年	2 月,海尔参加了在德国科隆举行的世界家电博览会,海尔向外国人颁发产品经销证书,标志着海尔品牌已经开始在国际市场崭露头角
1997 年	9 月,以进入彩电业为标志,海尔进入黑色家电、信息家电生产领域,海尔先后兼并了广东顺德洗衣机厂、莱阳电熨斗厂、贵州风华电冰箱厂、合肥黄山电视机厂等 18 个企业
1998 年	3 月 25 日,海尔总裁张瑞敏应邀前往哈佛大学讲课,海尔文化激活"休克鱼"的案例成为哈佛工商管理学院的教材;英国《金融时报》在评选"亚太地区最具信誉的企业"时,海尔名列第七;美国《家电》周刊对海尔的发展速度在世界家电业位居第一也给予了高度评价

年份	主要事件
1999 年	4 月 30 日，海尔在美国的南卡罗莱纳州建厂，欧洲海尔、中东海尔、美国海尔等先后揭牌，有更多海外经销商加入到海尔的营销网络中，海尔一年建成三园一校（海尔开发区工业园、海尔信息产业园、美国海尔园、海尔大学校部）
2000 年	5 月，为适应海尔业务流程再造的需要和进一步与国际接轨，海尔集团总裁张瑞敏改任海尔集团首席执行官
	10 月 7 日，海尔集团首席执行官张瑞敏在瑞士洛桑国际管理学院演讲海尔管理创新，张瑞敏是首位登上瑞士洛桑国际管理学院讲台的亚洲企业家
2001 年	4 月 5 日，美国海尔工厂附近的一条路命名为海尔路，这是美国唯一一条以中国品牌命名的道路
	4 月，海尔建设了全球第二个海外工业园
	6 月 19 日，海尔集团并购意大利迈尼盖蒂公司下属某冰箱厂，这是中国白色家电企业首次实现跨国并购；继美国海尔之后，海尔在欧洲也实现了设计、制造、营销"三位一体"的本土化经营
2002 年	1 月 8 日，"三洋海尔株式会社"新闻发布会在日本大阪举行，海尔三洋建立新型竞合关系
2003 年	8 月 20 日，海尔在日本东京繁华商业区银座广场竖起的第一个中国企业的广告牌
2004 年	3 月 3 日，首批标有"海尔"品牌标志的 5500 台笔记本和台式电脑登陆法国市场
	10 月，巴基斯坦海尔顺利通过了 ISO9001:2000 国际质量管理体系认证，成为巴基斯坦家电行业国外品牌中第一个通过该认证的企业，也是海尔集团第一个通过认证的海外工厂
2005 年	8 月 12 日，海尔集团成为北京 2008 年奥运会白电赞助商
	12 月 25 日，张瑞敏宣布启动新的发展战略阶段，进入继名牌战略、多元化战略、国际化战略之后的第四个发展战略阶段——全球化品牌战略阶段。
2006 年	2 月 22 日，海尔不用洗衣粉洗衣机海外上市发布会在马来西亚首都吉隆坡举行
	5 月 31 日，海尔电信（印度）公司在新德里进行手机新品发布会，并正式宣布进入印度市场
	10 月 14 日，海尔集团首家澳大利亚专卖店在悉尼隆重开业

续表

年份	主要事件
2006 年	10 月 27 日，海尔与日本三洋株式会社在日本大阪签署合约，双方合作成立合资公司——海尔三洋株式会社
	11 月 9 日，海尔—英特尔创新产品研发中心揭牌
	11 月 26 日，巴基斯坦海尔—鲁巴经济区正式揭牌，海尔在香港维多利亚港竖起海尔大型户外广告。
2007 年	8 月 9 日，海尔集团在印度收购了一家产能 35 万台的冰箱厂，宣布启动在印度的第一座制造基地
	9 月 25 日，"海尔—思科战略合作谅解备忘录签约仪式"在海尔集团举行
	11 月 1 日，海尔—英特尔全方位战略合作签约
2008 年	1 月 6 日，美国举办的 CES 展会上，中国消费电子产业领先品牌 TOP10 中，海尔被评为中国消费电子产业第一品牌
	2 月 16 日，作为 NBA 唯一家电赞助商海尔品牌 LOGO 亮相。
	7 月，海尔冰箱进入英国第二大零售渠道销售 A+级节能冰箱
2009 年	2 月 19 日，海尔在委内瑞拉总统府签署了《白色家电技术、标准输出及建立生产基地合作协议》
	4 月 29 日，德国前总理哈特·施罗德到访海尔集团
	5 月 27 日，海尔集团对外宣布投资参与新西兰斐雪派克（Fisher & Paykel）公司一项股权融资计划，海尔集团获得该公司 20%的股份，成为该公司新的大股东
	11 月 13 日，在古巴首都哈瓦那举行了"中国（山东）—古巴经贸合作签约仪式"
2010 年	4 月 23 日，由海尔 U-home 牵头、e 家佳联盟主导提报的国际标准项目《家庭多媒体网关通用要求》正式成为 IEC 国际标准
	5 月 27 日，海尔集团与挪威领先的环保技术供应商 FramTech 在上海正式签署节能环保协议
	9 月 15 日，海尔与日本骊住集团在东京签署战略合作框架协议
2011 年	8 月，海尔电器与凯雷亚洲基金战略合作
	10 月，开始收购三洋电机多项业务
	12 月 15 日，欧睿国际公布 2011 年全球家电市场最新调查数据，海尔集团在大型家电市场的品牌占有率提升为 7.8%，第三次蝉联全球第一

年份	主要事件
2012 年	1 月 5 日，海尔亚洲国际株式会社和海尔亚科雅销售公司成立，亚科雅（AQUA）新品牌正式诞生
	2 月 15 日，海尔集团新品牌亚科雅（AQUA）在东京召开新闻发布会，宣告海尔在日本正式进入主流市场，同时，海尔亚洲总部和研发中心正式落户日本
	11 月 6 日，海尔集团宣布成为斐雪派克电器控股有限公司 90%或超过 90%股份的持有人或控股人，全面增持斐雪派克股份
	12 月 11 日，张瑞敏应邀赴欧洲顶级商学院瑞士 IMD、西班牙 IESE 商学院演讲
2013 年	1 月 10 日，美国管理咨询公司波士顿（BCG）公布了 2012 年度"全球最具创新力企业 50 强"榜单，海尔集团排名第八
	8 月 11 日，张瑞敏应邀出席美国管理学会（AOM）第 73 届年会并进行主题演讲
	9 月 6 日，海尔宣布与欧洲领先的家电制造商之一法格家电成立合资公司
	9 月 30 日，青岛海尔与 KKR 签署战略投资与合作协议，由 KKR 向青岛海尔投资获得其 10%股权，双方建立战略合作伙伴关系，将在多个领域进行一系列战略合作
	12 月 9 日，海尔集团与阿里巴巴集团联合宣布达成战略合作

4. TCL 集团

年份	主要事件
1981 年	在惠阳地区机械局电子科的基础上，组建惠阳地区电子工业公司，开始 TCL 集团的早期创业
1985 年	兴办中港合资的 TCL 通讯设备有限公司
1986 年	开发出我国最早的免提式按键电话，通过生产鉴定，创立"TCL"品牌，TCL 商标在国家工商行政管理局商标注册
1989 年	TCL 电话机产销量跃居全国同行业第一名
1991 年	在上海成立第一个销售分公司，随后又在哈尔滨、西安、武汉、成都等地建立销售分支机构，成为今天 TCL 全国性销售网络的雏形
1992 年	研制生产 TCL 王牌大屏幕彩电，同年，导入 CI 系统，成为国内较早实施 CIS 的国有企业之一

续表

年份	主要事件
1993 年	TCL 将品牌拓展到电工领域,成立 TCL 国际电工(惠州)有限公司
	TCL 电子(香港)有限公司成立
	TCL 通讯设备股份有限公司股票在深交所上市
1994 年	率先推出国内第一部无绳电话
1995 年	TCL 集团公司改组,下设"通讯""电子""云天"三大集团
1996 年	TCL 集团兼并香港陆氏公司彩电项目,开创国企兼并港资企业并使用国有品牌之先河
1997 年	TCL 与河南美乐集团联合,成立河南 TCL-美乐电子有限公司
	TCL 集团公司调整企业结构,撤销三个专业集团,重组为 TCL 集团有限公司
	在 TCL 内部安排了长达几个月的封闭式英语突击培训,为海外市场储备人才
1998 年	5 月,TCL 与中国台湾致福集团合作,成立 TCL 致福电脑有限公司
	中国进出口银行与 TCL 签订"20 亿元人民币出口卖方信贷一揽子授信协议",为 TCL 开拓海外市场提供了有力的资金支持
	李东生赴越南考察当地市场,寻找投资可能
	TCL 在莫斯科设立了代表处,通过品牌代理和 OEM 方式进入俄罗斯
1999 年	TCL 信息产业集团成立,微软公司前中国区总经理吴士宏女士出任总经理
	TCL 国际控股有限公司股票在香港成功上市
	TCL 收购了越南原有的一家彩电生产企业同奈电子公司的外方投资企业——陆氏香港公司,绕开了越南现行的政策限制,10 月,TCL 越南公司成立
2000 年	通过资本运作兼并无锡"虹美"电视,成立 TCL 数码科技(无锡)有限公司;兼并中山"索华"空调,成立 TCL 空调器(中山)有限公司
2001 年	1 月,TCL 集团兼并无锡永固电子公司,成立 TCL 数码科技(无锡)有限公司
2002 年	4 月,TCL 集团股份有限公司宣告成立,李东生任董事长兼总裁
	9 月,TCL 以 820 万欧元全资收购德国破产彩电厂施耐德(Schneider)
2003 年	11 月,TCL 开始收购法国汤姆逊公司,重组彩电、DVD 业务
	通过控股公司莲花太平洋全资收购了美国碟机生产商高威达(GoVideo)
2004 年	1 月,TCL 集团在深交所正式挂牌上市
	1 月,与法国汤姆逊签署合作协议,7 月底合资公司 TTE 在深圳成立,汤姆逊于在波兰设立的电视机工厂更名为 TCL 波兰制造中心
	9 月,TCL 兼并法国阿尔卡特公司手机业务,获得其研发中心和全球销售网络

续表

年份	主要事件
2005 年	3 月，高冠名赞助高尔夫"欧巡赛"之"TCL 高尔夫精英赛"
	TCL 彩电销量雄居全球首位
	12 月，TCL 集团通过控股的 TCL 实业控股（香港）有限公司向法国罗朗格公司（Legrand France S.A.）转让 TCL 通讯设备（香港）有限公司 100%股权
2006 年	3 月，海外营业收入超过中国本土市场营业收入
	10 月，TCL 多媒体开始关闭在法国的全资子公司 TTE 欧洲原有亏损业务，遣散大部分员工
2007 年	1 月，TCL 彩电核心技术获美国国家电视学院艾美奖
	3 月，耗资 9000 万欧元的欧洲业务重组完成
	10 月，曾任飞利浦消费电子执行副总裁的梁耀荣加盟 TCL，出任多媒体总裁
	11 月，李东生在巴黎梅里迪安宾馆的会议厅进行了主题为"相信中国制造"的演讲
	年底，TCL 实施了集团产业重组，并同时着手对集团全球化供应链的改造
2008 年	11 月，TCL 正式成为广州 2010 年亚运会合作伙伴
	睿富全球排行榜在纽约发布"中国最有价值品牌排行榜"，TCL 夺得中国彩电业第一品牌
	再造后的供应链对 TCL 多媒体的屏采购计划发挥了有效支持，与奇美、LG、飞利浦等上游核心供应商的战略合作关系也变得更为流畅
	4 月，TCL 投入自有资金在惠州启动液晶电视模组项目，三星作为合作伙伴提供液晶面板及相关支持
2009 年	4 月，TCL 与中国台湾中强光电集团合组公司，生产液晶电视背光模组
	深圳市华星光电技术有限公司也宣布正式成立
2010 年	11 月，TCL 集团董事长李东生在广州传递亚运火炬，TCL "快乐魔方"亚运主题公园举行了隆重的开园仪式
2011 年	4 月，TCL 集团、深超投、三星电子签署合资合同
	6 月，TCL 对外正式公布了其《变形金刚 3》的国际联合推广伙伴身份
	6 月 15 日，TCL 与意大利多媒体、通信、家电 3 大领域共 9 家客户举行了经贸合作签约仪式，共签署近 3 亿欧元的经贸项目
	在巴西设立代表处，并以此辐射南美市场

续表

年份	主要事件
2012 年	第 45 届国际消费电子展（CES）上 TCL 荣获技术创新单项大奖"年度智能云计算电视"奖，并蝉联全球消费电子 TOP 50 和全球电视品牌第六名，首次进入全球彩电销量前三名
	8 月，与巴西当地品牌签订了南美最大一笔经贸合作协议，总金额超过了 5 亿美金
2013 年	1 月，TCL 冠名美国好莱坞星光大道地标性建筑"中国大剧院"；另外，为配合品牌在北美市场的拓展，TCL 在洛杉矶设立了两个销售公司，分别负责手机和彩电销售，还与亚马逊等渠道商合作
	5 月，TCL 与埃及最大家电集团阿拉比集团合作，共同推出品牌彩电

5. 吉利汽车

年份	主要事件
1986 年	11 月，李书福以冰箱配件为起点，开始了吉利创业历程
1989 年	转产高档装潢材料
1994 年	进入摩托车行业
1996 年	5 月，成立吉利集团有限公司，开始规模化发展
1997 年	6 月，进入汽车产业，中国第一家民营轿车企业
1998 年	8 月 8 日，吉利集团生产的第一辆汽车在浙江临海基地下线
2001 年	吉利集团正式获得国家汽车公告，成为中国首家获得轿车生产资格的民营企业
2002 年	进入全国汽车"3＋6"行列，跻身中国企业 500 强
	12 月 23 日，吉利集团与韩国大宇国际株式会社在宁波正式签署全面技术合作协议
2003 年	吉利汽车在上海设立国际贸易公司，开始拓展国际市场，获得叙利亚第一个订单
	8 月，首批吉利轿车出口海外，实现吉利轿车出口"零的突破"
2004 年	6 月 18 日，吉利汽车一批共 320 辆吉利及华普轿车，从上海外高桥沪东码头装船出口运往中东
2005 年	5 月，吉利在香港成功上市
	5 月 30 日，吉利汽车控股有限公司在马来西亚吉隆坡国会大厦同 IGC 集团就整车项目合作及 CKD 项目合作签约

年份	主要事件
2006 年	8 月，吉利控股集团被认定为"国家汽车整车出口基地企业"
	10 月 24 日，吉利集团董事长李书福在英国伦敦皇家花园酒店代表吉利汽车控股有限公司在香港上市的公司（0175HK）、上海华普，与英国锰铜控股公司（MBH）正式签署合资生产名牌出租车的协议
	12 月，吉利签署海外第一个 SKD 组装项目——俄罗斯项目
	吉利开始有计划、有步骤地开发尼日利亚市场
2007 年	1 月 23 日，乌克兰 SKD 项目开始正式启动，首批 300 套 KD 件出运，实现吉利汽车海外生产"零的突破"
	CK-1 CKD 组装项目正式落户印尼，使该项目成为吉利汽车进军东南亚和全球右舵汽车市场的跳板
	吉利与墨西哥的合作公司签订合作意向书，共同投资 1.3 亿美元建设墨西哥的工业园项目
	11 月 6 日，　吉利全球征集新车标正式发布
	在尼日利亚上市吉利旗下的自由舰和吉利金刚
	吉利汽车与俄罗斯罗里夫（ROLF）公司签订了价值 15 亿美元的整车供货合同，同时，吉利汽车还在继续加大与俄罗斯另一汽车公司因科姆公司的汽车组装合作
2008 年	7 月 28 日，吉利控股集团被认定为国家首批"创新型企业"
2009 年	3 月，吉利成功收购全球第二大自动变速器公司澳大利亚 DSI
	11 月，召开全球采购招商大会
	12 月，与韩国大义集团成立专注于汽车内外饰研发与生产的合资公司
	12 月，与全球 500 强企业之一的美国江森自控有限公司签订全球战略合作协议
	和国际公共关系与传播机构 Open2Europe 签订合作协议，Open2Europe 将陪伴吉利在北非战略市场之一的阿尔及利亚进行品牌拓展
2010 年	3 月 28 日，吉利收购沃尔沃轿车公司最终股权收购协议在哥德堡签署，获得沃尔沃轿车公司 100% 的股权以及相关资产（包括知识产权）
	8 月，吉利完成对沃尔沃轿车公司的全部股权收购
	12 月 2 日，法国佛吉亚集团、浙江利民公司、吉利集团在杭州正式签署全球战略合作协议

续表

年份	主要事件
2011 年	1 月 25 日，沃尔沃汽车集团中国区总部挂牌仪式在上海嘉定区举行，沃尔沃汽车集团中国区技术中心也在上海嘉定宣布成立
	5 月，吉利汽车与阿曼签订合作协议
	9 月，4 款车型在沙特正式上市
2012 年	2 月，吉利汽车与埃及 GB Auto 公司签署了 CKD（全散件）供货组装合作协议，以及埃及总经销协议
	7 月，2012 年《财富》世界 500 强企业排行榜发布，吉利控股集团以营业收入 233.557 亿美元（约 1500 亿元人民币）首次进入世界 500 强，是唯一入围的中国民营汽车企业。
2013 年	2 月 20 日，吉利控股集团宣布在瑞典哥德堡设立欧洲研发中心
	7 月，吉利汽车宣布将在白俄罗斯建设工厂，工厂产能将达 12 万辆，并计划在当地实现多款车型的生产
	9 月 13 日，由吉利汽车和沃尔沃汽车联合建立的吉利集团欧洲研发中心启动试运营
	与法国巴黎银行个人金融签署了合作协议，双方将共同注资 9 亿元人民币成立合资汽车金融公司

6. 长城汽车

年份	主要事件
1984 年	长城汽车制造厂成立
1991 年至 1994 年	开始生产长城轻型客货汽车
1996 年	3 月 5 日，第一辆长城迪尔（Deer）皮卡下线
1997 年	建立了 200 家营销服务网络，在国内率先实行经销商代理模式
	10 月，第一批长城皮卡出口中东
1998 年	6 月 26 日，改制为长城汽车有限责任公司
	长城皮卡作为自主品牌汽车首次出口中东伊拉克、叙利亚
2000 年	控股成立保定长城华北汽车有限责任公司
	6 月，长城内燃机制造有限公司成立，成为自主品牌中最早拥有核心动力的企业

年份	主要事件
2001 年	6 月，改制成立长城汽车股份有限公司
2002 年	9 月，成立长城汽车技术研究院
2003 年	12 月 15 日，成为国内首家在香港 H 股上市的民营汽车企业
2004 年	皮卡、SUV 在中国同类产品中 7 年累计出口量第一
2005 年	与德国博世联合开发出电控高压共轨 INTEC 柴油发动机
	10 月，进入南美最发达的国家智利市场
	与汽车天窗制造商伟巴斯特展开合作，并成为其最早的国内客户
2006 年	3 月，长城在俄罗斯建设的 KD 组装厂成为首家在海外开展组装业务的中国企业
	7 月，长城汽车被授予"国家出口整车基地"
	9 月，哈弗品牌汽车销往意大利，创造了中国自主品牌批量出口欧盟的记录
	与德国科世达合作
	长城汽车在南非部署战略发展，投入 900 万元人民币建立了 65 家统一形象的销售店
2007 年	5 月，长城汽车 H 股在香港成功增发
	10 月，长城汽车新 LOGO 全球发布
	11 月，长城轿车资质获得批准
2008 年	10 月，与德国博世联合开发的 2.5TCI 柴油发动机，新哈弗上市
2009 年	2 月，由越南当地汽车组装厂生产的长城哈弗下线，并同时在越南上市
	6 月，长城汽车正式出口澳大利亚，成为第一家登陆澳大利亚市场的中国汽车品牌
	9 月，长城汽车 4 款产品获得欧盟整车型式认证，成为首家获得该证书的中国汽车品牌，具备这个认证就能在欧盟成员国内自由销售
	10 月，哈弗代表中国汽车参加 2010 年达喀尔拉力赛，这是中国车在达喀尔的首次比赛
	10 月，中国长城汽车股份有限公司与保加利亚利特克斯集团公司正式签署合作协议，共同投资 8000 万欧元在洛维奇市建设汽车制造厂
2010 年	1 月，哈弗"龙腾战车"首次代表自主品牌参加国际顶级赛事
	3 月，哈弗获得澳大利亚 ANCAP 四星碰撞成绩
	12 月，长城汽车出击意大利博洛尼亚车展，长城品牌受到国际关注

续表

年份	主要事件
2011 年	3 月，英国里卡多公司与长城汽车签署战略合作备忘录
	6 月，意大利订购 2000 台风骏皮卡大单，开创了中国柴油皮卡首次进入欧盟市场历史先河
	长城汽车将陆续进入瑞典和波罗的海三国等北欧市场
	6 月，长城汽车塞内加尔 KD 工厂正式实现投产
	6 月 20 日，长城汽车与马勒技术投资（中国）有限公司签署战略合作协议
	6 月 30 日，长城汽车与全球最大车门系统制造商德国博泽公司签署战略合作协议
	7 月 6 日，长城汽车与全球最大的"汽车乘员保护系统"生产商瑞典奥托立夫公司签署战略合作协议
	7 月 15 日，长城汽车与法国汽车零部件生产巨头法雷奥集团签署战略合作协议
	8 月，长城汽车获得中国汽车出口企业信用评价 AAA 级证书，这在中国汽车企业是首批
	8 月，普华基础软件股份有限公司与长城汽车正式签署合作协议
	9 月，长城汽车马来西亚 KD 工厂正式实现投产
	9 月 22 日，与全球领先的汽车安全系统供应商美国天合集团签署战略合作协议
	11 月 1 日，与德尔福集团签署战略合作协议
2012 年	2 月 9 日，长城汽车与法国道达尔润滑油在保定签署合作协议
	2 月 21 日，长城汽车保加利亚 KD 工厂正式实现投产，是中国汽车品牌在欧盟国家建立的第一家汽车 KD 工厂
	2 月 22 日，与韩国浦项在长城汽车股份有限公司签署战略合作协议
	4 月 24 日，长城汽车 2012 海外经销商年会召开
	5 月 10 日，长城汽车与全球知名汽车玻璃生产供应商福耀集团签署战略合作协议
	5 月 23 日，长城汽车亮相乌克兰基辅国际车展，两款车型在乌克兰上市
	5 月份，长城 C30 和风骏 3 在伊朗两家组装厂先后完成上市和下线
	7 月 2 日，长城汽车与德国汽车零部件巨头海拉集团签约战略合作协议
	7 月 7 日，2012 年中俄旅游年"北京—莫斯科"自驾游活动闭幕仪式在莫斯科红场举行，同时俄罗斯"丝绸之路"拉力赛在此开幕，长城汽车为此次拉力赛赞助 11 台汽车作为媒体用车

续表

年份	主要事件
2012 年	7 月 17 日，长城汽车智利经销商德尔科公司在智利首都圣地亚哥举行了凌傲车型的上市发布仪式
	9 月 4 日，长城汽车与德国舍弗勒集团签署了战略合作协议
	10 月 30 日，长城汽车与 3M 公司签署了战略合作协议
	1 月 15 日，长城汽车与法国达索系统公司在保定举行战略合作签约仪式
2013 年	3 月 25 日，长城汽车首次亮相泰国曼谷国际车展，成为唯一中国汽车品牌
	3 月，长城汽车在厄瓜多尔 KD 工厂实现投产
	7 月，与德国科世达公司近日签署战略合作协议
	7 月 9 日，长城汽车与哈曼中国签署战略合作协议
	9 月份，在世界知识产权组织和国家知识产权局联合评选中，哈弗 H6 荣获第十五届外观设计专利金奖
	12 月，与保加利亚利特克斯公司合作建设的利特克斯汽车组装厂在保加利亚北部城市洛维奇举行汽车出口仪式，首次向意大利出口 75 辆整车

参考文献

[1] 陈国权，马萌. 组织学习的过程研究[J]. 管理科学学报，2000（3）：25～43.

[2] 陈守明. 现代企业网络［M］. 上海：上海人民出版社，2000.

[3] 陈学光，徐金发. 基于企业网络能力的创新网络研究[J]. 技术经济，2007，26（3）：42～44.

[4] 陈媛媛，齐中英. 基于过程观的组织学习、知识管理与组织创新互动机理研究[C]//第七届中国软科学年会论文集，2009：430～434.

[5] 杜群阳，郑小碧. 天生全球化企业跨国创业导向与国际化绩效——基于网络关系与学习导向动态耦合的视角[J]. 科研管理，2015（03）：118～126.

[6] 冯永春. 国际化知识与市场学习能力对市场适应性的影响机制研究[D]. 天津南开大学，2015.

[7] 傅荣，裘丽. 企业间网络演化中的知识、信任与资源：一个层次分析框架[J].科技管理研究，2007（8）：256～258.

[8] 董保宝. 创业网络演进阶段整合模型构建与研究启示探析[J]. 外国经济与管理，2013（09）：15～24.

[9] 董敏儿，莫燕. 基于耗散理论的企业创新网络配置机理研究[J]. 科技和产业，2008（7）：34～36.

[10] 盖文启，张辉，吕文栋. 国际典型高技术产业集群的比较分析与经验启示[J]. 中国软科学，2004（02）：102～108.

[11] 黄晓晔，张阳. 关系网络视角下的企业知识管理研究[J]. 科技管理研究，2006，26（2）：130～133.

[12] 李垣，刘益. 基于价值创造的价值网络管理（Ⅰ）：特点与形成[J]. 管理工程学报，2001，15（4）：38～41.

[13] 李新春. 企业家过程与国有企业的准企业家模型[J]. 经济研究，2000（6）：51～57.

[14] 纪慰华. 论上海汽车产业集群的现状及发展[J]. 世界地理研究，2004（01）：95～101.

[15] 贾生华，陈宏辉. 利益相关者的界定方法述评[J]. 外国经济与管理，

2002（5）：13～18.

[16] 毛基业，李晓燕. 理论在案例研究中的作用[J]. 管理世界，2010（2）：106～111.

[17] 毛基业，苏芳. 组织连接破裂与应对措施：供应商视角的案例研究[J]. 南开管理评论，2012（06）.

[18] 彭新敏. 企业网络与利用性、探索性学习的关系研究——基于创新视角[J]. 科研管理，2011，32（3）：25～34.

[19] 钱锡红，杨永福，徐万里. 企业网络位置、吸收能力与创新绩效——一个交互效应模型[J]. 管理世界，2010（05）：118～129.

[20] 任胜钢，舒睿. 创业者网络能力与创业机会：网络位置和网络跨度的作用机制[J]. 南开管理评论，2014（01）：123～133.

[21] 任胜钢，吴娟，王龙伟. 网络嵌入结构对企业创新行为影响的实证研究[J]. 管理工程学报，2011，25（4）：76～80.

[22] 任志安. 企业知识共享网络理论及其治理研究[M]. 北京：中国社会科学出版社，2008.

[23] 时云辉. 基于双边关系的核心企业网络演化研究——以宇通客车企业网络为例[J]. 经济经纬，2009（03）：58～61.

[24] 余东华. 模块化企业价值网络 形成机制、竞争优势与治理结构[M]. 上海：格致出版社，2015.

[25] 汤长安. 高技术集群企业技术能力成长与演进 基于网络视角的研究[M]. 北京：经济科学出版社，2010.

[26] 王长峰. 知识属性、网络特征与企业创新绩效 基于吸收能力的视角[M]. 北京：经济科学出版社，2010.

[27] 王国顺，郑准，杨昆. 企业国际化理论的演进[M]. 北京：人民出版社，2009.

[28] 王国红. 知识溢出与产业集群中的企业学习研究[M]. 北京：科学出版社，2010.

[29] 王莉，杨蕙馨. 动态环境下的企业网络与组织学习关系模型构建[J]. 山东社会科学，2008（11）：151～154.

[30] 王世权，王丹，武立东，母子公司关系网络影响子公司创业的内在机理——基于海信集团的案例研究[J]. 管理世界，2012（6）：31～37.

[31] 吴海平，宣国良. 价值链系统构造及其管理演进[J]. 外国经济与管理，2003，25（3）：19～23.

[32] 吴结兵，郭斌. 企业适应性行为、网络化与产业集群的共同演化[J].

管理世界，2010：36～48.

[33] 吴结兵，徐梦周. 网络密度与集群竞争优势：集聚经济与集体学习的中介作用——2001～2004 年浙江纺织业集群的实证分析[J]. 管理世界，2008（8）：69～78.

[34] 吴晓波，郑健壮. 企业集群技术创新环境与主要模式的研究[J]. 研究与发展管理，2003，15（2）：1～5.

[35] [日] 小岛清. 对外贸易论[M]. 天津：南开大学出版社，1991.

[36] 许冠南. 关系嵌入性对技术创新绩效的影响研究 [D]. 杭州：浙江大学，2008.

[37] 许晖，冯永春，许守任. 基于动态匹配视角的供应商与关键客户关系的构建与演进——力神开发 12 家关键客户的案例研究[J]. 管理世界，2014（4）：107～123.

[38] 许晖，郭净. 中国国际化企业能力——战略匹配关系研究：管理者国际注意力的调节作用[J]. 南开管理评论，2013，16（4）：133～142.

[39] 许晖，万益迁，裴德贵. 高新技术企业国际化风险感知与防范研究——以华为公司为例[J]. 管理世界，2008（4）：140～149.

[40] 许晖，邹慧敏. 企业的国际化感知风险对国际化绩效影响研究[J]. 管理科学，2010，23（2）：2～10.

[41] 许晖，邹慧敏，王鸿义. 基于多重组织结构分析的国际化战略绩效评价[J]. 管理世界，2009（S1）：48～55.

[42] 徐金发，许强. 企业的网络能力剖析[J]. 外国经济与管理，2001，23（11）：21～25.

[43] 杨玉兵，胡汉辉. 网络结构与知识转移[J]. 科学学与科学技术管理，2008，29（2）：123～127.

[44] 杨蕙馨，冯文娜. 中间性组织的组织形态及其相互关系研究[J]. 财经问题研究，2005（9）：55～61.

[45] 曾德明，邹思明，张运生. 网络位置、技术多元化与企业在技术标准制定中的影响力研究[J]. 管理学报，2015（02）：198～206.

[46] 湛正群，李非. 组织制度理论：研究的问题、观点与进展[J]. 现代管理科学，2006（4）：14～16.

[47] 张钢，罗军. 组织网络化研究评述[J]. 科学管理研究，2003，21（1）：60～64.

[48] 张杰，刘东. 企业网络形成与演变路径的社会性质视角分析[J]. 南大商学评论，2006（3）：137～149.

[49] 张毅，张子刚. 企业网络与组织间学习的关系链模型[J]. 科研管理，2005，26（2）：136～141.

[50] 赵凤义，莫燕. 中、美、日技术转移路径的比较研究[J]. 中国高新技术企业，2009（9）：5～6.

[51] 郑准，王国顺. 外部网络结构、知识获取与企业国际化绩效：基于广州制造企业的实证研究 [J]. 科学学研究，2009（8）：1206～1212.

[52] 郑准，王国顺. 企业国际化网络理论的起源、基本框架与实践意蕴探讨[J]. 外国经济与管理，2011（10）：9～16.

[53] 朱海就，陆立军，袁安府等. 从企业网络看产业集群竞争力差异的原因——浙江和意大利产业集群的比较[J]. 软科学，2004，18（1）：53～56.

[54] 周小虎. 企业家社会资本及其对企业绩效的作用[J]. 安徽师范大学学报：人文社会科学版，2002，30（1）：1～6.

[55] 周煊.企业价值网络调整模式研究[J]. 工业技术经济，2006（6）：22~28.

[56] 周雪光. 组织社会学十讲[M]. 北京：社会科学文献出版社，2003.

[57] 庄晋财，沙开庆，程李梅，孙华平.创业成长中双重网络嵌入的演化规律研究——以正泰集团和温氏集团为例 [J].中国工业经济，2012（8）：122～134.

[58] Ahuja, G. Collaboration networks, structural holes, and innovation: A longitudinal study [J]. Administrative Science Quarterly, 2000, 45 (3):425-455.

[59] Agndal, H., Chetty, S. The impact of relationships on changes in internationalization strategies of SMEs [J]. European Journal of Marketing, 2007, 41(11/12): 1449-1474.

[60] Aharoni, Y. The foreign investment decision process [M]. Boston, MA: Harvard Business School Press, 1966.

[61] Andersen, O. On the internationalization process of firms: A critical analysis [J]. Journal of International Business Studies, 1993, 24(2): 209-232.

[62] Andersen, O. Internationalization and market entry mode: A review of theories and conceptual frameworks [J]. Management International Review, 1997.

[63] Anderson, J. C., Håkansson, H., & Johanson, J. Dyadic business relationships within a business network context [J]. Journal of Marketing, 1994, 58(4): 1-15.

[64] Andersson, U., Holm, D.B., Johanson, M. Opportunities, relational embeddedness and network structure. In P. Ghauri, A. Hadjikhani, & J. Johanson (Eds), Managing opportunity development in business networks, 2005: 27-48. Basingstoke: Palgrave.

[65] Andersson, M., Forsgren, U.,Holm. The strategic impact of external

networks: Subsidiary performance and competence development in the multinational corporation[J]. Strategic Management Journal, 2002(29): 979-996.

[66] Andersson, U., Johanson, J., & Vahlne, J.E. Organic acquisitions in the internationalization process of the business firm [J]. Management International Review, 1997, 37(2): 67-84.

[67] Andrea Larson. Network dyads in entrepreneurial settings: A study of the governance of exchange relationships [J]. Administrative science quarterly, 1992, 37(1).

[68] Antonio, C. Network structure and innovation: The leveraging of a dual network as a distinctive relational capability [J]. Strategic Management Journal, 2007, 28(6):585-608.

[69] Antropov, V. A. and Y. M. Mezentsev. The Origin and Evolution of Network Structures [J]. Upravlenec, 2015, 54(2): 78-82.

[70] Ardichvili, A., Cardozo, R., Ray, S. A theory of entrepreneurial opportunity identification and development [J]. Journal of Business Venturing, 2003, 18(1): 105-123.

[71] Arenius, P. The psychic distance postulate revised: From market selection to speed of market penetration [J]. Journal of International Entrepreneurship, 2005, 3(2): 115-131.

[72] Argote, L. Organizational learning: Creating, retaining and transferring knowledge [M]. London: Kluwer Academic Publishers, 1999.

[73] Axelsson, B., & Johanson, J. Foreign market entry: The textbook vs the network view. In B. Axelsson & G. Easton (Eds), Industrial networks: A new view of reality, 1992: 218-231. London: Routledge.

[74] Balaji, R.,Koka and John E. Prescott. Designing Alliance Networks: The Influence of Network Position, Environment Change, and Strategy on Firm Performance [J].Strategic Management Journal, 2008, (29): 639-661.

[75] Balland, P.A. Proximity and the Evolution of Collaboration Networks: Evidence from Research and Development Projects within the Global Navigation Satellite System Industry [J]. Regional Studies, 2012, 46(6): 741-756.

[76] Bandeira-de-Mello, R., M. T. L. Fleury, C. E. S. Aveline and M. A. B. Gama. Unpacking the ambidexterity implementation process in the internationalization of emerging market multinationals [J]. Journal of Business Research, 2016, 69(6): 2005-2017.

[77] Baraldi, E., G. L. Gregori and A. Perna. Network evolution and the embedding of complex technical solutions: The case of the Leaf House network[J]. Industrial Marketing Management, 2011, 40(6): 838-852.

[78] Barkema, H.G., Vermeulen, F. International expansion through start-up or acquisition: A learning perspective [J]. Academy of Management Journal, 1998, 41(1): 7-26.

[79] Barkema, H. G., Bell, J. H. J., & Pennings, J. M. Foreign entry, cultural barriers, and learning [J]. Strategic Management Journal, 1996, 17(2): 151-166.

[80] Barney, J. Firm resources and sustained competitive advantage [J]. Journal of Management, 1991, 17(1): 99-120.

[81] Barney, J. Strategic factor markets: Expectations, luck and business strategy [J]. Management Science, 1986, 17(1): 99-120.

[82] Barzel, Y. Economic Analysis of Property Rights [M]. 2th ed. Cambridge: Cambridge University Press, 1991.

[83] Batonda, G, Perry, C. Approaches to relationship development processes in inter-firm networks [J]. European Journal of Marketing, 2007, 37(10): 1457-1484.

[84] Baum, J. A. C., R. Cowan and N. Jonard. Network-independent Partner Selection and the Evolution of Innovation Networks [J]. Management Science, 2010, 56(11): 2094-2110.

[85] Beamish, P. W. The internationalization process for smaller Ontario firms: A research agenda [J]. Research in global business management, 1991.

[86] Beltran, D. O., V. Bolotnyy and E. Klee. Un-Networking: The Evolution of Networks in the Federal Funds Market [J]. International Finance Discussion, 2015: 1-41.

[87] Berman, S.L. Wicks, A.C. Kotha, S., T.M. Jones. Does stakeholder orientation matter? The relationship between stakeholder management models and firm performance [J]. Academy of Management Journal, 1999(42).

[88] Bilkey, W. J., & Tesar, G. The export behavior of smaller-sized Wisconsin manufacturing firms [J]. Journal of International Business Studies, 1977, 8(1): 93-98.

[89] Birkinshaw, J. Entrepreneurship in multinational corporations: The characteristics of subsidiary initiatives [J]. Strategic Management Journal, 1997. 18(3): 207-230.

[90] Bjerre, M., & Sharma, D. D. Is marketing knowledge international? A case

of key accounts. In A. Blomstermo & D. D. Sharma (Eds), Learning in the internationalisation process of firms, 2003: 123-141. Cheltenham: Edward Elgar.

[91] Blankenburg Holm, D., Eriksson, K., & Johanson, J. Creating value through mutual commitment to business network relationships [J]. Strategic Management Journal, 1999, 20(5): 467-486.

[92] Boersma, M. F., Buckley, P. J., Ghauri, P. N. Trust in international joint venture relationships [J]. Journal of Business Research, 2003, 56(12): 1031-1042.

[93] Bonaccorsi, A. On the relationship between firm size and international export intensity [J]. Journal of International Business Studies, 1992, 23(4): 605-635.

[94] Bourdieu, P., Passeron, J.C. Reproduction in education, society and culture[M]. London: Sage, 1990.

[95] Bovet, D., Marha, J. From supply chain to value net [J]. Journal of Business Strategy, 2000, 21(4): 24-28.

[96] Brass, M., & von Cramon, D. Y. Cognitive control in the posterior frontolateral cortex: Evidence from common activations in task coordination, interference control and working memory [J]. Neuroimage, 2004(23): 604-612.

[97] Buchmann, T. and A. Pyka. The evolution of innovation networks: The case of a publicly funded German automotive network [J]. Economics of Innovation & New Technology, 2015, 24(1/2): 114-139.

[98] Buckley, P.J. Is the international business research agenda running out of steam? [J]. Journal of International Business Studies, 2001.

[99] Buckley, P.J., Casson, M. The future of the multinational enterprise [M]. London: The Macmillan Press, 1976.

[100] Buckley, P. J., & Casson, M. Models of the multinational enterprise [J]. Journal of International Business Studies, 1998, 29(1): 21-44.

[101] Burt, R.S., Jannotta, J.E., Mahoney, J.T. Personality correlates of structural holes [J]. Social Networks, 1998, 20(1): 63-87.

[102] Burt, R.S. Structural holes: The structure of social capital competition [M]. Cambridge: Harvard University Press, 1992.

[103] Burt, R.S. Structural holes versus network closure as social capital [J]. Social capital: Theory and Research, 2001: 31-56.

[104] Butler, J.E., Hansen, G.S. Network evolution, entrepreneurial success, and regional development[J]. Entrepreneurship & Regional Development, 1991, 3(1): 1-16.

[105] Carboni, I. and K. Ehrlich. The Effect of Relational and Team Characteristics on Individual Performance: A Social Network Perspective [J]. Human Resource Management, 2013, 52(4): 511-535.

[106] Calof, J.L., Beamish, P.W. Adapting to foreign markets: Explaining internationalization [J]. International Business Review, 1995.

[107] Carlos Melo Brito. Towards an Institutional Theory of The Dynamics of Industrial Networks [J]. Journal of Business & Industrial Marketing, 2001, 16(3):150-166.

[108] Carlson, S. How foreign is foreign trade? A problem in international business research. Uppsala: Acta Universitatis Upsaliensis. Studia Oeconomiae Negotiorum, 1975: 11.

[109] Casillas, J. C., Acedo, F. J. Speed in the Internationalization Process of the Firm[J]. International Journal of Management Reviews, 2013, (15)1: 15-29.

[110] Zollo, M., Winter, S. G. Deliberate learning and the evolution of dynamic capabilities[J]. Organization science, 2002, 13(3): 339-351.

[111] Catherine Welch，Eriikka Paavilainen-Mäntymäki. Putting Process (Back) In: Research on the Internationalization Process of the Firm [J]. International Journal of Management Reviews, 2014, 16(1): 2-23.

[112] Cavusgil, S. T. On the internationalization process of firms [J]. European Research, 1980, 8(11): 273-281.

[113] Cayla, J., Peñaloza, L. Mapping the play of organizational identity in foreign market adaptation [J]. Journal of Marketing, 2012, 76(6): 38-54.

[114] Chang, S. J. International expansion strategy of Japanese firms: Capability building through sequential entry [J]. Academy of Management Journal, 1995, 38(2): 383-407.

[115] Chen, H., & Chen, T. J. Network linkages and location choice in foreign direct investment [J]. Journal of International Business Studies, 1998, 29(3): 445-468.

[116] Cheng, Y., S. Farooq and J. Johansen. Manufacturing network evolution: A manufacturing plant perspective [J]. International Journal of Operations & Production Management, 2011, 31(12): 1311-1331.

[117] Chetty, S., & Blankenburg Holm, D. Internationalisation of small to medium-sized manufacturing firms: A network approach [J]. International Business Review, 2000, 9(1): 77-93.

[118] Chetty, R., N. Hendren, P. Kline and E. Saez. Where is the land of

Opportunity? The Geography of Intergenerational Mobility in the United States [J]. Quarterly Journal of Economics, 2014, 129(4): 1553-1623.

[119] Coase, R H. The Nature of the Firm [J]. Economic, 1937(4):386-351.

[120] Cohen, W. M., Levinthal, D. A. Absorptive capacity: A new perspective on learning and innovation [J]. Administrative Science Quarterly, 1990, 35(2): 128-152.

[121] Contractor, F. J., & Lorange, P. The growth of alliances in the knowledge-based economy [J]. International Business Review, 2002, 11(4): 485-502.

[122] Cook, K. S., & Emerson, R. M. 1978. Power, equity and commitment in exchange networks [J]. American Sociological Review, 2002, 43(5): 721-738.

[123] Coviello, N. E. The network dynamics of international new ventures [J]. Journal of International Business Studies, 2006, 37(5):713-731.

[124] Coviello, N. E., & Munro, H. Growing the entrepreneurial firm: Networking for international market development [J]. European Journal of Marketing, 1995, 29(7): 49-61.

[125] Coviello, N. E., & Munro, H. Network relationships and the internationalisation process of small software firms [J]. International Business Review, 1997, 6(4): 361-386.

[126] Cowley, P. R. Market structure and business performance: An evaluation of buyer/seller power in the PIMS database [J]. Strategic Management Journal, 1988, 9(3): 271-278.

[127] Crick, D., Jones, M. V. Small high-technology firms and international high-technology markets [J]. Journal of international marketing, 2000, 8(2): 63-85.

[128] Crossan,M., Lane,H.W., White,R.E. An organizational learning framework: From intuition to institution [J]. Academy of Management Review, 1999, 24(3):522-538.

[129] Cunningham, M. T., & Homse, E. Controlling the marketing-purchasing interface: Resource development and organisational implications. Industrial Marketing and Purchasing, 1986, 1(2): 3-27.

[130] Cyert, R. D., March, J. G. A behavioral theory of the firm [M].Englewood Cliffs, NJ: Prentice Hall, 1963.

[131] Dagnino, G. B., G. Levanti and A. M. Li Destri. Structural Dynamics and Intentional Governance in Strategic Interorganizational Network Evolution: A Multilevel Approach [J]. Organization Studies, 2016, 37(3): 349-373.

[132] Daskalaki, M. Building 'Bonds' and 'Bridges': Linking Tie Evolution

and Network Identity in the Creative Industries [J]. Organization Studies, 2010, 31(12): 1649-1666.

[133] Daultani, Y., S. Kumar, O. S. Vaidya and M. K. Tiwari. A supply chain network equilibrium model for operational and opportunism risk mitigation [J]. International Journal of Production Research, 2015, 53(18): 5685-5715.

[134] Dawid, H. and T. Hellmann. The evolution of R&D networks [J], Journal of Economic Behavior & Organization, 2014, 105: 158-172.

[135] De Luca L. M., Atuahene-Gima Kwaku. Market knowledge dimensions and cross-functional collaboration: Examining the different routes to product innovation [J]. Performance Journal of Marketing, 2010, 71 (1): 95-11.

[136] Delios, A., & Beamish, P. W. Survival and profitability: The roles of experience and intangible assets in foreign subsidiary performance [J]. Academy of Management Journal, 2001, 44(5): 1028-1038.

[137] Denrell, J., Fang, C., & Winter, S. G. The economics of strategic opportunity [J]. Strategic Management Journal, 2003, 24(10): 977-990.

[138] Dunning, J. The eclectic paradigm of international production: A restatement and some possible extensions [J]. Journal of International Business Studies, 1988.

[139] Dunning, J. H. Towards an eclectic theory of international production: Some empirical tests [J]. Journal of International Business Studies, 1980, 11(1): 9-31.

[140] Dunning, J. H. Alliance capitalism and global business [M]. London: Routledge, 1997.

[141] Dunning, J. H., & Lundan, S. Multinational enterprises and the global economy(2nd ed.) [M]. Cheltenham: Edward Elgar, 2008.

[142] Dutta, D. K., S. Malhotra and P. Zhu. Internationalization process, impact of slack resources, and role of the CEO: The duality of structure and agency in evolution of cross-border acquisition decisions [J]. Journal of World Business, 2016, 51(2): 212-225.

[143] Dwyer, F. R., Schurr, P. H., & Oh, S. Developing buyer–seller relationships [J]. Journal of Marketing, 1987, 51(2): 11-27.

[144] Dyer, J. H., & Singh, H. The relational view: Cooperative strategy and sources of interorganizational competitive advantage [J]. Academy of Management Review, 1998, 23(4): 550-679.

[145] Eisenhardt, K. M. Building theories from case study research [J], Academy of Management Review, 1989: 532-550.

[146] Eisenhardt, K. M. Better stories and better constructs: The case for rigor and comparative logic [J]. Academy of Management Review, 1991(16): 620-627.

[147] Eisenhardt, KM, & Graebner M.E. Theory building from cases: Opportunities and challenges [J]. Academy of Management Journal, 2007, 50 (1): 25-32.

[148] Elango, B., & Pattnaik, C. Building capabilities for international operations through networks: A study of Indian firms [J]. Journal of International Business Studies, 2007, 38(4): 541-555.

[149] Ellis, P. D. Social ties and foreign market entry [J]. Journal of International Business Studies, 2000, 31(3): 443-469.

[150] Ellis, P. D. Adaptive strategies of trading companies [J]. International Business Review, 2001, 10(2): 235-259.

[151] Eriksson, K., Johanson, J., Majkgård, A., & Sharma, D. D. Experiential knowledge and cost in the internationalization process [J]. Journal of International Business Studies, 1997, 28(2): 337-360.

[152] Erramilli, M. K. The experience factor in foreign market entry behavior of service firms [J]. Journal of International Business Studies, 1991, 22(3): 479-501.

[153] Erramilli, M. K., & Rao, C. P. Choice of foreign market entry mode by service firms: Role of market knowledge [J]. Management International Review, 1990, 30(2): 135-150.

[154] Eva Dantas, Martin Bell. Latecomer firms and the emergence and development of knowledge networks: The case of petrobras in Brazil [J]. Research Policy, 2009, 38(5): 829-844.

[155] Evanschitzky, H., B. Caemmerer and C. Backhaus. The Franchise Dilemma: Entrepreneurial Characteristics, Relational Contracting, and Opportunism in Hybrid Governance [J]. Journal of Small Business Management, 2016, 54(1): 279-298.

[156] Firth, B. M., G. Chen, B. L. Kirkman and K. Kim. Newcomers abroad: Expatriate adaptation during early phases of international assignments [J]. Academy of Management Journal, 2014, 57(1): 280-300.

[157] Forsgren, M. The concept of learning in the Uppsala internationalization process model: A critical view [J]. International Business Review, 2002, 11(3):

257-278.

[158] Zhen-Xiang Gong，Arun S. Mujumdar. Review of R&D in drying of refractories [J]. Drying Technology, 2007, 25(12): 1917-1925.

[159] Forsgren, M. The concept of learning in the Uppsala internationalization process model: A critical view [J]. International Business Review, 2002, 11(3): 257-278.

[160] Forsgren, M., Holm, U., & Johanson, J. Managing the embedded multinational: A business network view [M]. Cheltenham: Edward Elgar, 2005.

[161] Galbraith, J. R. Designing complex organizations. Reading, MA: Addison-Wesley, 1973.

[162] Gelbuda, M., Starkus, A., Zidonis, Z., Tamasevicius, V. Learning in the internationalization process: A case for organizational identity and interpretative capacity, Proceedings of the 29th EIBA Conference, Copenhagen Business School,Denmark, 2003.

[163] Ghauri, P., Hadjikhani, A., Johanson, J. (Eds) Managing opportunity development in business networks [J]. Basingstoke: Palgrave, 2005.

[164] Gnizy, I. and A. Shoham. Explicating the Reverse Internationalization Processes of Firms [J]. Journal of Global Marketing, 2014, 27(4): 262-283.

[165] Grebel, T. Network evolution in basic science [J]. Journal of Evolutionary Economics, 2012, 22(3): 443-457.

[166] Gounaris, S. P. Trust and commitment influences on customer retention: Insights from business-to-business services [J]. Journal of Business Research, 2005, 58(2): 126-140.

[167] Granovetter, M. Economic action and social structure: The problem of embeddedness[J]. American Journal of Sociology, 1985, 91(3): 481-510.

[168] Granovetter, M. Problems of explanation in economic sociology. In N. Nohria & R. G. Eccles (Eds), Networks and organizations: Structure, form and action, 1992: 25-56. Boston, MA:Harvard Business School Press.

[169] Griffith, D. A., & Myers, M. B. The performance implications of strategic fit of relational norm governance strategies in global supply chain relationships [J]. Journal of International Business Studies, 2005, 36(3): 254-269.

[170] Gulati, R., Nohria, N., Zaheer, A. Guest editors' introduction to the special issue: Strategic networks[J]. Strategic Management Journal, 2000, 21(3): 199-201.

[171] Gulati, R. Social structure and alliance formation patterns : A longitudinal analysis[J]. Administrative Science Quarterly, 1995: 619-652.

[172] Gulati, R. Network location and learning: The influence of network resources and firm capabilities on alliance formation[J]. Strategic Management Journal, 1999, 20(5): 397-420.

[173] Håkansson, H., Snehota, I Developing relationships in business networks [M]. London: Routledge, 1995.

[174] Hadjikhani, A. A note on the criticisms against the internationalization process model [J]. Management International Review, 1997, 37(2): 43-66.

[175] Håkansson, H. (Ed.) International marketing and purchasing of industrial goods: An interaction approach [M]. Cheltenham: Wiley, 1982.

[176] Håkansson, H. Corporate technological behaviour: Co-operation and networks [M]. London: Routledge, 1989.

[177] Håkansson, H., & Östberg, C. Industrial marketing: An organizational problem [J]. Industrial Marketing Management, 1975, 4(2/3): 113-123.

[178] Håkansson, H., & Snehota, I. Developing relationships in business networks [M]. London: Routledge, 1995.

[179] Hallén, L. A comparison of strategic marketing approaches. In P. W. Turnbull & J.-P. Valla (Eds), Strategies for international industrial marketing, 1986: 235-249. London: Croom Helm.

[180] Hallén, L., Johanson, J., & Seyed-Mohamed, N. Interfirm adaptation in business relationships [J]. Journal of Marketing, 1991, 55(2): 29-37.

[181] Hallen,B.L. The causes and consequences of the network positions of new organizations: From whom do entrepreneurs receive investments. [J]. Administrative Science Quarterly, 2008, 53: 685-718.

[182] Hamilton, R. Decisions at a Distance: Effects of Psychological Distance on Consumer Decision Making [J]. Journal of Consumer Research, 2014, 41(2): iii-iv.

[183] Hedlund, G., & Kverneland, Å. Are strategies for foreign market entry changing? The case of Swedish investments in Japan [J]. International Studies of Management and Organization, 1985, 15(2): 41-59.

[184] Hennart, J. F. A theory of multinational enterprise [M]. Ann Arbor, MI: University of Michigan Press, 1982.

[185] Hermans, F., D. van Apeldoorn, M. Stuiver and K. Kok. Niches and

networks: Explaining network evolution through niche formation processes [J]. Research Policy, 2013, 42(3): 613-623.

[186] Hilmersson, M., Mickael and Jansson, H. International Network Extension Processes to Institutionally Different Markets: Entry Nodes and Processes of Exporting SMEs [J]. International Business Review, 2011, 21 (4), 682-93.

[187] Hörnell, E., Vahlne, J. E., & Wiedersheim-Paul, F. Exportoch utlandsetableringar (Export and foreign establishments).Uppsala: Almqvist & Wiksell, 1973.

[188] Hoang, H., & Antoncic, B. Network-based research in entrepreneurship: A critical review [J]. Journal of Business Venturing, 2003, 18(2), 165-187.

[189] Hoang, H., & Rothaermel, F. T. The effect of general and partner-specific alliance experience on joint R&D project performance [J]. Academy of Management Journal, 2005, 48(2): 332-345.

[190] Hoffmann, W. Strategies for managing a portfolio of alliances. [J].Strategic Management Journal, 2007, 28: 827-856.

[191] Hohenthal, J. The creation of international business relationships: Experience and performance in the internationalization process, PhD thesis, Department of Business Studies, Uppsala University, 2001.

[192] Hohenthal, J. Managing interdependent business relationships in SME internationalization. In A. Hadjikhani, J.-W. Lee, & J. Johanson (Eds), Business networks and international marketing. 2006, 209-222. Seoul: Doo Yang.

[193] Hood N., Young S. Economics of multinational enterprise [M]. London: Longman, 1979.

[194] Hopp, C. The evolution of inter-organizational networks in venture capital financing [J]. Applied Financial Economics, 2010, 20(22): 1725-1739.

[195] Hörnell, E., Vahlne, J. E., & Wiedersheim-Paul, F. Export och utlandsetableringar (Export and foreign establishments). Uppsala: Almqvist & Wiksell, 1973.

[196] Hsu, C. C., & Pereira, A. Internationalization and performance: The moderating effects of organizational learning[J]. Omega, 2008, 36(2): 188-205.

[197] Hult, G. T. M., Ketchen, D. J., Arrfelt, M. Strategic supply chain management: Improving performance through a culture of competitiveness and knowledge development [J]. Strategic Management Journal, 2007, 28(10): 1035-1052.

[198] Hult, G. T. M., Ketchen, D. J., Slater, S. F. Information processing, knowledge development, and strategic supply chain performance [J]. Academy of

Management Journal, 2004, 47(2): 241-253.

[199] Hymer, S. The international operations of national firms: A study of direct foreign investment [M]. MIT Press, 1976.

[200] Ivarsson, I., & Vahlne, J. E. Technology integration through international acquisitions: The case of foreign manufacturing TNCs in Sweden [J]. Scandinavian Journal of Management, 2002, 18(1): 1-27.

[201] J. Johanson, J. E. Vahlne. The internationalization process of the firm: A model of knowledge development and increasing foreign market commitments [J]. Journal of international business studies, 1977: 23-32.

[202] Jan Johanson, Lars-Gunnar Mattsson. Internationalization in industrial systems: A network approach [J]. Strategies, 1988, 287-314.

[203] Jeryl, W, and Fernando, F. Understanding international branding: Defining the domain and reviewing the literature [J]. International Marketing Review, 2007, 24(3): 252-270.

[204] Johanson, J., Mattsson, L. G. Internationalization in industrial systems: A network approach [J].Strategies, 1988.

[205] Johanson, J., Mattsson, L. G. Interorganizational relations in industrial systems: A network approach compared with the transaction cost approach [J]. International Studies of Management and Organization, 1987, 17(1): 34-48.

[206] Johanson, J., Vahlne, J. E. The Internationalization Process of the Firm: A Model of Knowledge Development and Increasing Foreign Market Commitments [J]. Journal of International Business Studies, 1977, 23-32.

[207] Johanson, J., Vahlne, J. E. The mechanism of internationalization[J]. International Marketing Review, 1990, 7(4): 11-24.

[208] Johanson, J., Vahlne, J. E. The Uppsala Internationalization Process Model Revisited: From Liability of Foreignness to Liability of Outsidership [J]. Journal of International Business, 2009, 40(9): 1411-1431.

[209] Johanson, J., Wiedersheim-Paul, F. The internationalization of the firm: Four Swedish cases[J]. Journal of Management Studies, 1975, 12(3): 305-322.

[210] Johanson, J. Svenskt kvalitetsstål på utländska marknader (Swedish special steel in foreign markets), FL thesis, Department of Business Studies, Uppsala University, 1966.

[211] Johanson, J. E. Vahlne. Commitment and opportunity development in the internationalization process: A note on the Uppsala internationalization process

model [J]. Management International Review, 2009, 46(2): 165-178.

[212] Johanson, J., & Mattsson, L. G. Interorganizational relations in industrial systems: A network approach compared with the transaction cost approach [J]. International Studies of Management and Organization, 1987, 17(1): 34-48.

[213] Johanson, J., & Mattsson, L.-G. 1988. Internationalisation in industrial systems: A network approach. In N. Hood & J.-E. Vahlne (Eds), Strategies in global competition: 468-486. London: Croom Helm.

[214] Johanson, J., & Vahlne, J. E. The internationalization process of the firm: A model of knowledge development and increasing foreign market commitments [J]. Journal of International Business Studies, 1977, 8(1): 23-32.

[215] Johanson, J., & Vahlne, J. E. The mechanism of internationalisation [J]. International Marketing Review, 1990, 7(4): 11-24.

[216] Johanson, J., & Vahlne, J. E. Management of internationalization. In L. Zan, S. Zambon, & A. M. Pettigrew (Eds), Perspectives on strategic change: , 1993: 43-71. London: Kluwer Academic Publishers.

[217] Johanson, J., & Vahlne, J. E. Business relationship learning and commitment in the internationalization process [J]. Journal of International Entrepreneurship, 2003, 1(1): 83-101.

[218] Johanson, J., & Vahlne, J. E. Commitment and opportunity development in the internationalization process: A note on the Uppsala internationalization process model [J]. Management International Review, 2006, 46(2): 1-14.

[219] Johanson, J., & Wiedersheim-Paul, F. The internationalization of the firm: Four Swedish cases [J]. Journal of Management Studies, 1975, 12(3): 305-322.

[220] Johansson, J., Mattson, L. G. Internationalization in Industrial Systems: A Network Approach Compared With The Transaction Cost Approach[J]. International Executive, 1987, 17(8): 84-88.

[221] John W. Meyer, Brian Rowan. Institutionalized Organizations: Formal Structure as Myth and Ceremony[J]. American Journal of Sociology, 1977, 83 (2): 340-363.

[222] Kais Mejri, Katsuhiro Umemoto. Small-and medium-sized enterprise internationalization: Towards the knowledge-based model [J]. Journal of International Entrepreneurship, 2010, 8(2): 156-167.

[223] Katsaros, K. K., A. N. Tsirikas and C. S. Nicolaidis. Firm performance: The role of CEOs' emotional and cognitive characteristics [J]. International Journal

of Business & Economic Sciences Applied Research, 2015, 8(1): 51-81.

[224] Kay, N. M. Penrose and the growth of multinational firms [J]. Managerial and Decision Economics, 2005, 26(2): 99-112.

[225] Kilduff, M., & Tsai, W. Social networks and organizations [M]. Sage, 2003.

[226] Kirzner, I. M. Entrepreneurial discovery and the competitive market process: An Austrian approach [J]. Journal of Economic Literature, 1997, 35(1): 60-85.

[227] Kirzner, I. M. Competition and entrepreneurship[M]. Chicago: University of Chicago Press, 1973.

[228] Kirzner, I. M. Entrepreneurial discovery and the competitive market process: An Austrian approach [J]. Journal of Economic Literature, 1997, 35(1): 60-85.

[229] Kiss, A. N. and P. S. Barr. New venture strategic adaptation: The interplay of belief structures and industry context [J]. Strategic Management Journal, 2015, 36(8): 1245-1263.

[230] Knight, G. A., & Cavusgil, S. T. The born global firm: A challenge to traditional internationalization theory [J]. Advances in International Marketing, 1996, 8: 11-26.

[231] Kogut, B. The network as knowledge: Generative rules and the emergence of structure [J]. Strategic Management Journal, 2000, 21(3): 405-425.

[232] Koka, B.R. and Prescott, J. E. Designing alliance networks: The influence of network position, environmental change, and strategy on firm performance. [J]. Strategic Management Journal, 2008, 29: 639-661.

[233] Larson, A. Network dyads in entrepreneurial settings: A study of the governance of exchange relationships [J]. Administrative Science Quarterly, 1992, 37(1): 76-104.

[234] Li, J. Foreign entry and survival: Effects of strategic choices on performance in international markets [J]. Strategic Management Journal, 1995, 19(3): 333-352.

[235] Liao, J., Welsch, H. Roles of social capital in venture creation: Key dimensions and research implications [J]. Journal of Small Business Management, 2005, 43(4): 345-362.

[236] Loane, S., & Bell, J. Rapid internationalisation among entrepreneurial

firms in Australia, Canada, Ireland and New Zealand: An extension to the network approach [J]. International Marketing Review, 2006, 23(5): 467-485.

[237] L.S. Honig, N. Schupf, J.H. Lee, M.X. Tang, R. Mayeux. Shorter telomeres are associated with mortality in those with APOE epsilon4 and dementia.Ann. Neurol., 2006, 60 (2): 181-187.

[238] Luigi M. De Luca, Kwaku Atuahene-Gima. Market knowledge dimensions and cross-functional collaboration: Examining the different routes to product innovation [J]. Performance Journal of Marketing , 2007, 71 (1): 95-11.

[239] Luo, Y., & Peng, M. Learning to compete in a transition economy: Experience, environment and performance [J]. Journal of International Business Studies, 1999, 30(2): 269-295.

[240] M. Granovetter. Economic institutions as social constructions: A framework for analysis[J]. Acta sociologica, 1992, 35(1):3-11.

[241] Madhok, A. Revisiting multinational firms' tolerance for joint ventures: A trust-based approach [J]. Journal of International Business Studies, 1995, 26(1): 345-369.

[242] Madhok, A. How much does ownership really matter? Equity and trust relations in joint ventures[J]. Journal of International Business Studies, 2006, 37(1): 4-11.

[243] Madsen, T. K., & Servais, P. The internationalization of born globals: An evolutionary perspective [J]. International Business Review, 1997, 6(6): 561-583.

[244] Magnusson, P., Westjohn, S. A., Semenov, A. V., Randrianasolo, A. A., Zdravkovic, S. The role of cultural intelligence in marketing adaptation and export performance [J]. Journal of Marketing Research, 2013, 21(4): 44-61.

[245] Majkgård, A., & Sharma, D. D. Client-following and market-seeking in the internationalization of service firms [J]. Journal of Business-to-Business Marketing, 1998, 4(3): 1-41.

[246] Mark Granovetter. The strength of weak ties [J]. American journal of sociology, 1973, 78(6): 1.

[247] Mark Granovetter. Economic action and social structure: The problem of embeddedness[J]. American Journal of Sociology, 1985, 91(3): 481-510.

[248] Martin, X., Swaminathan, A., & Mitchell, W. Organizational evolution in the interorganizational environment: Incentives and constraints on international expansion strategy [J]. Administrative Science Quarterly, 1998, 43(3): 566-601.

[249] Mathews, S., M. Healy and R. Wickramasekera. The Internetalisation of information, knowledge, and interaction components of the firm's internationalisation process [J]. Journal of Marketing Management, 2012, 28(5-6): 733-754.

[250] Mathieu, J. E., Zajac, D. M. A review and meta-analysis of the antecedents, correlates and consequences of organizational commitment [J]. Psychological Bulletin, 1990, 108(2): 171-194.

[251] McDougall, P. P., Oviatt, B. M. International entrepreneurship: The intersection of two research paths [J]. Academy of Management Journal, 2000, 43(5): 902-906.

[252] Meyer, K. and O. Thaijongrak. The dynamics of emerging economy MNEs: How the internationalization process model can guide future research [J]. Asia Pacific Journal of Management, 2013, 30(4): 1125-1153.

[253] Meyer, K., Gelbuda, M. Process perspectives in international business research in CEE [J], Management International Review, 2006, 46(2): 143-164.

[254] Michael R. Czinkota, Wesley J. Johnston. Segmenting US firms for export development [J]. Journal of Business Research, 1981, 9(4): 353-365.

[255] Michael R. Czinkota. Export development strategies: US promotion policy [M]. Praeger New York, 1982.

[256] Mintzberg, H. The structuring of organizations: A synthesis of the research. University of Illinois at Urbana-Champaign's Academy for Entrepreneurial Leadership Historical Research Reference in Entrepreneurship, 1979.

[257] Moen, O., & Servais, P. Born global or gradual global? Examining export behavior of small and medium-sized companies [J]. Journal of International Marketing, 2002, 10(3): 49-72.

[258] Moorman, C., Miner, A. S. The impact of organizational memory on new product performance and creativity[J]. Journal of Marketing Research, 1997, 34(1): 91-106.

[259] Morgan, R. M., Hunt, S. D. The commitment–trust theory of relationship marketing [J]. Journal of Marketing, 1994, 58(3):20-38.

[260] Murray, J. Y., Kotabe, M., & Zhou, J. N. Strategic alliance-based sourcing and market performance: Evidence from foreign firms operating in China [J]. Journal of International Business Studies, 2005, 36(2): 187-208.

[261] Musteen, M., Datta, D. K., Butts, M. M. Do international networks and foreign market knowledge facilitate SME internationalization? Evidence from the

Czech republic [J]. Entrepreneurship: Theory & Practice, 2014, 38(4): 749-774.

[262] Nadolska, A., Barkema, H. G. Learning to internationalize: The pace and success of foreign acquisitions [J]. Journal of International Business Studies, 2007, 38(7): 1170-1186.

[263] Nahapiet, J., Ghoshal, S. Social capital, intellectual capital and the organizational advantage [J]. Academy of Management Review, 1998, 23(2): 242-267.

[264] Nahapiet, J., & Ghoshal, S. Social capital, intellectual capital and the organizational advantage [J]. Academy of Management Review, 1998, 23(2): 242-267.

[265] Nellbeck, L. Trävaruexport—distributionsvägar och förbrukning (Wood export—distribution channels and usage)[M]. Stockholm: Scandinavian University Books, 1967.

[266] Nelson, R. R., Winter, S. G. An evolutionary theory of economic change [M]. Cambridge, MA: Belknap Press, 1982.

[267] Zahra, S. A., Ireland, R. D., & Hitt, M. A. International expansion by new venture firms: International diversity, mode of market entry, technological learning, and performance [J]. Academy of Management Journal, 2000, 43(5): 925-960.

[268] Oliver E. Williamson. Comparative Economic Organization：The Analysis of Discrete Structural Alternatives[J]. Administrative Science Quarterly, 1991, 36(2): 269-296.

[269] Oliver E. Williamson. The Economic Institutions of Capitalism[M]. New York：The Free Press, 1985.

[270] Otto Andersen. On the internationalization process of firms: A critical analysis [J]. Journal of International Business Studies, 1993: 209-231.

[271] Oviatt, B., McDougall, P. Explaining the formation of international new ventures[J]. Journal of Business Venturing, 1994, 9(6): 469-487.

[272] Oviatt, B. M., & McDougall, P. P. The internationalization of entrepreneurship [J]. Journal of International Business Studies, 2005, 36(1): 2-8.

[273] Ozcan, Eisenhardt, K. M. Origin of alliance portfolios: Entrepreneurs, network strategies, and firm performance [J]. Academy of Management Journal, 2009, 52(2): 246-279.

[274] Padmanabhan, P., Cho, K. R. Decision specific experience in foreign

ownership and establishment strategies: Evidence from Japanese firms [J]. Journal of International Business Studies, 1999, 30(1): 25-44.

[275] Pathak, S. D., D. M. Dilts and S. Mahadevan. Investigating Population and Topological Evolution in a Complex Adaptive Supply Network [J]. Journal of Supply Chain Management, 2009, 45(3): 54-57.

[276] Paul J. DiMaggio, Walter W. Powell. The Iron Cage Revisited: Institutional Isomorphism and Collective Rationality in Organizational Fields [J]. American Sociological Review, 1983, 48(2): 147-160.

[277] Peng,M.W, Wang,D.Y,Jiang,Y. An institution based view of international business strategy: A focus on emerging economics [J]. Journal of International Business Studies, 2008, 39(9): 20-36.

[278] Penrose, E. The Theory of the Growth of the Firm [M]. Oxford: Oxford University Press, 1959.

[279] Penrose, E. T. The theory of the growth of the firm [M]. Oxford: Basil Blackwell, 1966.

[280] Peter Maskell, Anders Malmberg. Myopia, knowledge development and cluster evolution [J]. Journal of Economic Geography, 2007, 7(5): 603-618.

[281] Petersen, B., Pedersen, T., Sharma, D. D. The role of knowledge in firms' internationalization process: Where from and where to? In A. Blomstermo & D. D. Sharma (Eds), Learning in the internationalization process of firms: 2003, 36-55. Cheltenham: Edward Elgar.

[282] Pfeffer, J., Salancik, G. R. The external control of organizations: A resource dependence perspective[M]. California: Stanford University Press, 2003.

[283] Pitelis, C. Edith Penrose and a learning-based perspective on the MNE and OLI [J]. Management International Review, 2007, 47(2): 207-219.

[284] Powell, W. W. Neither market nor hierarchy [J]. Research in Organizational Behaviour, 1990, 12: 295-336.

[285] Pyndt, J., & Pedersen, T. Managing global offshoring strategies[M]. Fredriksberg: Copenhagen Business School Press, 2006.

[286] Reihlen, M., & Apel, B. A. Internationalization of professional service firms as learning: A constructivist approach [J]. International Journal of Service Industry Management, 2005, 18(2): 140-151.

[287] Reuber, A. R., Fischer, E. The influence of the management team's international experience on the internationalization behaviors of SMEs [J]. Journal

of International Business Studies, 1997, 28(4): 807-825.

[288] Reuber, A. R. An Assemblage-theoretic Perspective on the Internationalization Processes of Family Firms [J]. Entrepreneurship: Theory & Practice, 2016, 40(6): 1269-1286.

[289] Reysen, S., A. Slobodnikova and I. Katzarska-Miller. Interaction of socio-structural characteristics to predict Roma's identification and desire to challenge low status position [J]. Journal of Applied Social Psychology, 2016, 46(7): 428-434.

[290] Ring, P. S., & van de Ven, A. H. Structuring cooperative relationships between organizations [J]. Strategic Management Journal, 1992, 13(7): 483-498.

[291] Robert E. Quinn，Kim Cameron. Organizational life cycles and shifting criteria of effectiveness: Some preliminary evidence [J]. Management science, 1983, 29(1): 33-51.

[292] Rugman, A. M., & Verbeke, A. A perspective on regional and global strategies of multinational enterprises [J]. Journal of International Business Studies, 2004, 35(1): 3-18.

[293] Rugman, A. M., & Verbeke, A. Liabilities of foreignness and the use of firm-level versus country-level data: A response to Dunning et al. [J]. Journal of International Business Studies, 2007, 38(1): 200-205.

[294] S. Tamer Cavusgil On the internationalization process of firms [J]. European Research, 1980, 8(6): 273-281.

[295] Sandén, P., & Vahlne, J. E. The advantage cycle, Unpublished research paper, Department of Business Studies, Uppsala University, 1976.

[296] Santos, M. G. and A. P. Antunes. Long-term evolution of airport networks: Optimization model and its application to the United States [J]. Transportation Research, 2015, 73: 17-46.

[297] Sapienza, H. J., Autio, E., George, G, Zahra, S. A. A capabilities perspective on the effects of early internationalization on firm survival and growth [J]. Academy of Management Review, 2006, 31(4): 914-933.

[298] Sapienza, H. J., Autio, E., George, G, & Zahra, S. A. A capabilities perspective on the effects of early internationalization on firm survival and growth [J]. Academy of Management Review, 2006, 31(4): 914-933.

[299] Sarasvathy, S. D. Causation and effectuation: Toward a theoretical shift from economic inevitability to entrepreneurial contingency [J]. Academy of

Management Review, 2001, 26(2): 243-263.

[300] Shane, S. Prior knowledge and the discovery of entrepreneurial opportunities[J]. Organization Science, 2000, 11(4): 448-469.

[301] Sharma, D. D., & Johanson, J. Technical consultancy in internationalization [J]. International Marketing Review, 1987, 4(4): 20–29.

[302] Shenkar, O. Cultural distance revisited: Towards a more rigorous conceptualisation and measurement of cultural differences [J]. Journal of International Business Studies, 2001, 32(3): 519–535.

[303] Sherrie E. Human，Keith G. Provan. Legitimacy Building in the Evolution of Small-Firm Multilateral Networks：A Comparative Study of Success and Demise[J]. Administrative Science Quarterly, 2000, 45(2): 327-365.

[304] Shi, G., A. Proutiere, M. Johansson, J. S. Baras and K. H. Johansson. The Evolution of Beliefs over Signed Social Networks [J]. Operations Research, 2016, 64(3): 585-604.

[305] Sirén, C. A., Kohtamäki, M., Kuckertz, A. Exploration and exploitation strategies, profit performance, and the mediating role of strategic learning: Escaping the exploitation trap [J]. Strategic Entrepreneurship Journal, 2012(6): 18-41.

[306] Slepniov, D., B. V. Wæhrens and J. Johansen. Production, innovation and service networks: Complex interplay, evolution and coordination [J]. International Journal of Product Development, 2012, 17(3): 189-203.

[307] Snehota, I. Notes on a theory of business enterprise. Uppsala: Department of Business Studies.

[308] Sousa, C. M. P., & Bradley, F. Cultural distance and psychic distance: Two peas in a pod? [J]. Journal of International Marketing, 2006, 14(1): 49-70.

[309] Srivastava, R. K., Shervani, T. A., Fahey, L. Marketing, business processes and shareholder value: An organizationally embedded view of marketing activities and the discipline of marketing [J]. Journal of Marketing, 1999, 63:168-179.

[310] Steen, J. T., & Liesch, P. W. A note on Penrosean growth, resource bundles and the Uppsala model of internationalisation [J]. Management International Review, 2007, 47(2): 193-206.

[311] Steven N. S. Cheung. The Contractual Nature of the Firm [J]. Journal of Law and Economics, 1983, 26(1): 1-21.

[312] Stuart, T. E., Hoang, H., Hybel, R. Interorganizational endorsements and the performance of entrepreneurial ventures. [J]. Administrative Science Quarterly,

1999, 44(2):315-350.

[313] Suh, C. S., Y. Wang, M. H. Nam and X. Zhang. Sequential internationalization, heterogeneous process and subsidiary roles: The case of Hyundai Motor Company [J]. Asia Pacific Business Review, 2014, 20(4): 578-602.

[314] Teece, D. J. Explicating dynamic capabilities: The nature and microfoundations of (sustainable) enterprise performance [J]. Strategic Management Journal, 2007, 28(13): 1319-1350.

[315] Teixeira, A. and C. Coimbra. The determinants of the internationalization speed of Portuguese university spin-offs: An empirical investigation [J]. Journal of International Entrepreneurship, 2014, 12(3): 270-308.

[316] Thorelli, H. B. Networks: Between markets and hierarchies [J]. Strategic Management Journal, 1986, 7(1): 37-51.

[317] Thorelli, H. B. Networks: Between markets and hierarchies [J]. Strategic Management Journal, 1986, 7(1): 35-51.

[318] Tim Rowley, Dean Behrens, David Krackhardt. Redundant governance structures: An analysis of structural and relational embeddedness in the steel and semiconductor industries [J]. Strategic Management Journal, 2000, 21(3):369-386.

[319] Tolstoy, D. Network development and knowledge creation within the foreign market: A study of international entrepreneurial firms [J]. Entrepreneurship & Regional Development, 2010, 22(5): 379-402.

[320] Tortoriello, M. The social underpinnings of absorptive capacity: The moderating effects of structural holes on innovation generation based on external knowledge [J]. Strategic Management Journal, 2015, 36(4): 586-597.

[321] Traxler, F., Unger, B. Institutionelle Erfolgsbedingungen wirtschaftlichen Strukturwandels[J]. Wirtschaft und Gesellschaft, 1990, 16(2): 189-223.

[322] Uzzi, B. The sources and consequences of embeddedness for the economic performance of organizations: The network effect[J]. American sociological review, 1996: 674-698.

[323] Uzzi, B. Social structure and competition in interfirm networks: The paradox of embeddedness[J]. Administrative Science Quarterly, 1997, 35-67.

[324] Uzzi, B. Embeddedness in the making of financial capital: How social relations and networks benefit firms seeking financing[J]. American Sociological Review, 1999: 481-505.

[325] Vahlne, J. E., & Johanson, J. New technology, new business

environments and new internationalization processes? In V. Havila, M. Forsgren, & H. Håkansson (Eds), Critical perspectives on internationalization: 2002, 209-228. London: Pergamon.

[326] Vahlne, J. E., & Wiedersheim-Paul, F. Ekonomiskt avstånd: Modell och empirisk undersökning (Economic distance: Model and empirical investigation). In E. Hörnell, J.-E. Vahlne, & F. Wiedersheim-Paul (Eds), Export och Utlandsetableringar (Export and foreign establishments), 1973, 81-159. Uppsala: Almqvist och Wiksell.

[327] Vasilchenko，Morrish. The Role of Entrepreneurial Networks in the Exploration and Exploitation of Internationalization Opportunities by Information and Communication Technology Firms [J]. Journal of International Marketing: 2011, 88-105.

[328] Von Hippel E. A. The sources of innovation[M]. New York:Oxford University Press, 1988.

[329] Vorhies, D. W., Orr, L. M., Bush, V. D. Improving customer-focused marketing capabilities and firm financial performance via marketing exploration and exploitation[J]. Journal of the Academy of Marketing Science, 2011, 39(5): 736-756.

[330] Wagman, G., and Scofield , S. The competitive advantage of intellectual property[J] . SAM Advance Management Journal , 1999, 64(3): 4-10.

[331] Warren J. Bilkey, George Tesar. The export behavior of smaller-sized Wisconsin manufacturing firms [J]. Journal of international business studies, 1977, 8(1): 93-98.

[332] Weick, K. E. Sense making in organizations[M]. Thousand Oaks, CA: Sage, 1995.

[333] Welch, D. E., & Welch, L. S. The internationalization process and networks: A strategic management perspective [J]. Journal of International Marketing, 1996, 4(3): 11-28.

[334] Welch, L. S., & Luostarinen, R. Internationalization: Evolution of a concept [J]. Journal of General Management, 1988, 17(3): 333-334.

[335] Welch, C., & Paavilainen‐Mäntymäki, E. Putting process (back) In: Research on the internationalization process of the firm [J]. International Journal of Management Reviews, 2014, 16(1), 2-23.

[336] Wiedersheim-Paul, F., Olson, H. C., Welch, L. S. Preexport activity: The first step in internationalization [J]. Journal of International Business Studies, 1978, 8(1): 47-58.

[337] Williams, L. E., R. Stein and L. Galguera. The Distinct Affective Consequences of Psychological Distance and Construal Level [J]. Journal of Consumer Research, 2014, 40(6): 1123-1138.

[338] Williamson, O. E. Economic institutions of capitalism[M]. New York: Free Press. 1985

[339] Williamson, O. E. Comparative economic organization: The analysis of discrete structural alternatives[J]. Administrative Science Quarterly, 1991, 36: 269-296.

[340] Windsperger, J. Centralization of franchising networks: Evidence from the Austrian franchise sector [J]. Journal of Business Research, 57(12): 1361-1369.

[341] Yang, H,Yanfeng Zheng,Xia Zhao. Explortion or exploitation? Small firm alliance strategies with large firm [J]. Strategic Management Journal, 2013, (7):111-132.

[342] Yin, R. K. Case Study Research: Design and Methods [M]. Sage: London, UK, 1994.

[343] Zaheer, A. and G. Soda. Network Evolution: The Origins of Structural Holes [J]. Administrative Science Quarterly, 2009, 54(1): 1-31.

[344] Zaheer, S. Overcoming the liability of foreignness [J].Academy of Management Journal, 1995, 38(2): 341-363.